Friedenslandschaft Sauerland

Antimilitarismus und Pazifismus in einer katholischen Region

Peter Bürger

Friedenslandschaft Sauerland

Antimilitarismus und Pazifismus in einer katholischen Region

Ein Überblick – Geschichte
und Geschichten

edition *leutekirche sauerland* 1

© 2016 Peter Bürger (veränderte, 2. Auflage)

Friedenslandschaft Sauerland.
Antimilitarismus und Pazifismus in einer
katholischen Region. Ein Überblick –
Geschichte und Geschichten.
edition *leutekirche sauerland* 1

Satz & Gestaltung: www.sauerlandmundart.de
Herstellung und Verlag: BoD – Books on Demand, Norderstedt

ISBN: 9783739238487

Inhalt

I. Vorab: Auf der Suche nach Friedensspuren im „katholischen Sauerland"

„Ich habe oft von Männern, die am Christus-Ekel kränkeln, den Einwurf gehört: was denn doch die Religion Jesu viele nütze und genützt habe? Die europäischen oder christlichen Nationen seien ja doch in Ansehung ihrer sittlichen Vervollkommnung um keinen Grad besser, als von jeher auch andere gebildete Völker gewesen sind. – Im Ganzen genommen ist freilich etwas dran: die Staatspolitik ist noch immer eben so pfiffig [...], und unsere Kriege haben durchgehends so wenig Christliches, daß man eine europäische Armee wohl schwerlich von Nebukadnezars oder Alexanders Heeren [...] würde unterscheiden können."
Johann Heinrich Jung-Stilling: „Auch eine heilige Familie" (vor 1795)

„Niu lot us ower men gau maken, dat vyi wiägkummet, süs [...] könn et us äuk wuol gohn, ärr' diän', dai do ligget."
Hiärmen[1]

Die mit „Globalisierung" verbundene Technologie könnte Nachbarschaft, Austausch und Zusammenarbeit auf unserem Planeten befördern, doch sie dient stattdessen vornehmlich der Beherrschung und Kontrolle von immer mehr Lebensräumen. (Kriegsdenken und Bewegungen der Freiheit sind eben zwei unterschiedliche, einander ausschließende Erscheinungen.) Die digitale Kommunikation, basierend auf Ergebnissen der Militärforschung, hat gleichzeitig zu einer Militarisierung unserer Alltagskultur geführt, wie es sie so wirkungsvoll noch nie in der Geschichte gegeben hat. Schlagzeilen zur Rechtfertigung der

---

[1] *Hiärmen* (Hauptgestalt eines sauerländischen Mundartbuches) 1864 im preußischen Krieg gegen die Dänen, angesichts der Leichen auf dem Schlachtfeld (zitiert nach Bürger 2012, S. 269-270); übersetzt: „Nun lass uns aber zusehen, dass wir hier wegkommen, sonst könnte es uns auch wohl so ergehen wie denen, die da liegen."

nächsten Luftangriffe gelangen per Mobilfunk ohne Zeitverzögerung zu allen Menschen, die „vernetzt" sind. Unterhaltungsindustrielle Produkte lehren die zumeist jungen Konsumenten, alles, was ihnen in die Quere kommt, mit dem Ego-Shooter (Waffen-Ich) über den Haufen zu schießen. Die höchste Aktivität vor den Bildschirmen besteht für andere Nutzer darin, über Sensoren anspruchsvolle, „saubere" Militärsimulationen zu bedienen – stundenlang.

Schlimm ist nicht, *dass* in diesen Zusammenhängen Gewalt dargestellt wird, denn Gewalt ist ein Teil der Welt, in der wir leben. Skandalös ist vielmehr, *wie* die virtuellen Gewaltszenarien eine Heiligsprechung des Programms „Krieg" in allen Lebensbereichen betreiben und die Mordopfer in fernen Ländern je nach Bedarf unsichtbar machen: „Gerühmt seien die Rücksichtslosen, denn sie werden den Profit einfahren. Selig die Bewaffneten, denn sie werden das Land und den ganzen Erdkreis beherrschen." Der Aufstand gegen diese zerstörerische Massenkultur und die durch sie bewirkten Beschädigungen des gesellschaftlichen Zusammenlebens bleibt aus. Allein dies beweist, dass es Konservative, die diesen Namen verdienen, nicht mehr gibt. Wir merken nicht einmal mehr, dass die uns vorgeführten „Ungeheuer" aus sogenannten fremden Kulturkreisen Spiegelbilder des ganz gewöhnlichen, kommerziellen Kulturangebots auf „unserer Seite" sind.

Der Krieg gehört zu einem aggressiven Wirtschaftssystem, wie der Bruder Papst in Rom zutreffend diagnostiziert. Argumente oder Erfolgskontrolle braucht man nicht mehr, auch wenn der Bankrott des militärischen Aberglaubens offen zutage liegt. Vielmehr verlegt sich das digitale Konzert der Verblödung 70 Jahre nach Ende des zweiten Weltkrieges darauf, Pazifisten und Kriegsgegner verächtlich zu machen. Wer sich der Diktatur des Militärdenkens im Bann einer über Leichen gehenden Geldvermehrungsmaschine nicht unterwirft, so bemerkt *Konstantin Wecker*, wird als „Weichei" gebrandmarkt. Wer Friedenswissenschaften und Friedensindustrien oder „Brot statt Rüstung" einfordert, gilt als verrückt. Wer sich gegen die gigantischen Kriegswaffenexporte unseres Landes stellt und gegen weitere Bombeneinsätze, die noch mehr Millionen Menschen zur Flucht zwingen, wird unverdrossen als „realitätsferner Träumer" abgetan. Wenn junge Menschen, die für die Einheit der ganzen Menschenfamilie auf unserem Planeten einstehen, ihre Anliegen gewaltfrei und intelligent in die Öffentlichkeit tragen, rücken einige Konzernmedien Grüppchen von militanten Abenteurern ins Zentrum der Aufmerksamkeit. Für den Kartoffelsalat auf Bildschirmen braucht man harte Eier.

Umso phantasievoller sollten all jene ihre Suche gestalten, die an der zivilisatorischen Ächtung des Krieges durch die Charta der Vereinten Nationen festhalten. Schon 1517 meinte *Erasmus von Rotterdam*: „Alle müssen sich gegen den Krieg verschwören und ihn gemeinsam verlästern." Die „Heldengestalten" in sämtlichen Genres der Unterhaltungsindustrie haben wahrlich einen Grad der Lächerlichkeit erreicht, dass uns der Bauch vor Lachen platzen müsste.

Zu allen Zeiten sind es die Feiglinge, die Drückeberger, die Dummen und die *Passiven*, die das große Mitläufer-Heer der irrationalen Kriegsapparatur stellen und sich dem „von oben" Vorgegebenen willenlos einfügen. Dies ist der bequeme Weg. Die mutigen und wirklich einsatzbereiten Menschen stehen auf der Gegenseite. Sie können ihre Angst überwinden und singen dann wider den Höllenlärm der Bomben ein anderes, neues Lied. Um „moralistischen Aktivismus" geht es hierbei nicht. Die Kraft der Gewaltfreiheit wurzelt in einer inneren Zärtlichkeit, die ein Höchstmaß an *Wachheit, klarem Denken und Aktivität* ermöglicht. Deshalb ist in der Bergpredigt Jesu wörtlich die Rede von *„Friedensmachern"* (griechisch: eirênopoioi; lateinisch: pacifici): „Glücklich die Friedensstifter, denn sie werden Söhne [und Töchter] Gottes heißen." (Matthäus-Evangelium 5,9)

Die allgegenwärtige Remilitarisierung kann auf ökonomische, politische und massenkulturelle Aufrüstungen zurückgreifen, bleibt jedoch im Inneren hohl. Es ist die Befähigung zum Frieden, die konkrete Lebensräume zur *Heimat* von Menschen werden lässt und darüber hinaus unserer Gattung eine Zukunft auf der Erde eröffnet. Ein im Internet frei abrufbarer Sammelband „Friedenslandschaft Sauerland"[2] und das hier unter gleichem Titel vorgelegte Buch stellen einen Versuch dar, den Nebel des Kriegsdenkens auch durch Beiträge zum *regionalen Geschichtsgedächtnis* und die Erinnerung an „nahe Vorbilder" zu durchbrechen.[3] Im Vordergrund steht das Ermutigende, doch Abwege und Abgründiges gehören mit zum Gesamtbild.

---

[2] daunlots nr. 77* (Beiträge von 18 Autorinnen und Autoren; 525 Seiten).
[3] Die Arbeit an beiden Publikationen widme ich einem ehemaligen Solda-

Unter der Überschrift „Friedenslandschaft Sauerland" der eigenen Herkunftsregion eine besondere Immunität gegenüber der Kriegsreligion und den Heilsversprechen des Militarismus zu bescheinigen, das wäre freilich verlockend. Indessen halten Heimatpatrioten jedweder Schattierung allzu leicht ihre Wunschbilder schon für historische Wirklichkeiten und merken nicht mehr, wenn sie im Netz der eigenen Konstruktionen festhängen. Gewiss, die allermeisten Menschen zu allen Zeiten wollen aus naheliegenden Gründen keinen Krieg. Ausgesprochene Antimilitaristen und Pazifisten, die das Übel der Menschenschlächterei nicht für ein unvermeidliches Naturereignis halten, sind im katholischen Teil des Sauerlandes – wie anderswo – jedoch immer eine *Minderheit* geblieben! Auch nach zwei Weltkriegen bekamen Mitläufer und Kollaborateure des Militärapparates viel eher eine Chance, im Scheinwerferlicht des öffentlichen Geschichtsgedächtnisses zu stehen, als jene, die sich verweigert hatten.

So stellt sich, um einen Buchtitel von Dieter Riesenberger aufzugreifen, zunächst die Herausforderung einer regionalen „Geschichtsschreibung im Dienste des Friedens" – und gegen das Vergessen. Die Überschrift „Friedenslandschaft" markiert also noch kein besonderes Gütesiegel, sondern steht für eine bestimmte Blickrichtung.[4] Es ergeht die Einladung zu Erkundigungen über geschichtliche, soziale und kulturelle Kontexte sowie zu Persönlichkeiten und Initiativen, die der menschlichen Gesellschaft jenseits des selbstmörderischen Programms „Krieg" Lebensperspektiven eröffnen.[5]

---

ten aus dem Sauerland, der mich wegen der Friedenstaube an meiner Jacke angesprochen und seine Geschichte unter bitteren Tränen erzählt hat. Bewaffnet hatte man ihn in Afghanistan in ein Gebäude geschickt. Bewaffnete, Feinde wären darin – hatte man gesagt ... Es folgten mehrere Monate Aufenthalt in einer Psychiatrie ... Die öffentliche Debatte über den neuen Kriegswahn im 21. Jahrhundert, der seit dem US-amerikanischen Angriffskrieg gegen den Irak im Jahr 2003 unaufhörlich neue Brandherde produziert, hat noch gar nicht begonnen. Die Soldaten wissen mehr.

[4] Als positives Beispiel für ein entsprechendes Augenmerk in der Regionalforschung ist die ökumenische „Kirchengeschichte am Oberrhein" zu nennen, die ein stattliches Kapitel „Friedensbemühungen" enthält: Henze 2013; vgl. auch ein aktuelles Ausstellungsprojekt: pax christi Essen 2015*.

[5] Ich greife im Folgenden für die Zeit bis 1919 auf meine älteren Forschungsarbeiten zurück, ohne dies immer durch Anführungszeichen kenntlich zu machen. Besonders ausführlich sind jene Abschnitte, die auf neuen

Die Taufe Jesu, Buchmalerei aus dem Evangeliar der Äbtissin
Hitda von Meschede (entstanden vor einem Jahrtausend).
https://commons.wikimedia.org

Studien beruhen und sich auf die Zeit des deutschen Faschismus beziehen.
Ich lege Wert darauf, den eigenen Standort offenzulegen (was ich auch von
militärfreundlichen Autoren erwarte, die ja ebenfalls mitnichten unter einer ‚voraussetzungslosen Objektivität' ihre Forschungen betreiben). – Zum
familiären Hintergrund meiner pazifistischen Perspektive vgl. Bürger
2007b*. In beiden (!) Weltkriegen sind aus meiner Geburtskommune jeweils „Franz und Anton Bürger" als Soldaten ums Leben gekommen; es
handelt sich a) um zwei Brüder meines Großvaters und b) um zwei Brüder
meines *Vaters*. Mein Großvater *mütterlicherseits* hat im 1. Weltkrieg drei
Brüder verloren und wurde selbst als Soldat verwundet; im 2. Weltkrieg
hat meine Mutter zwei zum Kriegsdienst eingezogene Brüder verloren.

II. Das verklärte Herzogtum Westfalen

Das ehedem kurkölnische – „katholische" – Sauerland ist deckungsgleich mit jenem Großteil des alten Herzogtums Westfalen, der von der südlichen Territorialgrenze her bis oben zum Haarstrang im Norden reicht.[6] (Der Haarstrang genannte Höhenzug gilt als eine der schärfsten natürlichen *Landschaftsgrenzen* in Mitteleuropa.) Wenn wir uns unter heutigen Gegebenheiten orientieren wollen, so suchen wir auf der Karte zur Gänze die Kreise Olpe und Hochsauerlandkreis, einen südlichen Teil des Kreises Soest sowie Menden und Balve im Märkischen Kreis auf. (Der nördlich der Haar gelegene Teil des alten Herzogtums, der nicht mehr zur Mittelgebirgslandschaft gehört, wird heute jedoch aufgrund der politisch-historischen wie konfessionellen Gemeinsamkeit oftmals auch zum Heimatgebiet „kölnisches Sauerland" gezählt: Erwitte, Geseke, Rüthen, Werl.)

Die lange Geschichte dieses *kölnischen* Sauerlandes beginnt spätestens mit der Verleihung des Titels „Herzog von Westfalen" an den Kölner Erzbischof (1180) und verfestigt sich mit dem Verkauf der Grafschaft Arnsberg nach Köln (1368). Seit Beendigung der Soester Fehde (1449) ist das „sauerländische" Herzogtum Westfalen dann durch Grenzen abgesteckt, die ohne große Veränderungen das Gebiet für 350 Jahre als kölnisch ausweisen werden. Anders als im märkischen Teil des Sauerlandes wird sich die Reformation hier – trotz mannigfacher Sympathien vor Ort – am Ende nicht durchsetzen können. Aus den unterschiedlichen politischen Besitzverhältnissen folgt auch eine konfessionelle Spaltung der Landschaft: „Heiligenbildchen" und „Evangelium", so der plattdeutsche Leutespott in späterer Zeit, stehen sich nunmehr gegenüber (gemeinsam bildet man den ‚südlichsten Zipfel' des niederdeutschen Sprachraumes). Der protestantische Teil, zur schon 1609 territorial an Preußen

---

[6] Vgl. Bürger 2010, S. 552-555 (mit weiterer Literatur); nachfolgend übernehme ich unter Streichung der Literaturangaben auch eine Passage aus: Bürger 2006, S. 570.

gefallenen Grafschaft Mark gehörend, öffnet sich früher der modernen Industrialisierung, während der katholische Teil in den Jahrhunderten nach der Reformation eher eine rückläufige Wirtschaftsentwicklung durchmacht und in der Breite länger kleinbäuerlich geprägt bleibt. (Das kölnische Sauerland gilt bis weit ins 19. Jahrhundert hinein als ausgesprochen arme Landschaft.)

Mit dem von einem römisch-katholischen Kleriker herausgegebenen Sammelwerk „Das Herzogtum Westfalen"[7] liegt inzwischen eine beachtliche Rekonstruktion der regionalen *Herrschaftsgeschichte* vor. Am Ende kann man nur eine nüchterne, ja vielfach traurige Bilanz zur Geschichte des geistlichen Territoriums ziehen. Machtstreben und wirtschaftliche Privilegien-Sicherung erscheinen über Jahrhunderte hin als die maßgeblichen Triebfedern der politischen Geschäfte, wobei gerade auch die höchste Obrigkeit, die Kölner Bischöfe, und katholische „Edelherren" keine Skrupel verspüren, das Kriegshandwerk für die eigenen Interessen – und stets auf Kosten der einfachen Untertanen – in Bewegung zu setzen. So mancher sogenannte ‚Erzbischof' verzichtet auf alle heiligen Weihen, hat mit Jesu Botschaft, Seelsorge oder Priestertum rein gar nichts am Hut und steht ganz gewiss nicht in einer apostolischen Nachfolge. „Wie viele Bistümer kann man unter einer Mitra vereinen?" Dieser Frage hat man in den adeligen Familienclans angeblicher Oberhirten zeitweilig viel Aufmerksamkeit geschenkt. Von geistig-kulturellen oder gar geistlichen Reichtümern, die aus dem Herzogtum Westfalen selbst hervorgegangen sind oder hervorgegangen sein sollen, kann man in der Geschichtsschreibung von oben kaum etwas finden. Ob sich aus der ‚priesterlichen Herrschaft' (im fernen Köln) etwa eine besonders profilierte Armensorge – in der Nachfolge Jesu – hergeleitet hat, diese Frage bleibt noch offen (viele Klöster verfolgten jedenfalls andere, nicht immer löbliche Hauptzwecke).

Schließlich wäre manches, was dem „ultramontanen" Chronisten ungelegen kommt, doch noch anschaulicher zu vermitteln, darunter z.B. irritierende Zustände im Klosterleben und erhebliche Irregularitäten hinsichtlich des *obligaten* Zölibats für alle Priester, der ja eigentlich in allen Jahrhunderten als Zwangsnorm nicht „funktioniert" hat. So manche Lanze wurde – unter

---

[7] Klueting/Foken 2009.

dem Vorzeichen eines neuen Traditionalismus – noch in unserer Zeit gebrochen für die katholische Adelswelt, die sich selbst in einem heidnischen Ahnenkult um ihr „Familienblut" verherrlicht hat. Doch von den Mentalitäten, von den Lebenswirklichkeiten der einfachen Leute oder gar von *deren* Blick auf die Herrschaftsverhältnisse wissen wir bislang so gut wie nichts.

Als Soest sich vom Kölner Bischofsstuhl lossagte und dem Herzog von Kleve-Mark unterstellte, ging für das kölnische Herzogtum Westfalen im Zuge der Soester Fehde 1444-1449 das maßgebliche stadtbürgerliche Kulturzentrum als Bezugspunkt verloren.[8] Die Soester Fehde ist Thema einer umfangreichen – kriegerischen – Schriftüberlieferung. Den berühmten Fehdebrief der Stadt Soest beantwortet der autokratische Kölner Erzbischof Diederich von Moers (Amtsjahre 1414-1463) mit einer Kriegsmaschinerie sondergleichen. Aber auch die Soester Stadtväter hegen keine Skrupel, in der Umgebung völlig unbeteiligte Menschen blutig „abzustrafen". Christenmenschen schlagen sich gegenseitig ihre Schädel ein und empfinden dies offenbar nicht als ein Problem. Nach Ende der Gemetzel durch einen Friedensspruch hat ein Soester Dominikanerbruder, der seinen Namen nicht nennt, 1449 ein mittelniederdeutsches Weihnachtsgedicht[9] bzw. Lied verfasst (gedruckt erst 1516 in Köln und nur in einem einzigen Darmstädter Druckexemplar erhalten). Die Kriegsfehde hatte wohl bei vielen Menschen eine Sehnsucht geweckt, „uit dussem dale gruwlicke" (aus diesem fürchterlichen, greulichen Tal) in ein besseres Land ohne Anbetung der Gewalt zu gelangen (Strophe 34). In Strophe 12 wird die weihnachtliche Friedensbotschaft (Lukas-Evangelium 2,14) so wiedergegeben:

Der Engel schar was al daerby	*Der Engel Schar war schon dabei,*
Sey sungen algelicke	*Sie sangen allzugleich:*
Loff ere heyl und wunne sy	*Lob, Ehre, Heil und Wonne sei*
Gode in synem hogen ricke	*Gott in seinem hohen Reich.*
Den luden mote vreden syn	*Den Leuten muss Frieden sein,*
Dey van guden wyllen syn	*Die von gutem Willen sind,*
Hyr op dusser erden	*Hier auf dieser Erde,*
Und geloven an dat kyndelyn	*Und glauben an das Kindelein*

---

[8] Vgl. zum Nachfolgenden (mit Literaturangaben): Bürger 2012, S. 77-81.
[9] Juchhoff 1969; Textzugang auch im Internet: daunlots nr. 45*.

| Und halden dey gebode syn | *Und halten die Gebote sein,* |
| Dey sullen selick werden | *Die sollen selig werden.* |

Eine Militär- und Kriegsgeschichte des alten Herzogtums kann ich an dieser Stelle nicht darbieten. Es versteht sich von selbst, dass den Stadtoberen und Ständevertretern an Abgaben für übergeordnete Kriegszwecke des ‚externen‘ Landesherrn in Köln selten gelegen war.[10] Man pochte auf althergebrachte Rechte und ‚Selbstverwaltungskompetenzen‘. Für die frühe ‚Neuzeit‘ darf man nicht unterschlagen, dass die Parteigänger der Reformation und die Re-Katholisierer gleichermaßen vor Gewalt nicht zurückschreckten.[11] Nur die Bewohner der Landschaft, die wurden – wie überall – nicht gefragt, welche Richtung eingeschlagen werden sollte.

Eine leidenschaftliche Abrechnung mit dem Feudalismus hat Eduard Raabe (1851-1929), ein geborener Soester und ‚Bürger-katholik‘ der feinsten Sorte, in seiner plattdeutschen Chronik von Hamm[12] (1903/1904) vorgelegt. Von einer Verklärung der ‚guten alten Zeiten‘, in denen bürgerliche wie politische Versklavung der Menschen gewaltet haben, hält er rein gar nichts. Wo er auch von den Abgründen der Geschichte ‚pläsierlich erzählt‘, geschieht das oft genug in Form einer bitterbösen Ironie: Die Herren sprechen von Leibeigenschaft, was in Wirklichkeit Sklaverei bedeutet. Schon zur Zeit Karls des Großen verbindet man auf lästerliche Weise Menschenschlächterei und Küsse auf das heilige Kreuz. Die hohen Kleriker unter den adeligen Herren üben sich dann jahrhundertlang in Messelesen und gleichzeitigem Kriegshandwerk; das geistliche Amt wird zwar mitunter als Hemmnis für Liebesfreuden (Zölibat) betrachtet, nie jedoch als eine Einschränkung der eigenen Habgier. Die ‚sogenannten geistlichen Herren‘ geben fromme Werke vor, doch genau besehen geht es meistens nur um rücksichtslose Selbstversorgungspolitik des Adels. Opfer sind stets die Kleinen, z.B. die ar-

---

[10] Vgl. für das letzte Jahrzehnt des Herzogtums: Schumacher 1967, S. 99-116.

[11] Vgl. als neue Darstellung zum fast zwei Jahrzehnte währenden „Kölnischen Krieg" ab 1583: Conrad 2014.

[12] Vgl. Bürger 2012, S. 293-302, hier bes. S. 296. – Ausführlich beschäftigt sich Eduard Raabe in späteren Kapiteln mit der Menschenschinderei des preußischen Militärs und beschreibt u.a., wie Soldaten des Königs evangelische Kirchengemeinden terrorisieren (vgl. ebd., S. 298).

men Bauern. ‚Lustiges Rauben und Morden' – ausgeführt auch von den Bürgern der Stadt Hamm – wird in den Urkunden euphemistisch als „Schaden tun" abgehandelt. Gegen all das entwickelt Raabe seinen *christlichen* Einspruch: Das sollen Nachfolger des Heilands gewesen sein, diese ‚hochwürdigsten Erzbischöfe und Bischöfe: im Panzer, zu Pferde und mit der Mordaxt in der Faust'? Kaum einer der Theologen der Zeit, so wird geklagt, bedeutete den weltlichen oder geweihten Größen, dass ihr machtbewusstes Kriegstreiben auf Kosten der Untertanen ‚nichts anderes als hundsgemeiner Massenmord' war. In seinen engagierten Kommentaren erinnert der Chronist an jene Auferstehung, ‚in der alle Schläfer – ohne Ansehen des Standes – aufwachen' müssen; der Friedensgruß der Messe und die Weihnachtsbotschaft stehen dem Treiben der Herrschenden entgegen.

Im Sauerland selbst muss man kritische Anmerkungen zur „geistlichen Obrigkeit" früherer Jahrhunderte förmlich mit der Lupe suchen. Immerhin bin ich auf eine Anekdote gestoßen, der zufolge ein sauerländischer Bauer den stolz auftretenden geistlichen Landesherrn unverblümt gefragt haben soll: „Wann de Duiwel maol diän Kurfürsten haolen deiht, wo bliff dann de Erzbiskopp?"[13] (Wenn der Teufel einmal den Kurfürsten holen wird, wo bleibt dann der Erzbischof?) Das *ideale* Bild des alten Herzogtums Westfalen im Heimatschrifttum trägt ansonsten meistens folgende Züge: Köln achtet die „Freiheiten" bzw. Stadtrechte, lässt seine Unterherren – den sauerländischen Adel – recht frei walten und übt unter dem bischöflichen Krummstab eine milde Herrschaft aus. Die große „Milde" der kölnischen Herrschaft, die sich in mancherlei Hinsicht doch auch als „Laissez faire" betrachten ließe, wird jedenfalls später immer wieder zur maßgeblichen Überschrift der Geschichtserinnerung. In Arnsberg sagte der Leutemund: „De Kurfürste hiät us mestet, de Hesse hiät us schlachtet un de Pruiße friätet us met Hiut un met Hore op." (Der Kurfürst hat uns gemästet, der Hesse hat uns geschlachtet und die Preußen fressen uns mit Haut und Haaren auf.) Die nachfolgenden Gebietsherren sprechen vor allem von einem „kölnischen Schlendrian" im Sauerland und sehen ihr Pauschalurteil über die rückständigen geistlich regierten Territorien auch hier am Ort bestätigt. (Max Franz von Österreich,

---

[13] Kurfürst und Bauer 1957.

der letzte Kurfürst von Köln, war jedoch stark von der Aufklärung geprägt und durchaus gesonnen, Reformen in die Wege zu leiten.) Allerdings findet man – kurz vor der Säkularisierung – auch ein günstiges Fremdurteil bezogen auf Hörigkeit und Kriegsbedrückung ausgerechnet bei dem scharfen Kritiker Justus Gruner: „Nirgends ist das Leibeigenthum weniger wahrhaft drükkend [als hier im Herzogthum Westfalen]. Hier ist der Eigenbehörige ein Erbpächter; er bezahlt keine unbestimmten Gefälle, sondern nur einige billige, nie zu erhöhende Kolonialabgaben, und genießt dabei einer, zwar nicht absoluten, aber doch eventuellen Freiheit vom Soldatenstand: denn nur zur Erfüllung seiner reichsständischen Obliegenheiten darf der Landesfürst Soldaten ausheben"[14]. Unter hessischer und später preußischer Herrschaft, so werden wir im nächsten Abschnitt sehen, kann dann von einer „eventuellen Freiheit vom Soldatenstand" für die kölnischen Sauerländer keine Rede mehr sein.

*

Ein kleiner Exkurs sei an dieser Stelle erlaubt zu der Frage, ob aus dem alten Herzogtum denn am Ende nur rückwärtsgewandte, gar finstere Gesinnungen in das frühe 19. Jahrhundert mitgeschleppt worden sind. Der ‚deutsche Jakobiner' *Friedrich Georg Pape* (1763-1816) ist vor seinem öffentlichen Auftreten in der Mainzer Republik ein stark von der Aufklärung geprägter Prämonstratensermönch im Herzogtum Westfalen (Arnsberg-Wedinghausen) gewesen.[15] Dieser sauerländische Anhänger der Französischen Revolution hat an eine Vereinbarkeit von ‚Katholizismus' und Republik geglaubt und erklärte sich dem preußischen Herrscher so: „Dein und aller Könige Feind." Den Landgrafen von Hessen-Darmstadt attackierte er, weil dieser Untertanen als Soldaten verkaufte. Berühmtheit hat Friedrich Georg Pape in seiner Heimat nie erlangt.

Dass lokale Unruhen im Zuge der 1848er Revolution später vorzugsweise als groteske Komödien in der Überlieferung geschildert werden und man der eigenen Demokraten aus dem katholischen Sauerland – bis heute – nicht mehr gedenkt, ent-

---

[14] Gruner 1803*, S. 405.
[15] Grün 1996.

spricht wohl dem gelenkten Geschichtsgedächtnis in ganz Preußen.[16] Natürlich hatte namentlich auch der Klerus im Sauerland – wie anderswo – im Regelfall keine Sympathien für den Freiheitsdrang im Volk.[17]

Der „Bauernadvokat" und Abgeordnete *Johann Friedrich Joseph Sommer* (1793-1856) wurde von den Preußen, denen er unter Verweis auf die Verfassungsgeschichte des alten Herzogtums Westfalen[18] Selbstverwaltungskompetenzen abtrotzen wollte, als Fortschrittler oder gar „Adelshasser" beargwöhnt und muss – auch wegen seiner Schriften zur Verfassung der Kirche[19] – als ,frühliberaler Katholik' bezeichnet werden (Tendenz zum Konziliarismus im Sinne einer kollegial geleiteten Weltkirche, jedoch strikte Ablehnung eines Nationalkirchentums). Die seit der Französischen Revolution sich durchsetzende allgemeine Wehrpflicht empfindet das Volk, so der sauerländische Jurist,

---

[16] Vgl. Bürger 2012, S. 106-108 und 302-313. – Der Sauerländer Hermann Grashof (1809-1867), geboren in Brilon, wurde als freiheitsliebender Student zum Tode verurteilt und saß nach seiner Begnadigung zusammen mit dem Mecklenburger Fritz Reuter ab 1836 in Magdeburger Gefängnishaft. Reuter hat seinem berühmten Mundartwerk „Ut mine Festungstid" 1862 eine warmherzige Freundschaftswidmung für Grashof vorangestellt. Dass z.B. mit dem Juristen und Demokraten Johann Matthias Gierse (1807-1881) aus Gellinghausen bei Meschede ein geborener Sauerländer zu den westfälischen Führungsgestalten der Revolutionsjahre 1848/49 gehört, ist nur wenig bekannt.

[17] Vgl. z.B. Scherer 1998: Der Olper geistliche Rektor Peter Joseph Hesse (1815-1875) gab „1849 zur Bekämpfung der Revolution die Wochenschrift ‚Der Volksbote' heraus". – Pfarrer Johannes Dornseiffer schreibt noch 1896 in seinem Buch „Geschichtliches über Eslohe" über den nachmaligen Sozialdemokraten Carl Wilhelm Tölcke (1817-1893), eine im Revolutionsjahr 1848 „verdiente" Festungshaft „zur Abkühlung" sei bei diesem Anhänger des „Gedankenchaos" offenbar erfolglos gewesen. (Dornseiffer war ein väterlicher Freund von Bischof Wilhelm Schneider.)

[18] Sommer meint ausdrücklich: „Der Geist des Christenthums ist durchaus nicht knechtisch [...], die geistlichen Länder hatten ja grade bis auf die neueste Zeit hin die freiesten Verfassungen" (Zitat: Westphalus Eremita 1819*, S. 143).

[19] Vgl. seine unter Pseudonym erschienene Schrift „Von der Kirche in dieser Zeit": Westphalus Eremita 1819*, bes. S. 35, 44, 51, 71, 74, 78, 143, 148. Der Bischof von Rom steht der versammelten Kirche vor „als primus inter pares, ist aber nicht unfehlbar, sondern nur die ganze Kirche ist dies". Bei der Wahl eines Bischofs soll Freiheit walten und auch der „niedere Klerus" beteiligt werden; denkbar ist sogar eine Beteiligung von ,Laien' („Wahl a clero et populo").

als „eine ungeheure Freiheitsbeschränkung, eine neue Personal-Leibeigenschaft"; der „Dienst im [Kriegs-]Gefolge" sei „bei uns kein Stand vorzüglicher Ehre. Die Zeit ist nicht soldatisch gesinnt"[20]. – 1819 hatte Sommer noch einen Artikel „Ueber die Glaubwürdigkeit des deutschen Juden" veröffentlicht, in dem sich eine judenfeindliche Einstellung offenbart.[21] In Fragen der Judenemanzipation vertrat er 1827 jedoch in Opposition zum preußischen Staatsbeamten Freiherr von Stein eine andere, fortschrittlichere Position.[22] Johann Friedrich Joseph Sommer wollte eine moderne Verfassung und Freiheit für die Kirche. Indessen versagte er sich in der Preußischen Nationalversammlung 1848 doch der Sache der Demokraten, weshalb dann Arnsberger Bürger vor seinem Haus demonstrierten und sogar Fensterscheiben einschlugen.

Dass bis zur Mitte des 19. Jahrhunderts die gebildeten Katholiken im kölnischen Sauerland durchaus freiheitlich gesonnen waren, bezeugt auch das Beispiel des Juristen *Johann Suibert Seibertz*[23] (1788-1871). Als Nestor der regionalen Geschichtsschreibung pflegt Seibertz größte Anhänglichkeit an sein ‚Vaterland' – *nicht* die Nation, sondern: das kleine Herzogtum Westfalen. Dessen Vertreter, so heißt es bei ihm 1823, hätten stets erfolgreich „jeden Versuch zur Einführung einer willkürlichen Herrschergewalt zu vereiteln vermocht". Der Katholizismus huldige „in allem den großen Anweisungen unseres Meisters, der keineswegs das heiligste Gut des Menschen, vernünftige Freiheit, in Fesseln legen wollte". Seibertz gesteht zu, dass bei den Katholiken eine „oftmals übereifrige Sorge um Rechtgläubigkeit" walte. Jedoch, so will er wissen: es *„herrschte vielleicht in keinem katholischen Lande Deutschlands so viel Toleranz, als von jeher grade im Herzogthum Westfalen"*[24]. (Jüdische Schriftsteller der

---

[20] Westphalus Eremita 1819*, S. 91 und 97.

[21] Bürger 2012, S. 572.

[22] Wolf 1979, S. 64-65.

[23] Vgl. zu Seibertz, mit Quellennachweisen: Bürger 2012, S. 129-132.

[24] Der protestantische Beamtensohn Carl Wilhelm Tölke (1817-1893), „Vater der westfälischen Sozialdemokratie", wird nach seiner Geburt in der kath. Pfarrkirche zu Eslohe „ökumenisch" getauft und soll als Schulknabe „mit Eifer und Freude [...] zur heiligen Messe" gedient haben. In den 1830er Jahren arbeiten bei der Arnsberger Regierung der evangelische Pfarrer Ferdinand Hasenklever und der katholische Pfarrer Friedrich Adolf Sauer als Schulreformer in enger persönlicher Verbundenheit zusammen.

Landschaft werden bei Seibertz gleichberechtigt berücksichtigt, im Einzelfall auch gegen „boshafte Verläumdung" verteidigt.[25]) Am Ende ist gar Christus selbst ein Demokrat? In einem Brief vom 7. Juni 1849 an Georg Josef Rosenkranz, den Vorsitzenden des Vereins für Geschichte und Altertumskunde Westfalens – Abteilung Paderborn, schreibt Johann Suibert Seibertz:

„Ich hoffe zu Gott, dass das Studium der Geschichte aus den Erschütterungen der Gegenwart ebenfalls verklärter hervorgehen wird, wenn diese überhaupt dazu beitragen, uns von so manchem alten Kindersprech zu reinigen, dessen Abführung durch die bisherigen Mittel unmöglich war. Die Aussichten dazu sind zwar in neuerer Zeit wieder sehr getrübt worden, sowohl durch die destructiven Tendenzen anarchischer Revolutionäre, welche nicht wert sind, zur Fahne der Demokratie, wozu [sich] ja auch Christus unser Herr bekannte, gerechnet zu werden. Als durch die servilen Bestrebungen reactionärer Absolutisten, welche sich mit vollestem Unrecht conservativ und wohl constitutionell nennen. Ohne Fortschritt kein Leben, Stillstand ist der Tod [...].“[26]

1819 – also schon zu ‚preußischer Zeit' – hat Seibertz über kriegerische Eroberer angemerkt: „Die Geschichte verewigt manche Menschen, welche über den Trümmern eines eroberten und zertretenen Welttheils frohlockten und welche ihre eigenen Kräfte vertausendfachten, um nur desto mehr Uebel zu stiften. Die Nachwelt richtet freilich gerecht; sie entgöttert einen Alexander, der Welten verwüstete, und sagt es unverhohlen, daß der Mensch, der seiner Ruhmsucht und seinem persönlichen Interesse das Glück und die Ruhe von Jahrhunderten zu opfern klein genug ist, der seine Größe nur nach der Zahl der Leichen mißt und das Feld seines Ruhmes nur mit Menschenblute düngt, daß ein solcher Mensch selbst für unsere Verachtung zu klein sey.“[27]

---

[25] Bürger 2012, S. 570.
[26] Zitiert nach: Bruns 1992, S. 320. (Für den Hinweis auf diese Textstelle danke ich Jens Hahnwald.)
[27] Zitiert nach: Bürger 2012, S. 132.

III. Katholische Neupreußen mit Anpassungsproblemen

Mit der Erklärung der Menschen- und Bürgerrechte durch die Französische Revolution wird 1789 in Europa das Ende des Feudalismus eingeläutet.[28] Die Losung lautet: „Freiheit, Gleichheit, Brüderlichkeit!" Während das Ideal einer „brüderlichen Gesellschaft" schnell in Vergessenheit gerät, sind aufgrund der Heiligsprechung eines förmlich uneingeschränkten Rechtes auf private Reichtumsvermehrung längerfristig vor allem die nichtadeligen besitzenden Klassen als Gewinner des neuen Zeitalters anzusehen. Napoleon Bonaparte exportiert über seine Kriegspolitik die bürgerliche Rechtsordnung in die von Frankreich abhängigen Länder. Mordwaffen sind der Motor, nicht Vernunftargumente. Die wunderbare Vision der Republik ist auf unselige Weise von Anfang an mit dem blutigen Heilsaberglauben an Militärgewalt verquickt.

Anders als in der Grafschaft Mark war die Stimmungslage im kölnischen Teil der Landschaft zumindest im Vorfeld nicht prinzipiell franzosenfeindlich. Die Bauern von Rösenbeck (Brilon) scheinen sich 1794, inspiriert von dem neuen „Freiheitsgeiste", ihrer geistlichen Grundherrschaft vom Kloster Bredelar widersetzt zu haben. Der Preuße C. F. Knesebeck schreibt in seinem Bericht über das Herzogtum Westfalen 1797, mehrere Bewohner hätten mit Blick auf Adel und Mönche laut geäußert, „sie wünschten, die Franzosen möchten nur kommen; denn wenn diese ihnen ihr Hab und Gut auch einmal nehmen, so könnten sie dieses doch wieder erwerben". – Willkommen waren französische Soldaten 1797/98 im kölnischen Sauerland allerdings nicht, und der Widerstand wäre zweifellos stärker ausgefallen, wenn die Bewohner um den noch zu erbringenden Blutzoll auf den Kriegsschauplätzen des Franzosenkaisers gewußt hätten. Bei Friedrich Wilhelm Grimme, Christine Koch und anderen gibt es jedoch vereinzelte Hinweise auf eine Napoleon-Verehrung,

---

[28] Quellenangaben zu diesem und dem nächsten Kapitelabschnitt: Bürger 2012, S. 102-106.

21

und Kinder sollen sogar öfters den Vornamen „Napoleon" erhalten haben. Die Mundart vor Ort nahm auch über originelle Neuschöpfungen Wörter aus der Sprache der Besatzer auf. Selbst Jahrzehnte nach der preußischen Inbesitznahme des Sauerlandes „hingen in heimischen Häusern Bilder Napoleons", auch als „Protest gegen die […] neuen Verhältnisse einer reaktionären Zeit" nach dem Wiener Kongress (Josef Rüther).

1. Militärverweigerung unter hessischer Herrschaft

Mit der Inbesitznahme des Herzogtums Westfalens durch den Landgrafen von Hessen-Darmstadt endet 1802/1803 im katholischen Südwestfalen die jahrhundertelange „geistliche" Territorialherrschaft der Kölner Bischöfe. „Das Fehlen einer Wehrpflicht galt als Segnung der kurkölnischen Zeit. Als sie nun kam, haben die Einwohner des Herzogtums sie wie ein großes Unglück aufgenommen. Der neue Herr führte sie am 1.II.1804 ein. […] Dieser Erlaß mußte die jungen Männer im Herzogtum hart treffen. Sie, die bisher relativ unabhängig und von der Obrigkeit unbehelligt geblieben waren, sollten auf einmal zehn ihrer besten Jahre für den Staat opfern, und das in einer Zeit, da in Europa viele Soldaten gebraucht und verbraucht wurden."[29] Die Verkündigung der allgemeinen Wehrpflicht stieß auf keine freudige Resonanz, so dass das Oberkriegskollegium 1809 bestimmte, „daß im Fall der Widersetzlichkeit ganzer Gemeinden diese mit Waffengewalt zu Paaren getrieben, und daß einzelne, welche mit Waffen oder lebensgefährlichen Instrumenten in der Hand – der Konskription entgegensträubend – ergriffen werden, als Rebellen von einem Kriegsgericht sofort zum Tode verurteilt und erschossen werden sollen. Bei Entweichungen einzelner Konskriptionspflichtiger sollen, außer dem Eintritt der gesetzlichen Vermögenskonfiskation, auch noch ihre älteren, wenn auch schon etablierten oder verheirateten Brüder ausgehoben, und in Ermangelung derselben, die Väter oder Mütter der Pflichtvergessenen bis zur Sistierung der letzten verhaftet werden."[30]

---

[29] Schöne 1966, S. 136-137.
[30] Zitiert nach: Schöne 1966, S. 137.

„Gewidmet den Deserteuren aller Kriege" – Denkmal
von Nikolaus Kernbach vor dem Theaterhaus Stuttgart.
https://commons.wikimedia.org

Manfred Schöne konstatiert: „Die Quellen verraten nicht, ob es zu Todesurteilen und Sippenhaftungen gekommen ist. Fest steht jedenfalls, daß die Zahl der *Desertionen* ungewöhnlich hoch gewesen sein muß. Mit allen Mitteln versuchte man, ihrer Herr zu werden".[31] Unzufrieden war die neue Landesherrschaft 1811 namentlich auch mit der Zuarbeit der Pfarrer, die auf dem Wege „einer gut geführten Pfarrstatistik" die Erfassung der Wehrpflichtigen erleichtern sollten.

Kein Geringerer als der ‚sauerländische Nationaldichter' *Friedrich Wilhelm Grimme* (1827-1887) wird später die Erinnerung an diese bedrückende Seite des Herrschaftswechsels wachhalten.[32] Für die hessisch-darmstädtische Zeit des kölnischen Sauerlandes berichtet er in seiner Schrift *„Das Sauerland und seine Bewohner"* (1866/86) von großen Vorbehalten gegenüber den protestantischen und obendrein Hochdeutsch sprechenden Beamten aus Hessen. Er ergänzt: „Wache stehen und Gewehrpräsentieren in Darmstadt und Rockeburg ging unseren sauerländischen Söhnen ebenfalls schwer ein – die befohlene ‚freiwillige' Landwehr bot in ihren Übungen, z.B. auf dem Bigger Bruche, mehr Komik als strammes Exercitium. Bei Aushebungen, für Frieden wie für Krieg, war die Desertion massenhaft, und manche militärpflichtige Jünglinge hielten sich monden- und jahrelang auf Heuböden und in Scheunen, ja, wenn es sein mußte, in ausgetrockneten Kalkgruben versteckt." Die Komik der Landwehr bei Bigge hat der Dichter übrigens auch in einem Mundartschwank anschaulich in Szene gesetzt.

2. „Aber zum Erbrechen reizt mich / Patriotismus mit dem Maule"

Für seine eigene Gegenwart – als Untertan des preußischen Königs – beschreibt Grimme schon Unterhaltungsangebote mit Militärthematik. Im Lustspiel *„Jaust un Durtel oder de Kiärmissegank"* (1861) können die Sauerländer nämlich auf der Dorfkirmeß in einem Guckkasten Napoleon bei Austerlitz, den alten Fritz bei Leuthen und sogar Soldaten sehen, die auf der Erde herumliegen: ohne Kopf und Beine. Man könnte schon bei der bloßen Ankündigung weinen. Das ist wohl einen Groschen

---

[31] Schöne 1966, S. 137.
[32] Vgl. Bürger 2007a, S. 100-103, 127 und 130-132; Bürger 2012, S. 798.

wert! („Saldoten legget op der Eer' / Un het nit Kopp, nit Bäine mehr." „Me söll sau gryinen, wamm' et hört! / O Jaust! dat is 'ne Grosken wert.")

Das einzige Mundartwerk Grimmes mit promilitärischer Tendenz – *„De Musterung, oder Gehannes Fiulbaum un seyn Suhn"* (1862) – führt genüsslich vor, wie ein fauler „Taugenichts" aus der Unterschicht, der sich drücken will, am Ende doch noch zum Militärdienst muss (was ihm dann immerhin Vorfreude auf die vielen Wirtshäuser in Berlin hervorlockt).[33] Nach seiner Verbeamtung hat der Dichter, der sich doch im Frühwerk ganz solidarisch mit dem Leben der kleinen Leute seiner Herkunftslandschaft zeigt, einige unsympathische kleinbürgerliche Seiten entwickelt. Gleichwohl, eine seiner besonders oft zitierten Sentenzen lautet: „Patriotismus, blasse Phrase, / Brauchbar sehr bei Sekt und Biere [...]. Schale Speisen kann ich dulden, / Auch Gerüche schlechte, faule – / Aber zum Erbrechen reizt mich / Patriotismus mit dem – Maule."[34]

Nach nicht einmal vierzehn Jahren hessen-darmstädtischer Herrschaft war das ehemals kurkölnische Südwestfalen 1816 Preußen zugeschlagen worden.[35] Über einen katholischen Arnsberger Handwerker der Revolutionszeit liest man in der Festschrift „Arnsberg 700 Jahre Stadt" (1938): „General Klappka war ein ehrsamer Schlossermeister an der Bergstraße, deren Bewohner damals alle waschechte Republikaner und ,48er' waren. [...] Die traditionelle Preußenfeindschaft, die vielfach noch im

---

[33] Ob Grimmes *„De Musterung"* später zum deutsch-französischen Krieg von 1870/71 noch einmal eine besondere Rezeption erfuhr, wäre zu erforschen. Am 5. August 1888 bestreitet das Stück beim Grimme-Fest in Eslohe jedenfalls die erste Programmstelle. Ein Jahr vor dem Ersten Weltkrieg wird es 1913 erneut in Eslohe dargeboten, wo unter Anwesenheit der Gattin des verstorbenen Dichters am zweiten Pfingsttag die dortige Abteilung des Sauerländischen Gebirgsvereins in der Schützenhalle zu einer plattdeutschen Theaterveranstaltung einlädt.

[34] Zitiert z.B. 1921 auch noch von „Heimatbund-Gründer" Franz Hoffmeister (Pröpper 1949, S. 83).

[35] Schöne 1966, S. 138: „Bei der Übergabe des Herzogtums an Preußen umfaßte die Landwehr in der ersten Klasse 13.095, in der zweiten 7.927 und in der dritten 8.550 Mann, eingeteilt in 12 Regimenter mit 409 Offizieren, 452 Spielleuten, 1.710 Unteroffizieren und 27.448 Gemeinen." Westfalens preußischer Oberpräsident von Vincke meint zu dieser Zeit gar, die Westfälinger (Bewohner des Herzogtums Westfalens) hätten sich stets als „vorzüglich gute Soldaten" ausgezeichnet (ebd.).

Sauerlande zu finden war, pflegte er aus ,Prinzip', wie er sagte. Als er einmal Musterungsjungens in der Nähe des Muttergotteshäuschens traf, sagte er: ,Daut twintig Pänninge drin, dat ey nit bey de Pruißen kuemet!' [Jungens, werft 20 Pfennige in den Opferstock, damit ihr nicht zu den Preußen kommt]."[36]

Für mein Spezialgebiet in der Regionalforschung, die Mundartliteraturgeschichte, ist ein auffälliger Befund zu referieren: Im märkischen (,protestantischen') Landschaftsteil des Sauerlandes gibt es seit Aufkommen der neuniederdeutschen Dichtung z.T. sehr ausgeprägte vaterländisch-militaristische Tendenzen, während Vergleichbares bis zur Zeit um 1900 bei plattdeutschen Produktionen im kurkölnischen (,katholischen') Landschaftsteil ganz fehlt.[37] Das sozial- und mentalitätsgeschichtlich äußerst interessante Neheimer Mundartbüchlein *„Hiärmen Slaumayers Liäwensläup"* von Franz Ostenkötter (1855-1918), gedruckt etwa um 1885-1890, thematisiert auch den Militär- und Kriegsdienst eines Kleineleute-Sohnes in den 1860er Jahren.[38] Nach seiner ersten militärischen Züchtigung mit Prügeln bestellt Hiärmen Slaumayer seine Mutter in die Kaserne nach Hanau, wo diese – couragiert und unter Androhung einer Schiedsmannklage – gegen die Misshandlung ihres Sohnes Protest einlegt! Offenkundig ist es im Jahre 1862 bis zu den kleinen Leuten im kölnischen Sauerland noch nicht durchgedrungen, dass beim preußischen Militär andere Regeln gelten als im zivilen Leben. 1864 kommt es zum Krieg gegen Dänemark[39], und Hiärmen muss mit in die Schlacht. Er weint bittere Tränen und ist sehr darauf bedacht, die eigene Haut zu retten (die Waffenbediener übersehen nämlich auf fahrlässige Weise, dass in ihrem Schuss-

---

[36] Zitiert nach: Bürger 2012, S. 311.

[37] Bürger 2012. – Zugeben muss man allerdings, dass plattdeutsche Leuteüberlieferungen (Alltagsreime, Lieder) mit antimilitaristischer Tendenz im bislang gesichteten Textkorpus kaum ins Gewicht fallen; vgl.: Bürger 2006, S. 44, 65, 92, 128-129, 148, 367, 477.

[38] Vgl. Bürger 2012, S. 251-279.

[39] In diesem Kriegsjahr 1864 ist einer meiner Verwandten, der Schmied Caspar Bürger (1842-1927) aus Eslohe-Bremscheid, vom Militär desertiert. Er versteckte sich am Heimatort, wurde vom preußischen Militär im Heu des Elternhauses gesucht („mit Säbel und Bajonetten") und floh vor Juni 1864 bei „Nacht und Nebel" in die Vereinigten Staaten von Amerika (*Feldmann*, Anna: Bremscheider Familienchronik [Bürger]. Erster Band. Paderborn: Selbstverlag 1984, S. 43-44).

feld leibhaftige *Menschen* stehen). Gleichwohl erwischt eine feindliche Kugel seinen Fuß. Es folgen ein Vierteljahr im Lazarett und die Entlassung wegen Untauglichkeit. Das nächste Kapitel: Invalidenrente, Hilfsarbeiterstelle in der Fabrik, Trunksucht, Gewalttätigkeit gegen Mutter und Ehefrau ...

Preußens Krieg gegen den Deutschen Bund und das katholische Österreich 1866 findet im Sauerland ein sehr geteiltes Echo.[40] Im „Westen" der Landschaft, der zur Grafschaft Mark gehört, teilt man ohne Abstriche den preußischen Kriegsenthusiasmus. Im katholischen Teil ist man dagegen wenig begeistert. Vor der Schlacht gab es auch im Altkreis Brilon eine Zeitungsannonce zur Volkspetition an den preußischen König: „Keinen Krieg – Frieden!" Alfred Bruns zufolge reagierten Mütter auf die Mobilmachung mit Klagen und Weinen. Clemens August Reichsgraf von Westphalen (Laer bei Meschede) sagt sich aus Protest am 28. Juli 1866 aus dem preußischen Untertanenverbande los (sein vierter Sohn hat sich zu diesem Zeitpunkt als Offizier dem Waffengang gegen Österreich durch Emigration entzogen). Es zeigen gar „katholische Einwohner Westfalens mehr oder weniger offen ihre Sympathien für den Gegner Preußens" (M. Wolf). – Namentlich in Münster, so berichtet Landois, heißt es: „Nu kriegt de Prüßen auk ehr Fett!" – Die Mescheder Soldaten kehren dann „still und wehmütig aus dem Bruderkriege nach Hause zurück" (Peter Wiese). Friedrich Grimme vermerkt im Vorspruch seinem Büchlein *„Galantryi-Waar'!"* (1867), den Lesern sei im Vorjahr vor Krieg und Schrecken das Lachen vergangen: „De ganze Welt makete en lank Gesichte, / Kein Menske mehr was syines Liäwens frauh [...] / Niu awer is Friede – Guatt Luaf un Dank!" (Die ganze Welt machte ein langes Gesicht, / Kein Mensch war seines Lebens mehr froh ... / Nun aber ist Friede – Gott Lob und Dank!)

Die endgültige Verdrängung von Österreich als der „Vormacht des Katholizismus" aus dem deutschen Einigungsprozess war 1866 „über viele Katholiken wie eine Katastrophe" herein-

---

[40] Vgl. (mit Literaturnachweisen): Bürger 2007a, S. 102 und 131; Bürger 2012, S. 108-109; ebd., S. 298 beachte auch den Kommentar des Katholiken Eduard Raabe: „Selten sind wuol prüißiske Saldoten mit wenniger Lust un Begeisterunge in einen Kryig trocken, as in düsen" (Selten sind wohl preußische Soldaten mit weniger Lust und Begeisterung in einen Kriege gezogen als in diesen).

gebrochen (Karl-Egon Lönne); auch auf der Ebene der Kirchenleitung herrscht noch Skepsis hinsichtlich der seelsorgerlichen Dienstleistung für das preußische Militär[41]. Nach dem Deutsch-Französischen Krieg kommt es fünf Jahre später 1871 zur deutschen Reichseinheit, und der König von Preußen wird Kaiser. In der so ausgeführten „kleindeutschen Lösung" dominieren Preußentum und Protestantismus. Noch sind keineswegs alle katholischen Neupreußen durch den verlockenden Ruhm gewonnen. Bei der allgemeinen Illumination der Stadt Meschede nach dem Sieg in der Schlacht bei Sedan schließt sich ein bejahrter Bürger, dessen Söhne alle „im Felde" stehen, vom allgemeinen Festjubel aus: „Wat, ieck sall immaneuern wiägen diäm Max Maum un diäm Kummerjanten van Stroßburg?"[42] (Was, ich soll illuminieren wegen dem Mac Mahon und dem Kommandanten von Straßburg?)

3. „Was hälfe es meinem Vaterlande, wenn es die ganze Welt gewänne?"

Im Vorjahr war in Soest bei Nasse in sechster Auflage eine kleine Schrift *Sind die Katholiken schlechte Patrioten?"* erschienen, ohne Verfasserangabe.[43] Die ganze erste Hälfte dieses Heftes besteht in einer staatsbürgerlichen Rechtfertigung: Die Katholiken seien an sich die allertreuesten Staatsbürger und zuverlässigsten Patrioten. Doch diesen Beschwörungen folgt auf zehn Seiten eine Grenzziehung, wie man sie in beiden Weltkriegen des 20. Jahrhunderts leider nicht mehr hören wird: „Aber ein Patriot, der nur Patriot wäre und keine höheren Pflichten kennte, als Vaterlandsliebe – ein solcher Patriot ist der grundsätzliche Katholik nicht und darf es nicht sein. Es gibt noch ein höheres und erhabeneres Gebiet, als das des natürlichen Lebens. Es gibt noch ein anderes Vaterland für uns auch auf dieser Welt, ein viel wichtigeres, größeres, erhabeneres, heiligeres und heilbringenderes. Dieses ist die Kirche. In diesem geistlichen Verbande kennen wir weder ‚Juden noch Nationen, weder Griechen

---

[41] 1869 verfasst der Mainzer Bischof Wilhelm Emmanuel von Ketteler eine weitsichtige Denkschrift über „die Gefahren der exemten [von der Jurisdiktion der Ortsbischöfe unabhängigen] Militärseelsorge".
[42] Wiese 1932*.
[43] Broschüren-Cyclus 1870*.

noch Barbaren', weder Deutsche noch Italiener noch Franzosen noch Polen. In diesem Vaterlande ruhen unsere höchsten Güter, unsere ewigen Interessen, unsere letzten und unzerstörbaren Hoffnungen. In diesem ‚Staate' ist unser Oberhaupt Christus ...‟ (S. 11). „Unter Patriotismus verstehen wir Katholiken nicht Staatsvergötterung.‟ (S. 12) Denn in der Schrift steht ja geschrieben: „Man muß Gott mehr gehorchen als den Menschen.‟ (S. 13) Der Katholik müsse Nein sagen zu einem Patriotismus, der „auswärtige Völker und fremde Staaten beschimpft, verläumdet und verlästert‟ (S. 16). „Der Katholik erkennt in jedem Menschenkinde seinen Nächsten, seinen Mitbruder, mag er wohnen, wo er will, und welchem Staate auch immer angehören.‟ (S. 17) In nachfolgenden Ausführungen wird diese Grundhaltung gerade auch auf das Verhalten im Kriegsdienst bezogen. Der beste Patriotismus spreche: „Was hälfe es meinem Vaterlande, wenn es die ganze Welt gewänne, und nähme doch Schaden an seiner Seele?‟ (S. 19) Bezogen auf das Jahr 1866 heißt es frank und frei: „Wir sind Katholiken – darum war auf unsern Kanzeln ‚zum Gebete für Oesterreichs Sieg aufgefordert worden' [...] Wir sind – *Katholiken* – darum sind wir ‚keine Patrioten'. Wir sind *Katholiken* – da liegt der Hase im Pfeffer!‟ (S. 20)

Von einer widerstrebenden kirchlichen Haltung im Umfeld des „Kulturkampfes‟ zeugt auch das Beispiel des in Donogge bei Medebach-Glindfeld geborenen Priesters *Karl Friedrich Trippe* (1823-1899). Dieser ehemalige Divisionspfarrer war „ab September 1870 Gefangenenseelsorger für ca. 11.000 französische Kriegsgefangene, beherrschte perfekt die französische Sprache, [war] ebenfalls Seelsorger für ca. 1.000 Kranke und Verwundete in französischen Lazaretten‟, nahm „trotz ministeriellen Verbots [...] den französischen Militärgeistlichen Abbé de la Guibourgère als Hilfsgeistlichen‟ und leistete einen persönlichen Beitrag in Höhe von 177 Talern zu der auf seine Initiative zurückgehenden „Errichtung eines Ehrenmals für die in Erfurt verstorbenen französischen Soldaten in der Nikolaikirche‟; für die späteren Jahre 1876 bis 1880 bescheinigt ein Nachschlagewerk zur Militärseelsorge diesem Sauerländer eine „Weigerung, zu persönlichen Gedenktagen der preußischen Monarchie Glocken läuten zu lassen oder Gottesdienste zu feiern‟.[44]

---

[44] Brandt/Häger 2002, S. 839. – 1894 wurde Trippe, der 1886 eine Pfarr-

Erinnerungen an eine durchaus nicht kriegsfreundliche Mentalität in der zweiten Hälfte des 19. Jahrhunderts wirken bis heute in der Region nach. Im Februar 2015 hat mir der Heimatdichter Jupp Balkenhol (Jg. 1929) vom Möhnesee folgendes Gedicht[45] zugesandt:

Der Fahnenträger
1870 schrieb Fernand seiner Mutter:

„Mama, wie soll ich es Dir sagen?
Sei stolz, ich darf die Fahne tragen!
Ich bin der allererste hier –
ich bin jetzt Fahnenoffizier,

und jeder hier im Regiment
mich einen großen Glückspilz nennt.
Ich habe es sehr weit gebracht –
und morgen geht es in die Schlacht!"

Da schrieb die Mutter ihm zurück:
„Junge, die Fahne bringt kein Glück.
Du schreibst von Deiner großen Ehre,
denk an die feindlichen Gewehre!

Mein Sohn, viel junges Blut wird fließen –
die Feinde werden auf Dich schießen.
Mein lieber braver Ferdinand,
Gott schütze Dich in Feindes Land!"

Die Mutter hatte es geahnt
und ihren Sohn umsonst gemahnt:
Weil Ferdinand die Fahne trug,
wurde sie ihm zum Leichentuch.

---

stelle in Bigge angetreten hatte, Dechant des Dekanates Brilon.
[45] Auf Rückfrage hat mir der Verfasser zu diesem Text mitgeteilt: „Laiwer Poiter, Geschichte – wat frögger passoiert ies – wat Mesken erliäwet hät – un wat se dao met Luien maket hät, dao hewwick mi liuter all wahne füör intressoiert. Füör diän ‚Fahnenträger' har iek keine Vorlage un Anregung noirig. Säo ies dat imme Kruige 70/71 wiäsen: Dai Mann met der Fahne, dai marschoiere allen vüöriut – un wann dai fallen was, dann hiät dai Nöochste de Fahne häoge haollen ..." (E-Mail, 12.02.2015). Vgl. zur antimilitaristischen Tendenz bei J. Balkenhol auch: Bürger 2013, S. 635-636.

IV. Vom Kulturkampf bis zum frühen 20. Jahrhundert

Ab 1871 eskalieren die Auseinandersetzungen des preußischen Staates mit der Papstkirche von Pius IX. (jetzt unter den Bedingungen des neuen Kaiserreiches). Dieser „Kulturkampf" wird auch in den katholischen Kreisgebieten des Sauerlandes ein Jahrzehnt lang den Alltag mitprägen. Die Gläubigen verstecken ihre vom Staat abgesetzten Priester, halten das kirchliche Leben durch ‚Laienliturgien‘[46] aufrecht und nutzen Prozessionen zur ‚politischen‘ Willenskundgebung. „Durch die Betreuung der ihrer Pfarrer beraubten Kirchen wuchsen die Laien in die Pfarrleitung hinein. Wallfahrten nach Werl und zum Wilzenberg oder Papstjubiläen und Heiligenfeste wurden weithin sichtbare Symbole einer wohl unterdrückten, aber standhaften und vielfach noch gestärkten Kirche und ihres Kirchenvolks."[47] Die 1870er Jahre waren geprägt von zivilem Ungehorsam gegen Maßnahmen von Staat und Obrigkeit.

1. „Bismarck hat einen Vorz gelassen, danach stinkt es in ganz Europa"

In einem Buch aus dem Nachlass des katholischen Reister Lehrers Johann Friedrich Nolte (1809-1874), des Großvaters der Dichterin Christine Koch (1869-1951), habe ich einen höchst interessanten, handschriftlichen Faltzettel entdeckt.[48] Von innen entfaltet liest man den Text:

---

[46] Vgl. Schulte 1875* (Taufe, Beerdigung, Eheschließung); Heitmeyer 1999/2008*; Ernesti 2005*; Bürger 2012, S. 111-112; Müller 2013 (Darstellung für das Eichsfeld; mit Hinweisen auf Handbuch und Gebetbuch „Gemeinden ohne Seelsorger", Paderborn 1874 und 1876).
[47] Bruns 1987, S. 13.
[48] Aus einem Nachlassteil, den mein Vater Bernhard Bürger (1927-2005) bei Handwerksarbeiten in Reiste vor dem Verbrennen bewahrt hat. Die Abbildung folgt einer Kopie vom 14.9.2000. Der Archivort für das Original ist leider z.Zt. nicht zu ermitteln. – Zu Nolte, dem der Sohn Joseph (Jg. 1843) als Reister Lehrer nachfolgte, vgl. Bürger 1993, S. 25-28.

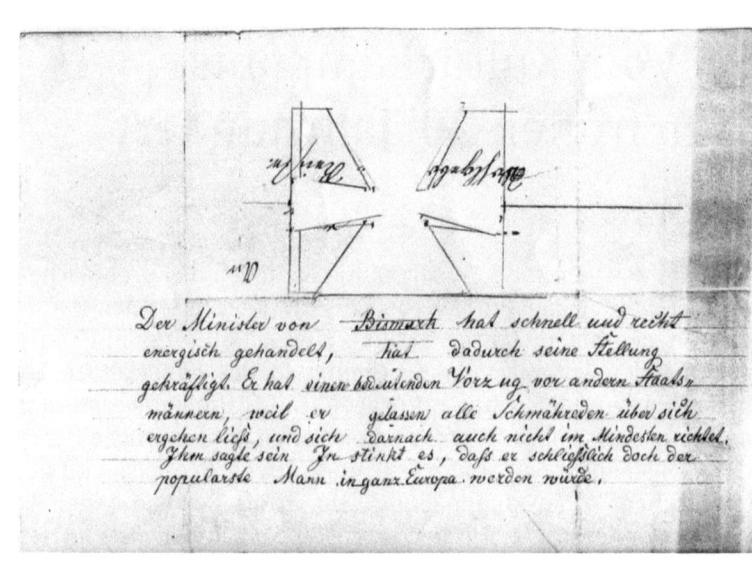

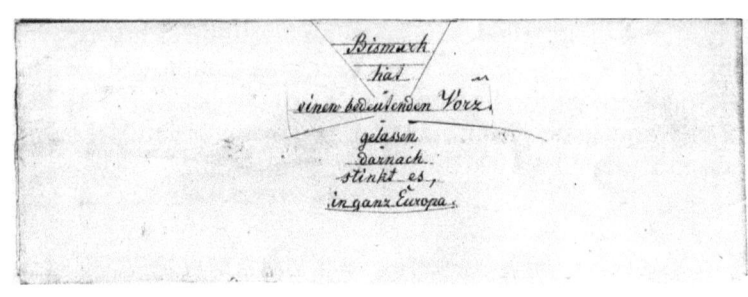

Faltzettel (offen und geschlossen) aus der Hausbibliothek des Reister Lehrers Johann Friedrich Nolte (1809-1874).

Der Minister von Bismark hat schnell und recht
energisch gehandelt, hat dadurch seine Stellung
gekräftigt. Er hat einen bedeutenden Vorzug vor anderen Staats-
männern, weil er gelassen alle Schmähreden über sich
ergehen ließ, und sich darnach auch nicht im Mindesten richtet.
Ihm sagte sein Instinkt es, daß er schließlich doch der
popularste Mann in ganz Europa werden würde.

Klappt man den oberen Teil des Zettels, aus dem ein Fenster in
Form des „Eisernen Kreuzes" herausgeschnitten ist, zu, so bleibt
von diesen Zeilen nur noch das Folgende zu lesen:

Bismark
hat
einen bedeutenden Vorz
gelassen
darnach
stinkt es,
in ganz Europa.

Es geht im „Kulturkampf" in erster Linie um die nach Verkündigung der neuen Papstdogmen (1870: Unfehlbarkeit, universale
Befehlsgewalt) einsetzenden Repressionen gegen die mit Rom
verbundene Kirche. Aber auch alte antipreußische Ressenti-
ments leben wieder auf, und namentlich gegen den Militarismus
wird polemisiert. Dies lässt sich z.B. aufzeigen anhand der Jahr-
gänge des römisch-katholischen – „ultramontan" ausgerichteten
– „Olper Kreis-Blattes" (ab 16.12.1874: Olper Intelligenz-Blatt;
ab 1.3.1876: Sauerländisches Volksblatt).[49] Zum Teil sehr kämp-
ferische Artikel werden in Olpe aus anderen Blättern übernom-
men, so am 21. August 1875 in der „Politischen Rundschau" ein
Text zum deutsch-nationalen Sedansfest (der Beitrag stammt
aus der „Frankfurter Zeitung"): „Die Herren [Kriegsfestredner]
verschweigen, daß wir in einem Heerlager leben", sonst „könnte
den Leuten z.B. die Frage beifallen, ob nicht der Krieg an sich ein
Uebel sei, das fortzeugend in neuen Kriegen neue Uebel gebäre".
– Den „St. Sedantag" (Verlästerung) als Nationalfeier eines
Schlachtendatums empfand man im organisierten Katholizismus
noch als grobe Geschmacklosigkeit. So konnte man 1876 im

---

[49] Vgl. Bürger 2012, S. 160-170.

„Mainzer Journal" lesen: „Feiert euer [sic!] Nationalfest am Tage des Frankfurter Friedensschlusses oder am Tag der Kaiserproklamierung zu Versailles oder an einem beliebigen Tage, nur nicht an dem Schlachtentage von Sedan ...".[50]

Sehr kritisch fällt ein als Serie gedruckter – wohl fingierter – plattdeutscher Briefwechsel im Olper Blatt aus. In der Folge vom 30.6.1875 werden die katholischen Leser mit Blick auf die betrüblichen „Zeitverhältnisse" zu einem Boykott von Schützen- und Kriegerfesten ermuntert. Am 14.7.1875 zerpflückt einer der beiden „Briefpartner" ein neues Schulbuch, in dem vermutlich das Gedicht *„Deutscher Trost"* (1813) von Ernst Moritz Arndt abgedruckt war: „Sieh mal hier, wie das Buch mit unserem Herrgott umgeht: Was? ‚deutsche Freiheit – deutscher Gott! Lieber Gott, magst ruhig sein.' Ich sollte es zu sagen haben, was würde das Buch in die Ecke fliegen." (Mundartanteile hier übersetzt.) Am 7.8.1875 gibt es ein Lob für den Fürsten von Lichtenstein wegen der Abschaffung des Militärs: „dai well kainen Kryeg un hiät dai ganze Armai uphafft un seggt, dai Saldoten söllen niu Roggen schnyen, Hawer mäggen un opbingen un sau födder" [der will keinen Krieg und hat die ganze Armee abgeschafft und sagt, die Soldaten sollten nun Roggen schneiden, Hafer mähen und aufbinden und so weiter].

Es kommt auch zu mehreren Presseprozessen gegen den Olper Redakteur Gottfried Ruegenberg (1842-1891), zuletzt wegen Abdrucks des scherzhaften *„Glaubensbekenntnisses eines Altkatholiken, verfaßt von einem Ultramontanen"* am 16.6.1875: „Ich glaube an den Deutschen Kaiser, den mächtigen Schöpfer des einigen Deutschen Reiches, und an den großen Kanzler, einen eingeborenen Preußen, unsern Herrn, der uns richtet mit seinem Geiste [...], aufgefahren bis zur höchsten Stufe des Reiches [...], sitzet er zur Rechten des Kaisers, von dannen er Strafanträge stellt und richten läßt über die Schwarzen und Rothen. Ich glaube an den großen Geist der deutschen Wissenschaft, an eine altkatholische Staatskirche, Gemeinschaft der Freimaurer, Vermehrung der Steuern, Vertheuerung des Fleisches und ein *ewiges Soldatenleben*. Amen." Die Altkatholiken, die die neuen Papstdogmen nicht anerkannten und vom preußischen Staat gefördert wurden, zeichneten sich schon zu diesem Zeitpunkt durch den größeren ‚Patriotismus' aus. Im ultramon-

---

[50] Vgl. auch Hammer 1974, S. 198.

tanen Sauerland, aus dem verblüffend viele ihrer geistigen Wortführer stammten, sind sie von der Mehrheitspartei mitunter sogar in äußerst *gewalttätiger* Weise geschmäht worden: ein beschämendes Kapitel der heimatlichen Kirchengeschichte.[51]

Ein wirklicher Sonderfall begegnet uns bei dem Sauerländer *Joseph Pape*[52] (1831-1907). Dieser Dichter und Jurist lehnte – wie schon die frühliberalen Katholiken der Landschaft – insbesondere eine unbeschränkte universale Jurisdiktion des Papstes über alle Bistümer der Welt ab, wechselte jedoch nicht ins Lager der Altkatholiken. Seine Anschauungen über das recht verstandene Petrusamt (Erster unter Brüdern: ‚primus inter pares' im Bischofskollegium) veröffentlichte er auch in einem großen Versepos, doch diese literarische Freimütigkeit brachte ihm keine Exkommunikation ein. Als römisch-katholischer Intellektueller – als gläubiger und politischer Mensch – ist Pape im 19. Jahrhundert ein Nonkonformist, der zwischen allen Stühlen sitzt: Konservatismus und progressive Geistigkeit gehen in seinen Arbeiten eine merkwürdige Mischung ein: Im Bürener Wohnhaus des Dichters steht eine Miniatur des Hermannsdenkmals. Die Tendenz zur Verklärung des alten Herzogtums fällt bei ihm moderat aus. Ultramontane *und* kulturkämpferische Interessen werden gleichermaßen nicht bedient (anders als bei F. W. Grimme fehlen auch antisemitische Töne). In seinen frühen hochdeutschen Werken verschreibt sich Pape noch ganz dem großen, siegreichen Vaterland, huldigt dem antifranzösischen Zeitgeist und will später sogar mit Blick auf das Jenseits von einer besonderen Dignität des Soldatentodes wissen. Doch wäre er gleichwohl als ‚Nationalkatholik' völlig missverstanden! In seiner – höchst problematischen, ja z.T. gefährlichen – politischen Geschichtstheologie ist die ‚deutsche Rolle' am Ende doch nur eine vorübergehende, denn die eschatologische Vision des Reiches zielt auf eine umfassende Gemeinschaft der Völkerwelt,

---

[51] Vgl. Franzen 2005, S. 445-451; Bürger 2012, S. 112-113, 163, 165, 300, 652 (mit Literaturverweisen). Gewalttätige Auseinandersetzungen gab es namentlich in Attendorn und Lippstadt. – Auch der in Meschede geborene Priester Dr. phil. Friedrich Kayser (1833-1881), ab 1867 in Düsseldorf Divisionspfarrer, soll „vorübergehend Sympathisant des Altkatholizismus" gewesen sein (Brandt/Häger 2002, S. 387).

[52] Es besteht eine verwandtschaftliche Verbindungslinie zu dem oben genannten Ex-Prämonstratenser und ‚deutschen Jakobiner' Friedrich Georg Pape (1763-1816) aus Fehrenbracht, heute Gemeinde Finnentrop.

auf ein ‚Weltfriedensreich der Gotteskindschaft und Humanität'.[53] Indessen gehört Pape eben nicht zu jenen – ‚ultramontan' (oft auch judenfeindlich) ausgerichteten – Katholiken, die sich wie der Eichstätter Domkapitular Albert Stöckl (1823-1895) im letzten Viertel des 19. Jahrhunderts als ausgesprochene *Antimilitaristen* zu erkennen geben.[54]

Zeitlebens stark vom Kulturkampf geprägt blieb der aus Elspe stammende Priester und Dichter Peter Sömer (1832-1902).[55] Im Jahr 1892 erscheinen in Paderborn seine *„Hageröschen aus dem Herzogtum Westfalen"*[56]. Einige hochdeutsche Texte in dieser Sammlung legen eine militärkritische Lesart bei Kriegsthemen nahe und spiegeln damit die Abneigung der kölnischen Sauerländer gegenüber dem soldatischen Zwangsdienst unter Hessen und Preußen wider. Über den auferstandenen Pest-Scheintoten von Attendorn heißt es z.B., er habe „Tod" geheißen, als Landsknecht bei Prag gefochten bzw. Tod verbreitet und Gott vergessen (*„Der Tod von Attendorn"*). Das Soldatenleben in alten Zeiten wird hier mit einem Abfall von Gott assoziiert. – In den von Albert Groeteken zusammengestellten „Sagen des Sauerlandes" (Auflage 1926) gibt es mit dem „Pilger von Silbach" übrigens ein Gegenbild zu Sömers Landknecht. Der Silbacher focht „jahrzehntelang in aller Herren Länder" und gelobte Gott, nachdem sein Kriegsmut gebrochen war, fortan „ein frommes Pilgerleben zu führen". – Der Schäfer Wilm von Werl ist Sömer zufolge noch zu Kölner Zeiten des Herzogtums ein Held, weil er die unerbittlichen Soldatenanwerber des preußischen Königs an der Nase herumführt und ein freier Vogel bleibt (*„Wie man einen Vogel im Neste fangen wollte"*). In einem der „Hageröschen"-Gedichte erfahren wir, wie ein junger Westfale im Krieg gegen die Welschen „sein Blut in reichem Strahle" vergießt; aber am Ende steht – anstelle des Blutkultes – eine gute Nachricht: „Gott Lob und Dank, sie sehn ihn wieder, / Er braucht nicht mehr ins Feld zu ziehen!" (Gedicht *„Die Heimkehr aus der Schlacht"*). – An anderer Stelle brüllen die Teilnehmer eines

---

53 Vgl. daunlots 55*, S. 148-155.
54 Vgl. Griesbauer o.J. (Text online nachlesbar in: daunlots nr. 77*, S. 430-434).
55 Vgl. Bürger 2007a, S. 236-239 (mit Quellenangaben); im Internet zu ihm: daunlots nr. 26*.
56 Im Internet abrufbar: Sömer 1892*.

Kriegerfestes schwerbewaffnet Kriegslieder, doch bei der Heimkehr ins Dorf verstummen die mutigen Maulhelden augenblicklich – aus Angst vor ihren Frauen (*„Vom Kriegerfeste"*). Diese „stilbildende Szene" mit Spott über soldatische Traditionspflege bei Veteranen wird in der sauerländischen Mundartliteratur der ersten beiden Jahrzehnte des 20. Jahrhunderts noch mindestens zweimal auftauchen.[57]

2. Kriegervereine als Motor für einen Wandel der sauerländischen Mentalität

Die Kriegervereine[58] sind nun aber einer jener Motoren gewesen, die zur Veränderung der Einstellungen zu Krieg und Militär im katholischen Sauerland führten. Werner Neuhaus hat im Rahmen seiner Forschungen zur Mentalitätsgeschichte „die Herausbildung eines katholisch-nationalistischen Milieus in Sundern im Kaiserreich 1871-1914" beschrieben.[59] Nach Ende der Konflikte zwischen Staat und Kirche tragen auch Geistliche (wieder) stolz ihre königlichen Orden.[60] Längst abgeschlossen ist die Verdrängung der ausgelassenen Kirchweih kurkölnischer Zeiten durch ein Schützenfest, auf dem dann ob einer Zunahme militärischer Elemente und einer Formung des Umzugs nach „preußischem Hofzeremoniell" der so eigentümliche sauerländische „Geck" (eine ganz unkriegerische, ‚demokratische' Narrengestalt) schließlich als Störfaktor empfunden werden konnte.[61] Im 19. Jahrhundert hat es ja auch so etwas wie einen *„Kul-*

---

[57] Franzen 2005, S. 274-275.
[58] Vgl. exemplarisch die Gründungsgeschichte in Beringhausen: Bödger 1999, S. 270-279. Für das „Kriegervereinswesen" im mehrheitlich katholischen, eichsfeldischen Kreis Heiligenstadt liegt eine sehr erhellende Gesamtdarstellung vor: Degenhardt/Degenhardt 2013. Ein wesentlicher Aspekt für den Brückenbau ins konfessionelle Milieu war die *antisozialdemokratische* Zielrichtung der vom Staat protegierten Kriegervereine.
[59] Neuhaus 2008* (überarbeiteter Text im Internet nachlesbar: daunlots nr. 77*, S. 435-444).
[60] Ab Ende des 19. Jahrhunderts ist an den meisten Orten mit ausgesprochen königstreuen Seelsorgern zu rechnen, wozu wohl eine stattliche Reihe von Priesterbiographien zusammengestellt werden könnte. Vgl. z.B. Bürger 2006, S. 576 (Christoph Grothof 1805-1895 in Berghausen, Johannes Dornseiffer 1837-1914 in Eslohe); Basse 1996 (Rektor Josef Bauer 1881-1945 in Medebach, Richtschnur „Pro Deo et Patria").
[61] Vgl. Bürger 2013, S. 363-378.

turkampf anderer Art" gegeben, in welchem sich Vertreter eines neuen, humorlosen Katholizismus (Ultramontanismus) und Sachwalter der Preußen-Polizei *Seite an Seite* gegen ein allzu tanzfreudiges Leuteleben in der Landschaft in Stellung brachten.[62] Friedrich Wilhelm Grimme kennt für die Zeit vor der Kaiserkrönung noch das anarchische Element im ‚sauerländischen Selbstbewusstsein' der kleinen Leute (Armut und Katholischsein bedürfen keiner ‚Rechtfertigung'). Doch wie lange würde man immun bleiben gegenüber der Versuchung, den latenten ‚Minderwertigkeitskomplex' durch Einstimmen in das allgemeine „Hurra"-Geschrei zu übertönen?

Für den Ort Kirchhundem-Herrntrop illustriert sehr anschaulich Claus Heinemann den zwischen 1870/71 und 1914 auch im ehemaligen Herzogtum Westfalen zunehmend durchgesetzten „sozialen Militarismus" – in Abgrenzung zu vorhergehenden Jahrzehnten.[63] Zunächst gibt er eine Erinnerung des Artilleriesergeanten Anton Behle senior zur Teilnahme am Deutsch-Dänischen Krieg 1864 wieder: „En komisken Krieg was datt! Wann Rauhe was, dann kreop me binein un deilte Breaut un Toback. Wann'et dann awwer wiér lossgong, dann mogte me wiér op enander scheiten!" (Ein komischer Krieg war das! Wenn Ruhe war, dann rückte man zusammen und teilte Brot und Tabak. Wenn es dann aber wieder losging, dann musste man wieder auf einander schießen!) Doch „fast noch unbegreiflicher wurde dem einfachen Soldaten aus dem [katholischen] Sauerland der Feldzug gegen Österreich", was u.a. in einem Soldatenbericht im Olper Kreis-Blatt vom 20.10.1866 zum Ausdruck kommt. In dem Beitrag, der gleichzeitig mit einer Siegesfeier-Einladung für das Amt Bilstein erscheint, schildert ein Kriegsteilnehmer, wie er als Schwerverwundeter nach dem Rückzug der eigenen Kompanie plötzlich mitten unter den Österreichern am Boden liegt. Ein *österreichischer* Kaiserjäger will ihm auf seine Bitte hin die Feldflasche mit Wasser füllen („Wart, Kamerad, sollst's scho hab'n!"), bekommt jedoch bei diesem Liebesdienst den Kopf von einem preußischen Füsilier zerschmettert. Der sauerländische Soldat bekennt: „... meine Wunde brennt vor Schmerz, wenn ich des braven Jägers gedenke". Die Heimkehrer

---

[62] Vgl. Bürger 2012, S. 116-129.
[63] Vgl. für das Folgende die Literaturangaben in: Bürger 2012, S. 428-431; zu Herrntrop die vorzügliche Ortschronik: Heinemann 1981.

des Deutsch-Französischen Krieges 1870/71 rufen dann aber auf die Siegesrede des Amtmanns von Kirchhundem hin begeisterte Hochrufe aus. Ab der Gründung des Kaiserreiches vollzieht sich „eine bis dahin für unsere Gegend beispiellose Heroisierung von Krieg und Kriegern". In der Schule werden Veteranen mit Eisernem Kreuz, auch wenn sie sonst im Dorf als „Taugenichtse" gelten, als große Vorbilder herausgestellt. Der Kriegervereinskult wird immer stärker etabliert. Die Jugend, selbst ohne eigene Kriegserfahrungen, ist beeindruckt. Josef Lindemann, Zeitzeuge des Kaiserreiches, wird so zitiert: „Dat was'n greauten Eogenblick fiär uss Kinger, wann dei allen Veteranen opmascheierten tau oiner Beerdigunge, un der Wind diär ehre Bärte gong ase diär oin reip Korenfeld." (Das war ein großer Augenblick für uns Kinder, wenn die alten Veteranen aufmarschierten zu einer Beerdigung und der Wind durch ihre Bärte ging wie durch ein reifes Kornfeld.) Immer mehr Wert legt man nun auf das „Gedienthaben", und von Deserteuren in der eigenen Familiengeschichte will man auf einmal nichts mehr wissen. Die „in der Wilhelminischen Ära aufwachsende Generation" verschweigt verschämt, „daß noch die Väter und Großväter kaum ein Risiko gescheut hatten, um dem Gestellungsbefehl zum Militär zu entgehen, und die Beamten der Militärbehörden als ‚Bluthunde' bezeichnet worden waren".

Einem Mundartschwank zufolge singt die Olper Jugend im späten 19. Jahrhundert schon am Tag der Musterung Soldatenlieder und zwar *„knuakenhart"*; anschließend übt man sich in ersten Gefechten, wobei einstweilen noch die Drolshagener den Feind abgeben müssen. „Plattdeutsche Preußenfreundlichkeit", wie man sie in der Grafschaft Mark früh und reichlich antrifft, ist in der Mundartliteratur des katholischen Sauerlandes allerdings – wie schon oben angemerkt – im 19. Jahrhundert noch nicht nachweisbar. Bezeichnenderweise enthält auch das Paderborner Gesangbuch „Sursum Corda!" erst in den Auflagen nach 1900 – und dann über zwei Weltkriege bis 1948 – den vollen ‚deutschen Urtext' des Liedes „Großer Gott wir loben dich" mit der gruseligen Zeile *„Heilig, Herr der Kriegerheere!"*[64]

Von einer unglaublichen Patriotisierung und Militarisierung schon der Kindheit im Kaiserreich legen u.a. erhaltene Spielzeugsammlungen ein Zeugnis ab, ebenso die Schulliederbücher

---

[64] Cordes 2000.

im Regierungsbezirk Arnsberg oder Fotoalben, in denen die Kleinen in Soldatenuniform, Marine- bzw. Matrosenanzug (Erstkommunionkleidung!) etc. zu sehen sind (1987 konnte man in einer Ausstellung des Museums Holthausen religiöse *und* vaterländische Bildwerke aus dieser Epoche zur Schmückung des Wohnraums sehen[65]). Seit 1854 waren Patriotismus und Königstreue als höchste Lernziele im preußischen Schulwesen immer mehr in den Vordergrund gerückt. Ein Zeugnisheft aus Wenholthausen trägt um 1900 den Aufdruck: „Fürchte Gott, ehre den Kaiser, liebe das Vaterland dein ganzes Leben lang!" Der katholische Gewerkschaftssekretär Franz Neuhaus aus Olpe (1896-1984) erzählt 1969 in einer plattdeutschen Skizze: „Als wir kurz nach 1900 als I-Männchen in der Schule saßen, wurde auf die Religionsstunde besonders großer Wert gelegt. Die zweitwichtigste Geschichte aber war die Geschichte des Vaterlandes. Schon nach ein paar Wochen in der Schule konnten wir ohne Fehler und knochenhart das Lied singen: ‚Der Kaiser ist ein lieber Mann ...' Es war, so sieht es jetzt aus, eigentlich komisch, dass dann später, wenn vom Kaiser erzählt wurde, alles mäuschenstill war, während so mancher sonntags beim Herrgott in der Kirche ganz andere Geschichten im Kopf hatte." Neuhaus hat 1966 in einem Mundartschwank für die Zeit seines Berufslebens allerdings auch vermittelt, daß ein vom Militarismus der Kaiserära geprägter Möchtegern-Kerl mit eingebildeten breiten Schultern bei Arbeitskollegen Heiterkeit auslösen konnte.

Die Erinnerungen von *Ferdinand Tönne* (1904-2003) aus Velmede legen ebenfalls nahe, daß wir uns am Vorabend des ersten Weltkrieges die Verhältnisse im katholischen Teil des Sauerlandes kaum weniger „preußisch" vorstellen dürfen als in der protestantischen Nachbarschaft: In den ersten Schuljahren singen die Kinder besonders gerne „Der Kaiser ist ein lieber Mann", und eine Geschichtsbuchlegende wie „Der Kronprinz und das arme Kind" verstärkt das märchenhafte Traumbild vom Kaiserhaus. „Die gesamte schulische Erziehung hatte neben dem religiösen Faktor auch einen betont vaterländischen, militärischen". Die wichtigsten Königs- und Kriegsdaten der Preußen muß man im „Geschichtsunterricht" auswendig parat haben. Truppenbewegungen der bedeutsamsten Schlachten sind an der Tafel nachzuzeichnen! In einem Gedicht wird anschaulich die soldatische

---

[65] Bruns 1987.

Zweiteilung eines Türkenschädels beschrieben. Ein regelmäßiger Diktattext zur Rechtschreibübung handelt von der 1866er Schlacht bei Königgrätz. Die Schüler fühlen sich, orientiert durch das einschlägige Liedgut, „mehr als Preußen denn als Deutsche". Bei schulischen Anlässen jubelt man dem Kaiser zu: „Heil dir im Siegerkranz!" Während des ersten Weltkrieges hängt dann im Klassenraum ein rundes Nagelschild von ca. 70 cm Durchmesser, „das wir mit Hilfe unserer Sparpfennige benageln mußten. Auf dem Schild war ein großes gemaltes Schwert zu sehen, und rundherum stand der Satz: ‚Das höchste Heil, das letzte, liegt im Schwerte'. Und das in einer christlichen, katholisch ausgerichteten Schule."

3. Nach dem Kulturkampf: Sozialkatholizismus und militärfreundliche Tendenzen

Das katholische Milieu war aus dem Kulturkampf gestärkt hervorgegangen, und als die mit Abstand maßgeblichste politische Kraft etablierte sich in Gebieten wie dem kölnischen Sauerland die Zentrumspartei. Die Überwindung des Kulturkampfes unter dem Pontifikat von Leo XIII. (1878-1903) wurde jedoch zentrales Vorzeichen für gravierende Veränderungen im Bereich des politischen Katholizismus[66]: Nach den Reichstagswahlen von 1880 ist es nicht mehr möglich, an der als „bündnisunfähig" und sogar „reichsfeindlich" verschrienen Zentrumspartei vorbei zu regieren. Als der Papst (!) 1887 bei der endgültigen Beilegung der Konflikte zwischen Staat und Kirche das katholische Zentrum dazu bewegen will, gleichsam als Gegenleistung der *Heeresvorlage* Bismarcks zuzustimmen, stößt dies in der Partei allerdings noch auf Widerstand (der Vorgang wiederholt sich 1893). Doch in der Folgezeit wird der Katholizismus immer staatstragender. Man hatte die Katholiken in Preußen und im Kaiserreich oft genug als „vaterlandslose Gesellen" betrachtet, jetzt aber wollen sie ihr „Deutschsein" unter Beweis stellen – und wie. Die antimilitaristischen Traditionen geraten in der *Wilhelminischen* Epoche immer mehr in Vergessenheit, und die an sich gerade im Katholizismus enthaltenen Potenzen zu einer Kritik der Religion des Nationalismus kommen letztlich nicht zum Zuge. Vor allem

---

[66] Vgl. (mit Literaturbelegen): Bürger 2012, S. 234-235.

die konservativen katholischen Aristokraten in der Partei stützen zum Entsetzen des bürgerlichen Flügels und vieler Zentrumsanhänger unter den kleinen Leuten die Heerespolitik des Kaiserreiches. 1898 stimmt das Zentrum sogar der Tirpitzschen Flottenvorlage zu; „die nationale Großmacht- und Aufrüstungspolitik wurde von ihm voll mitgetragen" (Klaus Schatz). – Im Vorfeld des ersten Weltkrieges scheint dann auch die *innerkirchliche* Verunsicherung durch den 1907 einsetzenden „Modernismusstreit" und die „Theologenpolizei" unter Papst Pius X. eine staatskirchliche Haltung in Teilen des deutschen Katholizismus begünstigt zu haben.

Zwei kleinere Nachrichten aus der Nähe mögen die neue Entwicklung illustrieren: Die Herausgeberin des katholischen „Sauerländischen Volksblattes" verpflichtet sich 1895 gegenüber dem Olper Landrat, „für eine loyale, reichs- und preußenfreundliche Haltung des Blattes Sorge zu tragen". Am 5. Dezember 1898 kauft die fromme katholische Wanderhändlerin Elisabeth Agnes Becker (1858-1932) aus Hellefeld, die nach ihrem Tod als „Bueterbettken" zur Legende geworden ist, für fünf Mark ein Bildnis des ‚großen Bismarck'.

Doch war der politische Kurswechsel wirklich im Interesse der kleinen Leute im kölnischen Sauerland? Zwei profilierte katholische Sozialanwälte aus der Landschaft sind in der zweiten Hälfte des 19. Jahrhunderts hervorgetreten. Der im Altkreis Brilon geborene Priester Wilhelm Hohoff (1848-1923) zeigt offen seine Sympathie für die Sozialdemokratie, auch wenn er damit in einer 1874 publizistisch ausgetragenen Kontroverse bei August Bebel zunächst auf wenig Gegenliebe stößt und später vom Paderborner Generalvikar A. J. Rosenberg an den Pranger gestellt wird.[67] Hohoff steht ein für die früheste katholische Auseinandersetzung mit dem „Kapital" von Karl Marx, dessen ökonomische Analyse er in zentralen Punkten teilte. Gegen Bebel (und die kirchenamtliche Verurteilung des Sozialismus) beharrt er darauf, dass nicht Christentum und Sozialismus, sondern „Kapitalismus und Christentum sich einander gegenüberstehen wie Wasser und Feuer". Für den Linkskatholizismus ist dieser Sau-

---

[67] Kreppel 1973; Herr 1983; Herr 1989. – 1921/22 bedrängt der aus Olpe stammende Paderborner Generalvikar Rosenberg den schon betagten Hohoff wegen dessen Nähe zur Sozialdemokratie und sorgt ein Jahr vor Hohoffs Tod für eine rücksichtslose Warnung im kirchlichen Amtsblatt.

erländer wirkungsgeschichtlich eine äußerst bedeutsame Gestalt. Von seiner Sozialismus-Rezeption beeinflusst wurden z.B. Josef Rüther, Walter Dirks und schließlich ein für den Weg hin zur ‚Kirche der Armen' so wegweisender katholischer Sozialethiker wie Theodor Steinbüchel.[68]

Federführend beim Kampf für Arbeiterschutzrechte tritt dann – in Auseinandersetzung mit Bismarck – der aus dem Kreis Olpe stammende Priester und Sozialpolitiker *Franz Hitze* (1851-1921) in Erscheinung, auch er schon als Gymnasiast in Tuchfühlung stehend mit Hohoff[69]. Hitzes Einsatz, anfänglich noch sehr stark von einer Ablehnung vermeintlich „staatssozialistischer Ansätze" bestimmt, verhilft der Zentrumspartei endgültig zum sozialpolitischen Profil.[70]

In den Altkreisen Arnsberg, Meschede, Brilon und Olpe kam die christliche Gewerkschaftsbewegung, die allein von den Geistlichen toleriert wurde und besonders auch der Abwehr sozialdemokratischer Erfolge dienen sollte, freilich erst zur Jahrhundertwende zum Tragen, wobei u.a. im Olper Raum auf Seiten des Volksvereins der Arbeitersekretär Matthias Erzberger beteiligt war. Bergleute und Metallarbeiter des kölnischen Sauerlandes fanden ab 1897 ihren Platz im christlichen Zweig der organisierten Arbeiterbewegung und sorgten so mit für ein sozialkatholisches Gepräge der Landschaft: „Schwarze Brüder in rotem Unterzeug"[71]. Die soziale Anwaltschaft im politischen Katholizismus ist gerade auch in unserer Region von *unten* erkämpft worden, wie die Vorgeschichte zeigt: Das Spektrum der Zentrumsgefolgschaft war höchst heterogen. Nach dem Ende des Kulturkampfes, der das ganze katholische Milieu fest zusammengeschweißt hatte, wurde immer deutlicher, dass konservativer – besitzstandwahrender – Adel, rheinisches Industriebürgertum, etablierter Klerus und kleine Leute trotz ihrer gemeinsamen

---

[68] Ludwig/Schroeder 1990, S. 55 (W. Dirks), 87 (Steinbüchel); Blömeke 1992 (s. Namensregister); Lienkamp 2000*, bes. S. 277-297 (Steinbüchel).
[69] Weber 1972, S. 572.
[70] Ludwig/Schroeder 1990, S. 21 und 39; Peters 2009. – Leider zeigt es sich auch bei diesem berühmten Sauerländer, dass die katholischen Sozialpioniere der Kaiserzeit außerordentlich oft auf judenfeindliche Kapitel in ihren Schriften nicht verzichten mochten: vgl. Hitze 1877*, S. 242, 244, 245.
[71] Hahnwald 2001; Hahnwald 2012.

konfessionellen Identität durchaus nicht überall gemeinsame Interessen verfolgten!

Eine diesbezügliche Klärung ist ziemlich spektakulär im Wahlkreis Arnsberg-Olpe-Meschede erfolgt. Dort konnte der Zentrumspolitiker und Zeitungsmacher *Johannes Fusangel* aus Hagen nach dem Tod des Abgeordneten Peter Reichensperger erstmals 1893 mit Stimmen der Kleinbauern, Arbeiter und Handwerker – gegen das konservative Zentrums-Establishment und die klerikalen Wahlempfehlungen – ein Reichstagsmandat erringen.[72] Fusangel, 1893 als Gegner der Militärvorlage im Reichstag hervorgetreten, war ‚Linkskatholik‘ und Zentrumsdemokrat. Für seine Gegenkandidatur hatten sich zunächst katholische Arbeiter aus Attendorn eingesetzt. Diesem am Ende recht erfolglosen „Drachentöter", der Kritikern zufolge auch antisemitische Töne angeschlagen haben soll[73], folgt 1907 im Wahlkreis ein offizieller Arbeiterkandidat des Zentrums nach: *Johannes Becker.* – Die Sozialdemokratie, zu deren Pionieren mit *Carl Wilhelm Tölcke* (1817-1893) aus Eslohe und *Wilhelm Hasenclever* (1837-1889) aus Arnsberg auch zwei ‚kölnische Sauerländer‘ zählen, kann weiterhin noch nicht Fuß fassen.[74]

Das konfliktreiche Ringen um die ‚Soziale Frage‘ zeigt sich übrigens auch im Werdegang des späteren Esloher Pfarrers *Philipp Hille* (1862-1915), dessen Bruder Peter zu den bekannten Dichtern Westfalens gehört.[75] Als er 1900 in Paderborn auf den

---

[72] Vgl. Bürger 2012, S. 238-239, 275, 393; besonders aber: Hahnwald 2011 (online nachzulesen in: daunlots nr. 77*, S. 445-466).

[73] Vgl. jedoch für das Jahr 1911 später den Hinweis auf einen explizit „judenfreundlichen Beitrag" in der von Joh. Fusangel begründeten Zeitung „Der Sauerländer": Bürger 2012, S. 563.

[74] SPD-Unterbezirk 2013.

[75] Padberg 1987; Franzen 2005, S. 262-263, 443-445. Hille – schon früh das Problem des gerechten Lohnes wissenschaftlich bedenkend – behandelt die ‚Soziale Frage‘ keineswegs als pures Samaritertum, sondern als Frage des Rechts. Aus christlicher Sicht entwickelt er auch psychosoziale Kontexte: Obdachlose sollen beispielsweise an erster Stelle ein Gefühl für ihre eigene Menschenwürde und Selbstbewusstsein entwickeln können. In einem dargereichten Spiegel, so meint Hille ganz wörtlich, lernen sie ihr eigenes *unverwechselbares* Gesicht zu sehen, zu erkennen und anzunehmen. – J. Dornseiffer weist in seiner Reihe „Kirchengeschichtliches aus dem Sauerlande" für die Mescheder Zeitung noch hin auf den Jesuiten Heinrich Koch (geb. 25.5.1870 Meschede), der z.T. in Eslohe-Sallinghausen aufgewachsen ist und 1905 in den „Stimmen aus Maria Laach" eine Abhandlung

Lehrstuhl für Moraltheologie berufen wurde, hatte er sich zuletzt in Berlin und kurzzeitig auch als Reichstagsabgeordneter für die katholische Arbeitersache stark gemacht. Da er die ‚Soziale Frage‘ im Rahmen der katholischen Morallehre behandelte, verlor er seine Lehrerlaubnis bereits Mitte 1902 wieder. Seinem Lehrstuhlvorgänger, dem Paderborner Bischof Wilhelm Schneider (1847-1909) aus Gerlingen bei Olpe, war Hilles leidenschaftlicher Sozialkatholizismus offenbar ein Dorn im Auge (Schneider selbst beschäftigte sich selbst während des Kaiserreichs vorzugsweise mit Esoterik und exotischen Themen der vom Kolonialismus ins Visier genommenen Völkerwelt[76]).

Bischof *Wilhelm Schneider*, Sohn eines Leinewebers und Bauern, trat trotz seiner Prägung durch den Kulturkampf längst als preußischer Patriot und treuer Untertan des Kaisers in Erscheinung, wenn „er auch kein Freund von betontem Militarismus, von den großen stehenden Heeren"[77] war. Im Februar 1904 wirkte dieser Paderborner Oberhirte mit an der Weihe von Feldpropst Dr. theol. Heinrich Vollmar (1839-1915) zum Titularbischof von Pergamon.[78] Dieser neue „Feldpropst der Königlich-preußischen Armee, Probst der Kaiserlichen Marine und Feldprobst der deutschen Kaiserlichen Schutztruppen" stammte aus seinem Bistum, war ein geborener Paderborner. Dr. Vollmar feierte zwar 1907 für den während des „Herero-Krieges" in Deutsch-Südwestafrika verstorbenen Feldgeistlichen Hermann Iseke aus der Diözese Paderborn die Exequien, doch ein Protest von ihm gegen den von den Kaiserlichen „Schutztruppen" 1904-1908 begangenen ersten Völkermord des 20.

über „Gleichberechtigung von Arbeitgeber und Arbeitnehmer in der Großindustrie" veröffentlicht hat.

[76] Vgl. Krause 1989, S. 458-463, bes. auf S. 460-461 folgende Titel von Schneiders Veröffentlichungen: Das andere Leben (1879); Neuerer Geisterglaube (1882); Die australischen Eingeborenen (1883); Kulturfähigkeit des Negers (1885); Die Naturvölker (1885/86); Die Religion der afrikanischen Naturvölker (1891); Göttliche Weltordnung und religionslose Sittlichkeit (1900).

[77] Schmalor/Häger 1999, S. 108 (vgl. ebd., S. 109-110 auch Schneiders „Kaiserhuldigungen" 1879-1905).

[78] Vgl. Brandt/Häger 2002, S. 356-357, 861-863. – Der neue Feldprobst wird dann auch im 1. Jahrgang der Paderborner Theologenzeitschrift publizieren: *Vollmar*, H.: Wie sind die jungen Männer von ihren Seelsorgern auf den Eintritt in die Militärzeit vorzubereiten? Theologie und Glaube 1. Jg. (1909), S. 249.

Jahrhunderts – an etwa 90.000 OvaHerero und Nama auf dem Gebiet des heutigen Namibia – ist nicht überliefert (die rassistische und massenmörderische Blutbrunst des Kaiserreiches auf einem anderen Kontinent ist noch immer kein nennenswertes Thema für das öffentliche Geschichtsgedächtnis in unserem Land).

Festzuhalten bleibt hier die Beobachtung, dass ein besonderes Engagement des Bistums Paderborn auf dem Feld der Militärseelsorge weit zurückreicht.

V. Im Schatten der deutsch-katholischen Kriegskirche 1914-1918

Für die Zeit nach 1900 ist davon auszugehen, dass auch im kölnischen Sauerland Nationalismus und Militarismus des Kaiserreiches wie in anderen Landschaften feste Wurzeln geschlagen haben.[79] Sehr anschaulich illustriert diese Entwicklung das 1904 aufgestellte Grevenbrücker Kriegerdenkmal mit dem Germanenfürsten „Mälo der Sugambrer", der nach Ansicht von „Heimatfreunden" vom Sauerland aus gegen die Römer gekämpft haben soll. Dieses „Helden"-Denkmal ist den toten Soldaten aus dem Amt Bilstein in den preußischen Kriegen von 1866 und 1870/71 gewidmet. Als am 15. September 1907 in Assinghausen das wuchtige Friedrich-Wilhelm-Grimme-Denkmal unter Anteilnahme von rund 6.000 Menschen – darunter „Vertreter der Staats-, Provinz- und Kommunalbehörden" – eingeweiht wird, sind auch zahlreiche Kriegervereine mit Fahnen zugegen. In den 1903 und 1905 erschienenen Mundartbüchern des katholischen Lehrers Johann Hengesbach (1873-1957) aus Bödefeld findet man alle reaktionären Komplexe der Zeit gespiegelt (Sachsenkult, Antisemitismus / Rassismus, Militarismus, Imperialismus). Im Sauerländischen Gebirgsverein gedenkt man 1913, die Jugend „gegen das schleichende Gift des Internationalismus, der Vaterlandslosigkeit und des Weltbürgertums" zu feien.

1. Theologen vergessen die Weltkirche und predigen den „germanischen Heldentod"

Nach der Mobilmachung zum ersten Weltkrieg wird sich ab 1914 das Bistum Paderborn, dem das ehedem kölnische Sauerland 1821 zuschlagen worden war, als Zentrum einer besonders eifrigen und abstrusen Kriegs-„Theologie" profilieren. Matthias

---

[79] Vgl. Bürger 2012. S. 247-248 und 343-353.

Pape will dies erklären „mit den beengten und wissenschaftlich beschränkten Paderborner Verhältnissen, der Herkunft der namhafteren Professoren aus dem nationalistisch aufgeladenen Milieukatholizismus des Sauerlandes (aus dem sich ein guter Teil des Diözesanklerus rekrutierte) und wohl auch damit, daß in Paderborn die ‚Kirchliche Kriegshilfe der deutschen Bischöfe‘ zur materiellen und geistigen Unterstützung der Soldaten angesiedelt war"[80]. Ob nun im frühen 20. Jahrhundert ausgerechnet der *sauerländische* Milieukatholizismus flächendeckend in *besonderer* Weise ‚nationalistisch aufgeladen‘ war, darüber muss – solange eine solide Forschungsarbeit samt Vergleichsstudie aussteht – diskutiert werden.[81] Belegt werden kann indessen, dass etwa um 1900 die ‚Patriotisierung der katholischen Landschaft‘ in weiten Teilen abgeschlossen ist. Auch Papes Hinweis auf äußerst ‚vaterländische‘ Kleriker und Theologieprofessoren, die aus dem Sauerland – und meist „kleinen Verhältnissen" – stammten[82], ist auf jeden Fall berechtigt (nur bleibt zu klären, ob das *Herkunftsmilieu* als solches oder ‚Strukturelemente‘ in klerikalen Biographien mit *sozialem Aufstieg* den entscheiden-

---

[80] Pape 1999, S. 152. – Sekretär der in Paderborn angesiedelten „Kirchlichen Kriegshilfe" war Wilhelm Franz Johannes Weskamm (1891-1956) aus Helsen bei Arolsen (1932 Standortpfarrer i.N. in Merseburg, 1949 Weihbischof, 1951 Bischof von Berlin); ab 1914 leitete der Priester Josef Strake (1882-1960) aus Olsberg die „Kirchliche Kriegshilfe", zugleich Repetent am Leoninum (Brandt/Häger 2002, S. 816, 898-899). Zu den Paderborner Theologieprofessoren vgl. auch B. Dahlke in: Schlochtern 2014, S. 276-278.
[81] Die nationalistische und militaristische Literaturproduktion fiel jedenfalls z.B. 1914-1918 im katholischen Münsterland ungleich stärker ins Gewicht. Kleine Leute und auf dem Bildungsweg besonders staatstreu sozialisierte Aufsteiger dürfen nicht einfach über einen Kamm geschert werden. Je nach Einfluss lokaler Honoratioren (Ausrichtung der Pfarrer, Lehrer, Zentrumspolitiker) ist auch *innerhalb* der Landschaft mit deutlichen Unterschieden zu rechnen.
[82] Ohne Zweifel war das kölnische Sauerland seit der Zeit des Ultramontanismus das bedeutsamste „Mistbeet" für den Priesternachwuchs im Bistum Paderborn. Noch 1931 wird Franz Hoffmeister über seine Heimat schreiben: „Sehr viele seiner besten Kinder hat das Ländchen seiner Kirche geschenkt. Es stellte nicht nur die jetzigen Metropoliten der westdeutschen und mitteldeutschen Kirchenprovinz, den letzten deutschen Bischof von Metz, manche Missionsbischöfe in Afrika und Asien, sondern auch die Mehrheit der Theologen der großen Erzdiözese Paderborn und eine große Anzahl von Missionaren und Missionarinnen im Ausland" (Zitat: Pröpper 1949, S. 116).

den Hintergrund abgaben). Schon 1915 können die geistlichen Lehrer der Fakultät aus dem Fundus ihrer Paderborner Zeitschrift *„Theologie und Glaube"* einen stattlichen Sonderband „Gesammelte Kriegsaufsätze" zusammenstellen.[83] Ihr Bischof Dr. *Karl Joseph Schulte* (später Kölner Erzbischof und Kardinal), geboren als „Sohn eines Kruppschen Beamten in Haus Valbert bei Oedingen", steuert das Vorwort bei – mit sinnfreien Floskeln wie dieser: „Auch der furchtbare Krieg [...] zeigt sein tiefstes Wesen [...] nur demjenigen, der ihn betrachtet im Licht der Ewigkeit". Besonders viele Seiten des Bandes hat der aus Olpe stammende Prof. *Arnold Joseph Rosenberg* (1865-1930) mit seinen Kriegsergüssen gefüllt, in denen eine geheuchelte Anhänglichkeit an Papst Benedikt XV. besonders abstoßend wirkt. Schulte und noch mehr der explizit „rechts stehende" Rosenberg (Paderborner Generalvikar 1920-1930) gelten dann in der Weimarer Republik als potentielle Ansprechpartner für rechtskatholische Verfassungsfeinde.[84]

Der aus Sundern-Allendorf stammende Paderborner Alttestamentler *Norbert Peters* (1863-1938) war kein typischer Vertreter für rückständigen sauerländischen Milieukatholizismus im Bann des „Ultramontanismus", sondern im Gegenteil beeinflusst durch aufgeklärte Traditionslinien noch aus ‚kölnischer Zeit'.[85] In Rom wurden seine Bibelforschungen als zu modern

---

[83] Der deutsche Katholizismus 1915. – Die „theologische" Kriegsproduktion in der Zeitschrift „Theologie und Glaube" geht nach Veröffentlichung dieses Werkes natürlich noch weiter. Ab 1916 erscheinen zudem in hoher Auflage die „Religiösen Kriegsblätter", gegründet, „um die Moral der Truppen zu heben" (Dahlke in: Schlochtern 2014, S. 277).

[84] Vgl. Hübner 2014 (s. Namensregister); Bürger 2015a* und 2015b*.

[85] Sein Vater hatte eine „resoluten Frömmigkeit" gepflegt. Dessen lebensbejahende Auffassung der Religion soll von einem Onkel aus der Schule des aufgeklärten Theologen Georg Hermes (1775-1831) beeinflusst gewesen sein. Im Tagebuch eines Bruders des Vaters, der ebenfalls Norbert Peters hieß und 1869 als Vikar in Siegen gestorben ist, gab es folgenden Eintrag: „Geistlich wird umsonst genannt, wer nicht des Geistes Licht erkannt! / Wissen ist des Glaubens Stern, Glauben ist des Wissens Kern!" Literatur: Peters 1926; Gamberoni 1989; Dahlke in: Schlochtern 2014, S. 274-278. – Dr. Meinolf Demmel (pax christi Bistum Essen) hat mir am 27.06.2015 mündlich mitgeteilt, nach Aussage des Priesters Theodor Dolle (1896-1965) habe N. Peters vor Theologiestudenten bisweilen bei bestimmten Anlässen – sinngemäß – angemerkt: „Die römische Lehrpolizei hat mir untersagt zu sagen, dass ...".

beargwöhnt, und so suchte er – wie andere ebenfalls als ‚modernistisch' verdächtigte Leidensgenossen – Halt im Nationalen. Bereits drei Monate nach Kriegsbeginn gab Peters mit bischöflicher Absegnung ein Buch *„Heldentod – Trostgedanken für schwere Tage in großer Zeit"* (Paderborn 1914) in den Druck, das sein populärster Kriegsbeitrag wurde.[86] In der Deutung des Krieges als einer eindeutig ‚Gerechten Sache'[87] folgte der Autor ohne Abstriche der staatlichen Propaganda, um dann – wörtlich – den „Heiligen Krieg" auszurufen: Niemand brauche sich um das Heil der gefallenen „Helden Germaniens" zu sorgen. Diese seien nämlich „Märtyrer" und durch ihren „Blutzeugentod" (!) von aller Schuld reingewaschen.[88] Man muss sich heute in die Lage der Zuhörer bzw. Leser versetzen. Die Volksmissionen hatten etwa seit Mitte des 19. Jahrhundert nicht Jesu Botschaft eines gütigen Gottes verkündigt, sondern den Gläubigen die allzeit gefährlichen Stricknetze der Todsünde vor Augen geführt.[89]

---

[86] Peters 1914. Vgl. besonders aussagekräftige Zitate aus den Kriegsschriften Peters auch in: Missalla 1968/2014* (siehe dort Namensregister; alternativ: digitale Suchfunktion „Peters").

[87] Auch der Paderborner Theologieprofessor Bernhard Bartmann (1860-1938), aus Madfeld bei Brilon stammend, klagt Januar 1915 in der „Akademischen Bonifatius-Korrespondenz": „Wir Deutsche sind entrüstet über die brutale Ungerechtigkeit und heuchlerische Tücke, womit man uns diesen schweren Krieg aufgedrungen hat. [...] Der Krieg ist für uns ein Verteidigungs-, kein Eroberungskrieg" (zitiert nach: Fuchs 2004, S. 77). Der Münchener Erzbischof Michael Faulhaber, Feldpropst des bayerischen Militärs, predigt: „Nach meiner Überzeugung wird dieser Feldzug in der Kriegsethik für uns das Schulbeispiel eines gerechten Krieges werden" (zitiert nach: Missalla 1968/2014*, S. 5).

[88] Die Auffassung, Soldatentod und christliches ‚Blutzeugnis' seien gleichzustellen, teilte auch der äußerst kriegsfreundliche Ortsbischof – und spätere Kardinal – Karl Joseph Schulte (Richter 2000, S. 138). Ähnlich predigte der Münsterische Bischof von Galen dann zum *zweiten* Weltkrieg in seinem Hirtenwort vom 25.2.1943 (!): „Es steht ja nach der wohlbegründeten Lehre des hl. Kirchenlehrers Thomas von Aquin der Soldatentod des gläubigen Christen in Wert und Würde ganz nahe dem Martertod um des Glaubens willen, der dem Blutzeugen Christi sogleich den Eintritt in die ewige Seligkeit öffnet" (vgl. Missalla 2015). Umgekehrt wird im berüchtigten bischöflichen „Handbuch der religiösen Gegenwartsfragen" der Jenseitsglaube unter dem Regime des deutschen Faschismus auch als bedeutsame *Motivierung* der soldatischen ‚Lebensaufopferung' beworben: Gröber 1937, S. 587.

[89] Bürger 2012, S. 123 (ein Großteil der Predigten des Diözesanmissionars liegt gedruckt vor).

Ganze Generationen lebten, solchermaßen missioniert, spätestens ab der Pubertät in permanenter Sündenangst. Der soldatische „Märtyrertod", so versprach hier nun die Trostliteratur, konnte aber eine sichere Erlösung aus allen Gewissensqualen und Höllenängsten bringen. Unter der Überschrift „*Das Jenseitsschicksal unserer gefallenen Helden*" ließ Peters 1917/18 seine Lehre von einer angeblichen „Bluttaufe" des Soldaten erneut in dem Hausbuch „Sankt Michael" aus „eherner Kriegszeit" für „die Katholiken deutscher Zunge" verbreiten. (An diesem illustrierten Propagandawerk, das auch in vielen sauerländischen Haushalten gelesen wurde, hatten u.a. alle bekannten Bischöfe ‚mitgearbeitet', einschließlich der Kardinäle von München, Köln und Wien.)

Noch ein weiterer Sauerländer Priester ist mit einem Buch zur Kriegsfrage durchaus prominent in Erscheinung getreten: der in Bestwig-Heringhausen geborene Freiburger Theologieprofessor Gottfried Hoberg (1857-1924). 1915 veröffentlichte er seine Untersuchung „*Der Krieg Deutschlands gegen Frankreich und die katholische Religion*".[90] Darin geht es um das von der katholischen Kirche Frankreichs verbreitete Werk „La Guerre Allemande et le Catholicisme" (Der deutsche Krieg und der Katholizismus). Auf weiter Strecke übt sich Hoberg trotz seiner ausgeprägten nationalen Gesinnung allerdings in einem vergleichsweise eher sachlichen Ton.

Die katholischen Geistlichen sind 1914-1918 im kölnischen Sauerland eine wesentliche Stütze des nationalen Kriegsapparates. Sie übernehmen es auch, die Soldaten an der Front mit eigens produziertem Heimatschrifttum zu versorgen. Besonders gut dokumentiert ist dies im Fall der Feldpostgrüße der Geistlichkeit im Dekanat Medebach 1915-1919, die auch in einem Nachdruck vorliegen.[91] Die Kriegspropaganda in diesem Periodikum folgt – bis nahe an die Grenze hin zur ‚Kaiservergottung' – den kriegstheologischen Vorgaben aus Reich und Bistum. Bis

---

[90] Hoberg 1915*.
[91] Vgl. Bürger 2012, S. 494-533. Das Periodikum wurde ab Mai 1915 alle zwei Wochen, gegen Kriegsende aber – aufgrund des Papiermangels – nur noch alle drei Wochen an die Soldaten verschickt. Der Umfang der Hefte variierte von 8 bis 16 Seiten. Vom 15. Mai 1915 bis zum 30. März 1919 erschienen 82 Ausgaben in einer Auflage von je rund 2.500 Exemplaren und mit einem Gesamtumfang von 808 Druckseiten. Auszug der Mundartbeiträge im Internet: daunlots nr. 49*.

zum letzten Schluss predigte das Blatt vom „Siegfrieden". Bedenkenlos zitiert wurde ein Ernst Moritz Arndt, der Jesu Botschaft aberwitzig in folgender Weise karikiert hatte: „Der Christ ist fröhlich im Leben, fröhlich im Tode, freundlich gegen die Freunde und mutig gegen die Feinde." Mit einem Auszug aus dem Buch „Die Champagneschlacht" von Prinz Oskar von Preußen warben die „Heimatgrüße" für „eine harte Jugenderziehung" und für ein „Stählen" des „deutschen Jünglings". In mehreren Ausgaben bemühte sich der Schriftleiter, besonders die Kriegsbedenken und Zweifel von Soldaten aus dem Milieu der kleinen Leute zu entkräften: Nein, es gehe im Krieg nicht um die Interessen der Reichen; das Menschentöten sei keineswegs sinnlos, weil eben Deutschland und seine Ehre auf dem Spiel stünden; die Kritiker und Miesmacher seien alle Quacksalber ... Im Oktober 1918 wurde dann vor einer neuen staatlichen Ordnung gewarnt: „Demokratie! Demokratisierung, demokratische Gesinnung, demokratisches Wahlrecht [...]. Es möchte einem schier schwindelig werden von all der Demokraterei." Zitiert wurde in dieser Ausgabe auch Erzbischof Faulhaber: „Das Apostelwort: ‚Fürchtet Gott, ehret den König' hat Gottesdienst und Königsliebe miteinander vermählt, und das Lästerwort gegen die geheiligte Person des Königs zu einer Sünde vor Gott gestempelt." – Der Grönebacher Pfarrer Anton Floren[92] (1871-1933) warnte in rassistischer Manier auch noch vor einem anderen Feind: „Der Bolschewismus ist jedenfalls die übelste Form des Slawen- und Mongolentums." (Ausgabe 9. / Februar 1919) – In der Schlussnummer vom 30. März 1919 liest man in einem Gedicht: „Mich traf die Kugel, Mutter – s' ist nicht schlimm. / Weib, was gabst du dem heiligen Vaterlande? / Den einz'gen Sohn." Gar nicht so schlimm? Wollte man so die Weinenden trösten?

Bei ihrer kaisertreuen Kriegspropagandapredigt waren die Geistlichen durchaus nicht ganz uneigennützig gewesen. In einem der Medebacher Hefte kann man es nachlesen. Man hatte sich als Dankeslohn *staatliche* Anerkennung für die Kirche erhofft. Mit dem Untergang des Kaiserreiches sah man sich in dieser Hoffnung bitter enttäuscht. Am Ende waren alle Verlierer,

---

[92] Brandt/Häger 2002, S. 209: Anton Floren (1871-1933), „1903 Missionspfarrer und Militärseelsorger in Rudolstadt, 16.03.1909 Pfarrer von Grönebach".

besonders auch jene Frommen und Trauernden, deren endloses Fürbittgebet offenkundig niemand erhört hatte.

Nikolaus Schäfer, der die Texte der Medebacher Feldposthefte Zeile für Zeile am Computer abgeschrieben hat, bemerkt 2005 in der Einleitung zum vollständigen Nachdruck: „Was die in den Heimatgrüßen reichlich vorkommenden aufmunternden vaterländischen Sprüche [1914-1918] angeht, so konnten diese Vorlage für Dr. Goebbels' [sic!] Durchhalteparolen des zweiten Weltkrieges sein. Man hätte sich wünschen dürfen, daß alle – auch die Geistlichkeit des Dekanates und die von ihr zitierten Bischöfe – die realistische Darstellung des Kriegsgeschehens mehr aus der Sicht von Erich Maria Remarque [...] betrachtet hätten – allein, so weit sind viele von uns auch heute noch nicht."[93] – Die Beschädigungen der kirchlichen Autorität und des religiösen Lebens durch die hochgerüstete „Kriegskirchlichkeit" sollte man nicht gering veranschlagen. Die Wahnidee, ein Massenmordprojekt könnte zur Steigerung der „Sittlichkeit" führen, hatte sich gegen Kriegsende ohnehin erledigt. Manche lebenshungrige Kriegsheimkehrer waren übrigens nicht mehr gewillt, ihre Feierkultur vom ehedem fast allmächtigen Klerus reglementieren zu lassen.[94]

Dass man nicht für alle Schichten, Generationen, die Menschen in der Stadt wie auf dem Lande und gar für alle Phasen der Jahre 1914 bis 1918 von einer gleichen (und gleich bleibenden) Kriegsbegeisterung ausgehen kann, lässt sich auch durch die Ergebnisse der sauerländischen Regionalforschung belegen.[95] Nicht zu übersehen ist in den Zeugnissen zum leibhaftigen Alltag jener Graben, der zwischen kirchlich vermittelten Deutungen bzw. Kriegsideologien und dem Erleben zahlreicher Menschen lag. Gemessen an der Produktion plattdeutscher Kriegspropaganda im katholischen Münsterland fiel z.B. der sauerländische Beitrag zur mundartlichen Kriegsertüchtigung fast erbärmlich aus.[96] Wenn – bislang – auch keine Hin-

---

[93] Schäfer 2005.
[94] Ein Beispiel beschreibt: Stoetzel 2003.
[95] Vgl. Schulte-Hobein 2012, S. 83-91; Bürger 2012, S. 427-444; Hahnwald 2014 (Überblick zur sogenannten „Heimatfront"). – Hundert Jahre nach Kriegsbeginn sind für zahlreiche Orte neue heimatgeschichtliche Beiträge vorgelegt worden, deren „Auswertung" für eine regionale Gesamtdarstellung weitere Erkenntnisse bringen könnte.
[96] Vgl. daunlots nr. 50*, bes. S. 11-14; Bürger 2012, S. 427-444. Vgl. aber

weise für ein aktives Aufbegehren gegen den Kriegsapparat 1914-1918 vorliegen, so sind uns doch Gesten des Widerspruchs überliefert und Biographien, in denen am Ende nichts mehr von einer Sehnsucht nach ‚Heldentum' zu lesen ist:

2. Die Erschütterung des Joseph Anton Henke aus Fretter

Erschütternd ist die Geschichte von *Joseph Anton Henke* (1892-1917) aus dem kleinen Frettermühle (heute Gemeinde Finnentrop).[97] Dieser junge, eigensinnige Intellektuelle – ein ‚verhinderter Redakteur' – war schon während seiner Schulzeit als Lyriker hervorgetreten und hegt im Elternhaus hochtrabende Kulturpläne für seine katholische Heimatlandschaft, als der Kaiser 1914 den Krieg ausruft. Die jugendbewegte Generation, zu der Henke wie ein Walter Flex gehört, findet ein – am Ende tödliches – Ventil für „überschüssigen Idealismus" und „zivilisatorisches Unbehagen". Der Sauerländer gerät in den Bann der inflationären Kriegslyrik, in der sich eine Sehnsucht nach „Reinheit" – und Tod – zu Wort meldet:

Nun reißt Euch los von Glück und jungen Rosen,
Hört wie der Schlachtruf gellt, die Stürme tosen!
Da nehmt nur uns're freiheitsstarken Glieder,
dem Vaterland weiht sie und uns're Lieder!

Tausende reigen
nach uns empor,
die schon im Steigen
der Tod sich erkor.

Der Würfel ist gefallen,
wer sterben muß, der stirbt;
es fließt so manches junge Blut,
daß Keiner mehr verdirbt.

---

den in diesen Arbeiten noch nicht berücksichtigten Propagandabeitrag der märkischen Sauerländerin und Mundartautorin Emma Cramer-Crummenerl (1875-1964); Auszüge in: Bürger 2015e, S. 313-319.
[97] Vgl. zu J. A. Henke: Bürger 2012, S. 468-494. Biographie und Werk sind vollständig auch im Internet zugänglich: daunlots 42*. Ein kleiner Literaturband ist über den Buchhandel erhältlich: Bürger/Raffenberg 2014.

Ganz anders klingen dann die Verse, die der junge Kriegsfreiwillige an der Front niederschreibt. Es sind ‚Mordlieder':

Wir wurden Tiere,
stumpf in Mord und Blut,
berußt in Feuers sengender Glut.

Wir wissen kaum,
daß einmal Friede war –
so tief hängt unserer Fahne Saum
im Blut.

Wir sprachen beide: Morden
will ich den Feind, wo ich ihn faß, –
ein jeder trägt schon Bänder böser Orden –
in Liebe wandelt sich der Haß.

War es nicht im Somme-Morden?
Vor Verdun? Und war's nicht sommers ...

Joseph Anton Henke sagt über den Mann in der gegenüberliegenden Schießscharte: „[E]r war vielleicht mein Freund auf hoher Warte". Er sucht Halt im Rückgriff auf die unschuldige Religion seiner Kindertage und ahnt beim letzten Heimaturlaub bereits, dass er die alte Linde am Elternhaus nie wieder sehen wird. In einer Gedichtsammlung für die Schwester, seine Seelenvertraute, heißt es: „[...] die weite Welt will weinen. [...] ich schreie / nach Gott, und auf mich stürzt das ganze / masslose Leid der Welten." Der Abgrund gewinnt geradezu kosmische Dimensionen. Den Abschluss der Sammlung bildet der Psalm *„Das Volk betet"*, der eine Wiedervereinigung der Völker – als den Gästen eines großen Freudenfestes – ersehnt:

Herr, wie lange noch willst du die Geissel schwingen,
wie lange noch soll Waffenlärm zu deinem Himmel dringen?
Schreit nicht das massig viele Blut zu deinem Thron?
Niederkniet dein Volk im Gebet und frommen Büsserlied –
siehe, dein Sohn
wandelt kreuztragend über leichenbesäte Felder;
o send ihn uns als Friedensmelder
in unsere Hütten!

3. Gesten wider das Wahngebilde der Feindschaft

Eine ungewöhnliche Geschichte, die im ersten Weltkrieg beginnt, hat Reinhard Voß (in Lenne geboren und bis 2008 Generalsekretär der deutschen Sektion von pax christi) am 11. Dezember 2014 für die Sammlung „Friedenslandschaft Sauerland" eingesandt. Sie steht auf einem 1980 erschienenen Anzeigenblatt-Bericht[98] mit Foto, den der ökumenische Laurentiuskonvent (http://wp.laurentiuskonvent.de) im Adventsbrief 2014 als Fundstück darbietet:

„Dafür bekamen sie keinen Orden
Zwei Veteranen aus dem ersten Weltkrieg haben
zugunsten französischer und belgischer Bauern
für den Frieden vorgearbeitet.

Soldaten sind Helden oder namenlos. Wer den Krieg gewonnen hat, stellt immer die Helden. Von den Soldaten des Verlierers spricht man nicht oder nichts Gutes. – Deshalb diese Information über zwei gute alte deutsche Soldaten.
Frühjahr 1916 an der Somme. – Bei St. Quentin lernen sich zwei deutsche Soldaten während des Munitionsfahrens kennen. Der eine heißt Franz Mues (heute 83) aus dem Hochsauerland, der andere Willi Wolschke (heute 82) aus der Niederlausitz. Daraus wurde eine Freundschaft, die 1980 einen Zeitraum von 64 Jahren überspannt, eine deutsch-deutsche Freundschaft BRD-DDR, die Beachtung verdient.
Die beiden alten Herren, die sich alle drei Jahre gegenseitig besuchen, waren 1916 noch ganz junge Soldaten, Landwirte von Hause aus, als sie sich darüber ärgerten, daß durch den Krieg große Felder der Franzosen und Belgier unbestellt blieben. Zu nahe an der Front gelegen, waren die Bauern geflohen oder mit den Familien abgezogen.
,Da dachten der Willi und ich', sagte Franz Mues, ,der Krieg muß bald zu Ende gehen, und dann sind die Bauern, wenn sie zurückkommen, froh, die Acker bestellt und in Ordnung vorzufinden. Wir haben dann jede freie Stunde auf den Feldern gearbeitet – freiwillig natürlich – gepflügt und gesät, gejätet mit Hilfe unserer Pferde, Heu gemacht und Vieh versorgt. Es hat uns ge-

---

[98] Krause 1980.

freut, mit dem schweren Pflug über die riesigen Felder zu ziehen.'

Im Jahr 1918 kehrten beide mit ihren Pferden nach Deutschland zurück. – Der Krieg war aus. Ein Verdienstkreuz für die Friedensarbeit in ‚Feindesland' haben sie nicht erhalten. (Red. Krause)"

Willi Wolschke aus der Niederlausitz (links) und der Sauerländer Franz Josef Mues (rechts) wurden als Soldaten während des ersten Weltkrieges Freunde (Foto aus dem dokumentierten Artikel).

Die genaue Zeitungsquelle konnte noch nicht ermittelt werden. Die Identität des Bauern aus dem Hochsauerland ist jedoch sicher bekannt: *Franz Josef Mues*, geboren am 31. Mai 1897 in Niederberndorf. Sein jüngster Sohn, von mir „auf Verdacht hin" um Rat befragt, schrieb am 12.12.2014 in einer E-Mail: „Den Zeitungsartikel finde ich hochinteressant und die beiden Personen sind mir bekannt. Auf dem Foto rechts, das ist mein Vater. Der Reporter, der das Foto ‚geschossen' hat, kam zufällig durch Niederberndorf, als mein Vater mit seinem Freund Willi, der ihn aus der damaligen DDR besuchte, einen Spaziergang machte. Der Reporter hat spontan angehalten und die beiden Freunde abgelichtet. Die örtliche Volksbank hatte dieses Foto in der Zeitung entdeckt und meinem Vater zum Geburtstag geschenkt. Es hat jahrelang bei uns zu Hause im Wohnzimmer seinen Platz gehabt."

Eine organisierte „katholische Friedensbewegung" gab es bei Kriegsbeginn in *Deutschland* noch nicht.[99] Der Friedensbote Papst Benedikt XV., dem die deutschen Staatsbischöfe wenig Gehör schenkten, fand Widerhall zunächst nur bei Einzelnen. Im Mescheder Kriegsgefangenenlager, in dem während des ersten Weltkrieges über 25.000 Gefangene interniert waren, soll Rektor *Ferdinand Wagener* (1871-1931) seinen Dienst als Seelsorger für die Kriegsgefangenen „mit hohem Seeleneifer und unermüdlicher Pflichttreue" versehen haben und dabei „bis an seine Grenzen" gegangen sein.[100]

Der in Remblinghausen geborene *Joseph Schrage* (1861-1926), Dechant von Torgau, Militärseelsorger und Kriegsgefangenenseelsorger, bekam am 21. März 1915 die Seelsorgeerlaubnis im Lager Torgau entzogen „durch das Generalkommando des IV. Armeekorps unter Benachrichtigung des Feldpropstes Joeppen und des Paderborner Bischofs Schulte" – und zwar „we-

---

[99] Vgl. aber unbedingt den Hinweis auf den Franzosen Alfred Vanderpol (1854-1915) und dessen sehr frühe Aktivitäten für eine – übernational ausgreifende – katholische Friedensbewegung vor dem ersten Weltkrieg: Wiest 2015 (auch für die so bedeutsamen französischen Aufbruchsversuche wirkte sich der Antimodernistenwahn unter Pius X. fatal aus). Zu „Friedens-Bewegungen in der Ökumene um die Zeit des Ersten Weltkrieges" vgl.: Versöhnungsbund 2015.
[100] Bürger 2010, S. 706-707. – Vgl. zum Mescheder Lager und zu Rektor F. Wagener online auch den Beitrag in: daunlots nr. 77*, S. 209-214.

gen unerlaubter Weiterleitung von Briefen französischer Kriegs-gefangener"[101].

Infolge der alliierten Seeblockade kam es im ersten Weltkrieg zu einem großen Mangel an industriellen Rohstoffen. Schließlich wurden sogar Kirchenglocken oder auch Orgelpfeifen beschlag-nahmt, zu Metall eingeschmolzen und in der Rüstungsindustrie weiterverarbeitet. In der westfälische Literatur gibt es Belege dafür, dass man diese Umwidmung zu Waffen – wenn auch un-ter Tränen – regelrecht als ein *„heiliges Werk"* verstehen konn-te.[102] Indessen war die Opferbereitschaft nicht überall grenzen-los. Das Kirchspiel Eslohe hatte 1917 bereits die Frühmess-glocke dem Staat überlassen müssen.[103] Nun sollte auch noch die den Kirchenpatronen geweihte Glocke „te petre cum paulo" von 1770 dem Einschmelzen zum Opfer fallen, um – statt dem Frieden auf Erden zu läuten – vielen Menschen den Tod zu brin-gen. Beherzt erinnerten sich die Sallinghausener Franz Stern-berg, Franz Mathweis, Franz Baust und Josef Schulte (genannt Eiken) daran, dass nach der Schrift der Kaiser nicht fordern kann, was Gott gehört. Sie entführten bei Nacht und Nebel die am Esloher Bahnhof bereits aufgestellte Glocke und vergruben sie an einem sicheren Ort. Über dieses *„Geheimunternehmen Bimbam"* bewahrten alle Beteiligten striktes Stillschweigen. Die Glocke konnte am Ende des letzten Kriegsjahres wieder im Kir-chenturm aufgehängt werden und läutet bis heute. Ein dich-tender Küster hat diese Rettungstat als Ruhmesblatt der Esloher und speziell der Geschichte von Sallinghausen gefeiert. Später wertete dagegen der Esloher NSDAP-Bürgermeister Hermann Vesper das „Unternehmen Bimbam" von 1917 als Beweis für die fehlende Vaterlandstreue der Sallinghausener.

Gut zwei Jahrzehnte nach dieser Glockenrettung zeigte der Kriegsapparat des NS-Staates erneute Begehrlichkeit. Das Pa-derborner Generalvikariat ermahnte über eine Kanzelvermel-dung des späteren Weihbischofs Friedrich Maria Rintelen vom Dezember 1941 die Gläubigen: „... so wollen wir doch opferbe-

---

[101] Brandt/Häger 2002, S. 742.
[102] Vgl. daunlots nr. 50*, S. 136-137.
[103] Franzen 2005, S. 293-294 (mit Literaturbelegen). – Vgl. auch die Ge-schichte der Rettung einer Kapellenglocke im April 1943 in: daunlots nr. 51*, S. 18-21.

reit unsere Glocken hingeben, um unseren Soldaten auch weiterhin die besten Waffen in die Hand zu geben zu ihrem u[nd] des Vaterlandes Schutz. [...] Glockenabschiedsfeiern sind nicht zu veranstalten."[104]

---

[104] Vgl. dazu auch: Pieper-Clever 2015, S. 140-141.

VI. Politische Entwicklungen und „Friedenslandschaft" in der Weimarer Republik

Über die Geschichte des kurkölnischen Sauerlandes (und der unmittelbaren katholischen Nachbarschaft auf dem Gebiet des heutigen Kreises Soest) zur Zeit der Weimarer Republik sollen hier keine voreiligen Bewertungen oder gar Pauschalurteile dargeboten werden. Eine gründliche Monographie zu diesem historischen ‚Kapitel' liegt noch nicht vor. Die äußeren Daten laden ein zu einer verlockenden Erzählung mit folgender Botschaft: „Hätten sich die Menschen in allen deutschen Landschaften bis Anfang 1933 so verhalten wie die Bewohner des kölnischen Sauerlandes, so wäre die Republik nicht zugrunde gegangen."

1. Zentrumshochburg mit phantastischen Mehrheiten gegen die Feinde der Demokratie

Das katholische Südwestfalen bleibt während der gesamten Weimarer Republik eine Zentrums-Hochburg sondergleichen, wenngleich der genaue Blick Unterschiede zwischen den Kreisgebieten (Arnsberg, Brilon, Meschede, Olpe) sowie bezeichnende Abweichungen vom Gesamtbild in einzelnen Ortschaften bzw. Kommunen zutage fördert.[105] Die „Integrationskraft" der katholischen Partei erweist sich in der Region als erstaunlich robust, und dies verhindert bei Wahlen ein nennenswertes Erstarken von rechten Verfassungsfeinden. 1919 schreibt eine ungenannte katholische „Mescheder Dame" in einem Brief nach Übersee: „Das Zentrum wird so rot, nur noch die Religionsfrage ist die Scheidung von der Sozialdemokratie."[106] Das Arnsberger Zentrum lässt für den von deutschnational-völkischen Hetzern

---

[105] Vgl. als guten Überblick und Quelle für die nachfolgenden Angaben: Schulte-Hobein 2012, S. 91-115.
[106] Frauengeschichtswerkstatt Meschede 2000, S. 118.

als „Zielscheibe" markierten und am 26. August 1921 ermordeten Matthias Erzberger vom ‚linken Parteiflügel' ein Seelenamt lesen und setzt zusammen mit anderen demokratischen Kräften im Juni 1922 ein öffentliches Zeichen gegen die Ermordung des liberalen Außenministers Walther Rathenau. Bei der Reichspräsidentenwahl am 26. April 1925 votieren die kölnischen Sauerländer mit z.T. phantastischen Mehrheiten gegen den rechten ‚Ersatzkaiser' Paul von Hindenburg und für den Zentrumspolitiker Wilhelm Marx als dem gemeinsamen Kandidaten der demokratischen ‚Weimarer Koalition' (SPD, Zentrum, DDP): in Arnsberg mit 71,3 %, in Olpe und Werl mit jeweils rund 86% und in der südlichen ‚Grenz-Gemeinde' Wenden (Kreis Olpe) gar mit 93,8 %! Im gesamten Kreis Meschede fallen 87,54% der abgegebenen Stimmen auf W. Marx.[107] (Im zweiten Wahlgang siegte Generalfeldmarschall P. v. Hindenburg, der heute zu Recht als Kriegsverbrecher betrachtet wird, auch deshalb, weil die stark rechtskatholisch orientierte Bayerische Volkspartei BVP im Gegensatz zu ihrer Schwesterpartei Zentrum für den nationalistischen Protestanten und nicht für den katholischen Kandidaten der republiktreuen Parteien geworben hatte: „Hindenburg überflügelte Marx um gut 900.000 Stimmen. Dies entsprach – und das war für die Rechtskatholiken entscheidend – ziemlich genau der Zahl der von den BVP-Wählern abgegebenen Stimmen."[108] Das Ergebnis bahnte jene Veränderungen an, die schließlich den Nationalsozialisten die Tür zur Macht aufgestoßen haben.)

Wo sich im kölnischen Sauerland Ortsgruppen des „Reichsbanners Schwarz-Rot-Gold" zur Abwehr der Verfassungsfeinde und zum Schutz der Republik bildeten, handelt es sich wohl maßgeblich um sozialdemokratische Initiativen[109] – freilich z.T. auch unter Beteiligung von Zentrums-Demokraten und anderen. 1925 lobt Landrat Otto Werra (Zentrum) im Altkreis Meschede den Einsatz des „Reichsbanners" für den sogenannten Volksstaat: „Die Leistungen des besitzlosen Arbeiters in staatspoliti-

[107] Hillebrand 1989, S. 20.
[108] Vgl. Hübner 2014, S. 425.
[109] Vgl. Blömeke 1992, S. 39 (Altkreis Brilon); Schulte-Hobein 2000, S. 100-102 (Altkreis Arnsberg). Zur weiterhin bis 1933 fast marginalen Rolle der Sozialdemokratie in der katholischen Landschaft vgl.: SPD-Unterbezirk 2013. (Das beste Wahlergebnis erzielt die SPD bei der Reichstagswahl 1928 mit 15,41 % im Altkreis Arnsberg.)

scher Hinsicht sind bewundernswert."[110] – Der aus Bödefeld stammende Paderborner Generalvikar Caspar Gierse (1872-1953) empfiehlt hingegen nach eine entsprechenden Anfrage aus Altenhundem noch im Jahr 1930, einen als „Führer der Socialdemokratie" auftretenden Katholiken aus der Gemeinde bei Beharren im Irrtum „nicht zu den hl. Sakramenten" zuzulassen.[111]

Im Mai 1932 gründet Pfarrvikar Emanuel Heinrichs OSB in der Gemeinde Hengsbeck-Niederlandenbeck (Amt Eslohe) eine Sturmschar für die Jugend, und als ein Grund für diese Initiative wird in einem Zeitungsbericht genannt: „Wenn auch das Reich noch festgefügt, so besteht doch kein Zweifel daran, daß man schon die Axt an die Wurzel gelegt hat."[112] Zentrums-Voten aus der Region für die Republik lassen sich bis 1933 nachweisen[113], aber wir haben bislang keine solide Kenntnis davon, wie zahlreich, prinzipienfest und beharrlich die „katholischen Demokraten" des kölnischen Sauerlandes wirklich gewesen sind.[114] Sehr zu denken gibt, dass während der Weltwirtschaftskrise ausgerechnet der sauerländische Zentrums-Reichstagsabgeordnete und Arbeitervertreter Johannes Becker (1875-1955), ein erklärter Gegner von Dolchstoßlegende und Rechtsparteien (sowie Sozialisten), „einen Systemwechsel hin zu einem christlichen *Ständestaat*"[115] fordert.

---

[110] Knepper-Babilon/Kaiser-Löffler 2003, S. 52.

[111] Stüken 1999, S. 48 (Beispiele für eine ‚Terrorisierung' röm.-kath. SPD-Mitglieder in der Region ließen sich noch für die Zeit nach 1945 anführen).

[112] Zitiert nach: Franzen 2002, S. 68 (vgl. zur Person auch: Hehl 1998, S. 1169). – Dass der durch KZ-Haft ermordete Friedrich Karl Petersen in Kontakt mit E. Heinrichs OSB stand (Wagener 1993, S. 124), könnte als weiteres Indiz für eine kritische Haltung dieses in Dortmund geborenen „KZ-Priesters" gegenüber dem NS-Regime gewertet werden.

[113] Vgl. auch Schulte-Hohbein 2012, S. 109: „Am 7. Juni 1932 formulierte das Zentrum des Kreises Arnsberg auf seiner Delegiertenkonferenz unter Vorsitz des Kreisvorsitzenden, Propst Joseph Bömer, eine Entschließung, in der er hieß, dass ‚die Zentrumspartei des Kreises Arnsberg mit […] Entrüstung von dem erzwungenen Rücktritt des Kabinetts Brünings Kenntnis' genommen habe. Sie glaube, dass mit Schleicher und Papen die ‚Gefahr einer politischen und sozialen Reaktion' heraufziehe."

[114] Grundvoraussetzung für eine Klärung dieses Fragekomplexes wäre eine systematische Untersuchung zur Zentrumspresse 1918-1933 in den vier kölnischen Altkreisen des Sauerlandes.

[115] Hahnwald 2012, S. 586.

2. Rechtskatholizismus und völkischer Wahn auch im Sauerland

Erneut stellt sich für weitere Forschungen auch für die Zeit nach dem ersten Weltkrieg die von Matthias Pape aufgeworfene Frage, an wie vielen Orten der Landschaft und wie nachhaltig das katholische Milieu – trotz ausgeprägter Zentrums-Präferenz – regelrecht ‚nationalistisch aufgeladen' war. Die Anfänge eines sich *abseits* der Zentrumspartei formierenden Rechtskatholizismus reichen weit zurück. 1919 bildet sich eine „Vereinigung studierender Sauerländer" (V.s.S.), der gemeinhin ein antimilitaristischer Impuls bescheinigt wird[116]. Beim näheren Hinsehen drängt sich indessen der Verdacht auf, dass diese Vereinigung von Oberschülern und Studierenden zumindest in Teilen der völkischen Studentenbewegung der frühen 1920er Jahre[117] zuzurechnen ist. Bereits 1920 trägt die V.s.S. dem rechtsextremistischen Priester und Antisemiten Dr. *Lorenz Pieper* (1875-1951) aus Eversberg die Ehrenmitgliedschaft an.[118] V.s.S.-Begründer *Franz Hoffmeister* (1898-1943), Theologiestudent in Paderborn und später geistliche Leitgestalt des Sauerländer Heimatbundes, wittert 1921 eine Weltverschwörung einer „jüdischen Plutokratie" und ruft im Rahmen einer rechtslastigen „Tat"-Ideologie aus: „Germanen heraus! Christen heraus! Es gibt einen neuen Kreuzzug!"[119] *Herbert Evers* (1902-1968), ein früher Weggefährte Hoffmeisters in der Vereinigung studierender Sauerländer und im Heimatbund, wird sich später rühmen, schon 1920 das Hakenkreuz als Symbol völkisch-nationalisti-

---

[116] So auch eine *spätere* Deutung Hoffmeisters zur Gründungsphase: „Das rasche Aufblühen der V.s.S. erklärt sich aus der seelischen Haltung der Kriegsschülergeneration: es war ein gut Teil Reaktion gegen den Krieg, militärischen Drill, kleindeutsche, heimatfremde Geschichtsauffassung" (Zitat: Pröpper 1949, S. 68).

[117] So schon Thieme 2001. Vgl. zur völkischen Schüler- und Studentenszene: Herbert 1995, S. 31-58 (Kapitel „Generation der Sachlichkeit – Die völkische Studentenbewegung der frühen zwanziger Jahre").

[118] Quelle ist das Organ der Vereinigung: *Trutznachtigall* Nr. 8/1920, S. 110 (vgl. kritisch zum SHb in der Weimarer Zeit schon: Neuhaus 2009*). – Zu bedenken ist, ob der Name der Vereinszeitschrift ‚Trutznachtigall' trotz des Rückgriffs auf Friedrich von Spee nicht auch Assoziationen weckte zum antisemitischen ‚Deutschvölkischen Schutz- und Trutzbund', dem Lorenz Pieper angehörte.

[119] Vgl. Blömeke 1992, S. 58.

scher Kreise getragen zu haben.[120] (Der völkische Katholik Evers sorgt in Grevenbrück ab 1930 für vergleichsweise gute Wahlergebnisse der Hitler-Partei, fungiert dann nach 1933 als NSDAP-Landrat des Kreises Olpe und führt daneben den ‚gleichgeschalteten‘, alsbald entkonfessionalisierten Sauerländer Heimatbund. Auch Hoffmeister selbst, Anhänger des rechtskatholischen westfälischen Heimatbund-Nestors Karl Wagenfeld, versperrt sich 1933 als Sachwalter des Sauerländer Heimatbundes keineswegs der „nationalen Revolution"![121])

Der Geistliche *Lorenz Pieper* (NSDAP-Eintritt 1922) versucht schon in der Frühzeit der Weimarer Republik gemeinsam mit der rechtskatholischen Schriftstellerin *Maria Kahle* und anderen, über den Jungdeutschen Orden die völkische Bewegung im Sauerland zu verankern.[122] (Erst eine Serie des Sauerländers Josef Rüther in der Zentrumszeitung „Germania" bewirkt, dass Ende 1923 die Wühlarbeit rechtsextremistischer Katholiken von einer größeren Öffentlichkeit überhaupt wahrgenommen wird.) Im Verlauf der 1920er Jahre gehört Maria Kahle zusammen mit Georg Nellius und Josefa Berens zu jenen ‚Kulturschaffenden‘, die im Heimatbund einen Rechtsschwenk durchsetzen wol-

---

[120] Vgl. Thieme 2001, S. 41-43 (das ganze Werk zur Person, zur Täterschaft in der NS-Zeit und zur unglaublichen Karriere von Evers auch nach 1945: als KAB-Redner und 1954 einstimmig gewählter Stadtdirektor von Neheim-Hüsten – jetzt ohne jedes Parteibuch). Verharmlosend zählt Heribert Gruß den kath. NSDAP-Funktionär Evers, der u.a. eine „Judenfreiheit" des Kreises Olpe anstrebte, zu „den bald enttäuschten ‚Brückenbauern'" (Katholische Kirchengemeinde Altenhundem 1994, S. 95).

[121] Vgl. hierzu zwei schriftliche Dokumente Hoffmeisters zur Zukunft des Sauerländer Heimatbundes vom 20.10.1933, dokumentiert in: Schieferbergbau- und Heimatmuseum 1993, S. 33-36. Hier gibt es auch einen handschriftlichen Vermerk an den Arnsberger SHb-Mitarbeiter Regierungs-Oberinspektor Franz Elkemann: „Was meinen Sie zu Dr. Lorenz Pieper als I. Vors.?" (Den Hinweis auf diese Quelle verdanke ich Werner Neuhaus.) Vgl. auch Pröpper 1949, S. 92-95, 96-98, 137. – So gut wie vollständig ausgeblendet wird die Zeit 1933-1945 in: Tochtrop 1975 (der Verfasser betrachtet den Heimatbund 1936-1949 wegen der Streichung aus dem Vereinsregister als nicht existent).

[122] Blömeke 1992, S. 39, 41-42; Neuhaus 2010* (Internetzugang auch über: daunlots nr. 71*, S. 45-53); Hübner 2014, S. 379 (Maria Kahle 1924 im rechtskatholischen Netzwerk). – Von Letmathe aus wirkt der ehemalige Militärgeistliche Johannes Dröder (1874-1956) als „Großmeister" für den Jungdeutschen Orden (zu ihm auch: Brandt/Häger 2002, S. 159; Lauerwald 2013).

len.[123] Im Hintergrund dieser völkischen ‚Künstlerszene', in deren Bannkreis auch die streng katholische Mundartlyrikerin Christine Koch[124] gerät, steht weiterhin u. a. der Geistliche Lorenz Pieper, ein früher Kampfgefährte Adolf Hitlers in München und Freund von durchaus ‚reformkatholischen' Ideen (z.B. lehnt er eine ‚Unfehlbarkeit' des Papstes ab).

Insbesondere auch rechtskatholische Adelige aus dem Sauerland wie die Grafen zu Stolberg-Westheim, die Brüder *Ferdinand und Hermann von Lüninck* (Ostwig) oder später der Papen-Schwiegersohn Max von Stockhausen (Stockhausen bei Meschede) üben sich in demokratiefeindlichen Konspirationen und laufen z.T. – zunächst – zu den Deutschnationalen über; bei dem aus Olpe stammenden Paderborner Generalvikar Arnold Joseph Rosenberg (1865-1930) stoßen die rechten Adeligen auf offenes Gehör.[125]

Militaristisches und revanchistisches Gedankengut reicht indessen bis in die Zentrums-Partei[126] hinein. Der in Eversberg gebo-

---

[123] Vgl. zu diesen völkischen Persönlichkeiten auf www.sauerlandmundart. de umfangreiche Arbeiten: daunlots nr. 60*, nr. 69*, nr. 70*, nr. 71*.

[124] Vgl. zu Christine Koch: Bürger 1993, bes. S. 48-51 (reaktionäres „katholisches Helden-Gedenken" schon 1921); ebenso auf www.sauerlandmund art.de: daunlots nr. 2*, nr. 59* (!) und nr. 72*. Christine Koch trat im Gegensatz zu ihren Förderern nicht der NSDAP bei und betätigte sich auch nie als Antisemitin. Sie muss dennoch mindestens bis etwa 1937 als römisch-katholische Kollaborateurin des NS-Systems betrachtet werden und hat bis „Stalingrad" auch in *nationalistischer* Manier zur Kriegspropaganda beigetragen.

[125] Knepper-Babilon/Kaiser-Löffler 2003, S. 19 (Kritik des Zentrumsmitglieds Conrad Freiherr von Wendt am politischen Kurs des Zentrums im Jahr 1925) u. S. 23; Hübner 2014 (s. Register: Lüninck, Rosenberg [S. 379: der „mit den Deutschnationalen gut stehende Generalvikar"], Stolberg sowie die Bischöfe Schulte und Klein). Vgl. auch: Hübner 2014, S. 196 (Fürstenberg, v. Westphalen, Spiegel, Stolberg, Schorlemmer), S. 197 (Mescheder Zeitung), S. 249 (Fredeburger Amtmann Matthias Freiherr von Ascheberg), S. 388 und 400-411 („Sauerländische Morgenpost" Neheim/Ruhr), S. 413 (Olsberg), S. 500 (Petrus Legge aus dem Bistum Paderborn [später Bischof von Meißen] ist dem Stahlhelm „nicht feindlich gesonnen"), S. 655 und 658 (Ostwig, Kardinal Schulte). – Nachdrücklich meldet sich Generalvikar Rosenberg 1929 in den Zeitungen zu Wort, um Katholiken von einer Unterstützung der pazifistischen und linken „Christlich-sozialen Reichspartei" abzuhalten (vgl. Blömeke 1992, S. 81).

[126] Vgl. als Überblick zu den widersprüchlichen Entwicklungen im Zentrum: Richter 2000, S. 57-113.

rene Prälat Dr. *August Pieper* (1866-1942), Bruder von Lorenz Pieper und führender Geistlicher des „Volksvereins für das katholische Deutschland" in Mönchen-Gladbach, schreibt in seinem Buch „Staatsgedanken der deutschen Nation" (1929):

„Damit, daß das Friedensdiktat das deutsche Volk gewaltsam entwaffnet, seine kriegerische Wehrmacht zerstört hat, sind wir nicht entbunden von der Pflicht, den *Geist der Wehrhaftigkeit* unter uns zu pflegen ... Er ist der Kern der uns genommenen äußeren Wehrmacht. Die andern Völker müßten uns verachten, wenn wir uns durch die gewaltsame Entwaffnung dazu verleiten ließen, auf den Geist der Wehrhaftigkeit und den *Willen zur Pflege der kriegerischen Tüchtigkeit* zu verzichten ...

Wir müssen diesen Geist der Wehrhaftigkeit als letztes Mittel der äußeren Selbstbehauptung auch darum nicht unter uns verkümmern lassen, weil er unserm weithin sittlich erschlafften und der mammonistischen Lebensgesinnung verhafteten, leiblich verweichlichten Geschlechte *unentbehrlich ist als edelstes Erziehungsmittel* zur leiblich-geistigen Stählung des mannhaften Mutes im Kampfe und Meistern des Lebens, *zur erhabenen Zielsetzung des Lebens,* zur ritterlichen Gesinnung. Der Geist der Wehrhaftigkeit aus nationaler Ehre und Freiheit ... ist die Probe darauf, ob der nationale Ehr- und Freiheitssinn von einem Volke *über alle andern Güter des Lebens gestellt wird. Er ist als Eisen im Blut* und *Stahl in den Nerven* für ein hochstehendes Wirtschafts- und Kulturvolk notwendig ..."[127].

Es geht nicht an, August Pieper apologetisch weiterhin – als „den Guten" – in strikten Gegensatz zu seinen nationalsozialistischen Priesterbruder Lorenz Pieper zu stellen. Die Hinweise auf eine große Nähe zur „nationalsozialistischen Revolution" schreien geradezu nach einer gründlichen Studie über diesen geistlichen Volksvereins-Funktionär.[128]

---

[127] Zitiert nach: Heidingsfelder 1954c (Kursiv-Setzungen ebd.).
[128] Schon Padberg 1984, S. 198 deutet eine äußerst fragwürdige Rolle August Piepers ab 1933 an. Kritisch zur „Volksgemeinschaftsideologie" im Volksverein: Richter 2000, S. 223-236; Dust 2007, bes. S. 527-542. Immer noch nicht erschlossene Nachlass-Manuskripte (www.archive.nrw.de/

3. Katholische und heimatbewegte Anwälte der Friedens

Die hier nur angedeuteten – demokratiefeindlichen, nationalistischen und militaristischen – Erscheinungen des Rechtskatholizismus stehen im Hintergrund einer profilierten Friedensliebe, die sich nach dem ersten Weltkrieg im katholischen Sauerland auf der Gegenseite zu Wort meldet. Die pazifistischen Persönlichkeiten der Landschaft und entsprechende Initiativen werden im Rahmen eines frei im Internet abrufbaren Sammelbandes[129] beleuchtet. Auch diese Beiträge sollen demnächst in Buchform veröffentlicht werden. Hier sei nur ein knapper Überblick geboten:

Der Briloner Gymnasiallehrer *Josef Rüther* (1881-1972), vormals konservativ-reaktionär gesonnen, vernichtet „1921 in einem demonstrativen Akt seine Wehrpapiere".[130] Schon 1920 versteht er Heimatbewegtheit als Schlüssel für die ‚wahre Internationale': „Echte Heimatliebe erzieht [...] auch zu wahrer allgemeiner und echt internationaler Menschenliebe. Sie bedenkt, daß überall auf der Erde Menschen ihre Heimat und ihr Vaterland haben, die ihnen so lieb sind wie uns die unseren."[131] Noch

---

LAV_NRW) aus seiner Feder tragen z.B. folgende Titel: 17 Bd. I 1935-1939 *„Lebenserfahrungen"* („Die kirchliche Gedankenwelt ist entfremdet den Aufgaben einer Erneuerung der Volksgemeinschaft und Nation."). Enthält u.a.: „Warum bringt der katholische Klerus kein Verständnis auf für die geschichtliche Sendung des revolutionären Nationalsozialismus?" „Der auf das Mißtrauen begründete Burgfriede zwischen Staat und Kirche muß überwunden werden". – 17 Bd. II 1935-1936 *„Lebenserfahrungen"* („Die Erneuerung der Volksgemeinschaft und Nation ist eine schöpferische Sinngebung des Lebens"). Enthält u.a.: „Die Geschichte hat jedem Geschlechte anderes zu sagen." „Welchen Sinn muß der Deutsche der Revolution von 1933 geben?" „Welche Folgerungen ziehen die erneuerungswilligen Christgläubigen aus den Zeichen des Umbruches als des Aufrufes zur Bußfertigkeit?" – Nachlass Nr. 19. *„Altersbekenntnisse"*. Enthält u.a.: „Der Sinn des Krieges 1940-" „Die Einstellung der Geistlichen zum Nationalsozialismus." „Die Jünger Christi sind dem Nationalsozialismus mehr und Wichtigeres schuldig als den passiven Widerstand gegen seine Übergriffe in das kirchliche Leben." „Erst der Nationalsozialismus vermag die Deutschen zu erziehen zur Volksgemeinschaft und Staatsnation, damit den inneren und auswärtigen Frieden zu sichern." (sic!)

[129] daunlots nr. 77*.

[130] Blömeke 1992, S. 43. Vgl. zu Rüther: daunlots nr. 61* sowie im Sammelband daunlots nr. 77*, S. 118-129, 144-207, 218-254.

[131] Zitiert nach: Blömeke 1992, S. 51.

nachdrücklicher wird Rüther das Programm einer auf den ganzen Erdkreis schauenden ‚Katholizität' 1932 dem Abgrund des modernen Krieges entgegenstellen: „Der christliche Pazifismus sieht in der Menschheit nach ihrer einheitlichen Abstammung und ihrem gleichen Ziele einen Organismus."[132] Während der Weimarer Republik entwickelt sich das kurkölnische Sauerland zu einer ausgesprochenen Hochburg der katholischen Friedensbewegung[133], deren Anliegen über J. Rüthers Schriftleitertätigkeit von 1923 bis Herbst 1928 auch im stark konfessionell geprägten Heimatbund verbreitet werden. Papst Benedikt XV. hatte in seiner Friedensenzyklika „Pacem Dei munus" vom 23. Mai 1920 die biblische Weisung zur Feindesliebe ausdrücklich auch auf den Bereich des Politischen bezogen: „Das evangelische Gebot der Liebe unter den einzelnen Wesen ist keineswegs verschieden von jenem, das unter Staaten und Völkern zu gelten hat." Der 1919 konstituierte Friedensbund der deutschen Katholiken (FdK), dessen Anfänge in das Jahr 1917 zurückreichen, sieht sich durch die Botschaft aus Rom in seiner Arbeit nachdrücklich bestätigt, schärft ab 1926 sein politisches Profil und klammert in seinem Schrifttum den ökonomischen Komplex der Kriegsursachen – samt Rüstungswahn und Rüstungsprofiten – keineswegs aus.[134] Dem Bund gehört auch der Hüstener Amtsbürgermeister Dr. *Rudolf Gunst* (Zentrum) an, der im Rahmen seiner frühen Initiativen gegen die rechtskatholischen Antisemi-

---

[132] Zitiert nach: Blömeke 1992, S. 75. – Wie beharrlich sich der „katholische Internationalismus" bis Anfang 1933 auch in einem Zentrums-Blatt durchhalten konnte, hat Dietmar Klenke anhand des in Heiligenstadt erschienenen „Eichsfelder Volksblatts" aufgezeigt (in: Kuropka 2013, S. 371-377). Unter den Katholiken, die dann nicht ins Lager der Nationalisten wanderten, wäre es mit Sicherheit als große Ermutigung empfunden worden, wenn der umstrittene Papst Pius XII. 1939 im Sinne seines unmittelbaren Vorgängers der Kirche und allen Opfern des Rassenwahns eine Enzyklika *„Humani generis unitas"* (Von der Einheit des Menschengeschlechts) geschenkt hätte; vgl. in: Bürger 2015d*, S. 285-332.
[133] Vgl. Riesenberger 1983; Blömeke 1995; Riesenberger 1995. Diese Arbeiten sind im Internet nachzulesen in: daunlots nr. 77*, S. 118-143 und 478-497.
[134] Vgl. als guten Überblick zu den Zielen und Statuten des FdK: Der Friedenskämpfer – Organ der Katholischen Friedensbewegung 4. Jg. (1928), Nr. 8 (August), S. 1-22. – Gesamtdarstellungen zum FdK: Riesenberger 1976; Höfling 1977; Breitenborn 1981 (diese Arbeiten leider weithin ohne Regionalbezüge zum Sauerland).

ten am Ort beim Paderborner Generalvikar Rosenberg bezeichnenderweise keine Unterstützung findet.[135] Dr. R. Gunst wird 1929-1932 sogar den Bundesvorsitz des reichsweiten F.d.K. übernehmen.

Eine ausgesprochene Parallelgestalt zu Josef Rüther und Dr. Rudolf Gunst ist der im Eichsfeld tätige Priester *Heinrich Thöne* (1895-1946), der ebenfalls schon in der frühen Weimarer Zeit vor Ort und publizistisch dem völkisch infizierten Rechtskatholizismus entgegentritt (namentlich dem Jungdeutschen Orden: Johannes Dröder, Lorenz Pieper).[136] Generalvikar Rosenberg gibt ihm 1924 in einem gewundenen Schreiben nicht den erbetenen Rückhalt und lehnt es ab, dass „Geistliche gegen einander auftreten im Kampfe für oder gegen sogenannte ‚nationale' oder ‚rechts gerichtete' Organisationen". H. Thöne war Zentrumsmitglied und engagierte sich im Friedensbund deutscher Katholiken. Seine Aussagen gegen Rassismus und für Völkerfrieden lassen an Klarheit nichts zu wünschen übrig: „Ein Katholik kann den Antisemitismus der völkischen Rassenfanatiker nicht mitmachen." „Wenn es uns nicht gelingt, in allen Ländern Europas die nationalistischen Hetzer zum Schweigen zu bringen, dann wird eines Tages ein neuer Weltkrieg Europas Kultur zerstampfen." „Die *übernationale Organisation der Völker,* das ist das große Ziel unserer Zeit." „Es gehört zum Wesen des Katholizismus, daß er übernational ist, daß er alle Menschen, alle Völker zu einer großen Gottesfamilie zusammenschließt." Diese Überzeugungen münden 1928 in eine Abschlussarbeit als Studienreferendar mit dem Titel *„Von der übernationalen Erziehung".* (1936 wurde Thöne Lehrer am Arnsberger Laurentianum; es folgte allerdings schon im August 1937 seine Entlassung aus dem Schuldienst. Begraben liegt dieser Priester, der auch nach Kriegsende noch einmal kurz mit linkskatholischen Positionen hervorgetreten ist, in Neheim-Hüsten.)

1923/24 baut der Sauerländer Heimatbund auf dem geschichtsträchtigen Borberg zwischen Brilon und Olsberg ein Zeichen des Friedens. Ideengeber im Hintergrund ist J. Rüther. In der eingemauerten Urkunde (lateinisch, hochdeutsch, plattdeutsch) heißt es: „Die Kapelle, die der ‚Königin des Friedens'

---

[135] Föster 2002. Nachzulesen online in: daunlots nr. 77*, S. 274-279.
[136] Lauerwald 2013 (nachzulesen online in: daunlots nr. 77*, S. 255-273); Kotthaus 2001, S. 180-181.

geweiht werde, soll sein ein Haus des Friedens mitten im Frieden des Waldes, ein Zeichen des Widerspruchs gegen den Völkerhass."[137] Die katholischen Pazifisten der Region messen dem letzten Punkt besonderen Wert bei. Sie nehmen wachsam wahr, wie wenig breite Kreise in Gesellschaft und Kirche aus dem Abgrund des ersten Weltkrieges gelernt haben, und sorgen sich vor allem wegen der Ausformungen eines „Kriegsheldenkultes", bei dem die christliche Botschaft nicht zum Zuge kommt. Der junge Balver Zentrumsanhänger und Heimatbundaktivist *Theodor Pröpper* (1896-1979) warnt 1925: „Leider aber mußten wir auch im Sauerlande die schauderbarsten Verirrungen auf dem Gebiete der Kriegerehrungen erleben, Verirrungen, die an die schlimmsten Dinge der [18]70er Jahre erinnern oder sie gar noch überbieten."[138] Josefa Berens aus Grevenstein, die ihr Heil bei den Völkischen und hernach in der NSDAP sucht, zählt Pröpper 1930 zu jenen „Heimatbund-Proleten", deren „großes Maul" gestopft werden müsse, und empört sich darüber, dass dieser „Friedrich den Großen" geschmäht habe.[139]

Der aus dem Sauerland stammende Wiesbadener Zentrumspolitiker und Journalist *Franz Geuecke* (1887-1942) bleibt ebenfalls einer preußenkritischen und antimilitaristischen Traditionslinie verbunden. Er warnt 1928 mit höchster Dringlichkeit in der Zeitschrift des Sauerländer Heimatbundes vor einem ‚unkatholischen' Kriegerkult mit protzigen Steinblöcken, der den Frieden gefährdet und nicht in die katholische Landschaft passt: „Fern sei es uns, nach dem Beispiele berühmter Denkmalsredner unsere Kriegerdenkmäler zu Ausgangspunkten von Reden und Feierlichkeiten zu machen, die den Geist des Völkerhasses und der Rache atmen."[140] (Franz Geuecke ist 1942 als Opfer der nationalsozialistischen Verfolgung im Konzentrationslager umgekommen. Eine besondere Ehrung dieses frommen Zentrums-Mannes stünde seinem Geburtsort Schmallenberg-Bracht gut zu Gesicht.)

---

137 Vgl. zur Friedenskapelle auf dem Borberg die umfangreiche Dokumentation in: daunlots nr. 77*, S. 170-207.
138 Pröpper 1925 (online nachlesbar in: daunlots nr. 77*, S. 177). – Vgl. zu den Kriegerdenkmälern der Zeit jetzt auch: Arens 2014/2015.
139 Vgl. Bürger 1993, S. 94.
140 Geuecke 1928*. Vgl. zu Franz Geuecke online die Beiträge in: daunlots nr. 77*, S. 280-289 und 467-471.

Die Sauerländische Friedenskapelle auf dem Borberg zwischen Olsberg und Brilon (Quelle, auch für Umschlag: https://commons.wikimedia.org).

1926 lädt Marc Sagnier, katholischer Demokrat und Pionier der deutsch-französischen Verständigung, im französischen Bierville zu einem internationalen Jugendtreffen für den Frieden ein: *„Wir, die Jugend aller Völker, wir glauben an den Frieden, allen zum Trotz."* Aus dem Sauerland nehmen u.a. teil der im Quickborn beheimatete Neheimer Theologiestudent *Franz Stock* (1904-1948) und der Warsteiner Kreuzfahrer-Gründer *Clemens Busch* (1903-1983). Zu den Auswirkungen der freundschaftlichen Verbindungen zum Nachbarland gehörte es z.b., dass die Jugendherbergsbewegung – mit besonderen Wurzeln im Sauerland – ab 1930 auch in Frankreich ihre Kreise zieht. Die jungen Kreuzfahrer[141] in Warstein stehen dem FdK sehr nahe und singen: „Nie, nie woll'n wir Waffen tragen; nie, nie zieh'n wir in den Krieg ...".

Ein weiterer Quickborner aus dem Sauerland, der im Dörfchen Förde bei Grevenbrück geborene *Hubert Tigges* (1895-1971), findet als Soldat im Schützengraben zu einer kompromisslosen Antikriegshaltung, bekennt sich zur „Europa-Idee" und entwickelt u.a. über die Volkshochschulen des Bergischen Landes eine pazifistische Bildungsarbeit.[142] 1932 wird Tigges aufgrund seines Pazifismus in der Erwachsenenpädagogik endgültig ausgegrenzt und verfolgt dann eine – unglaublich erfolgreiche – Karriere als Reiseveranstalter. – Ein ausgesprochen bürgerlicher, gleichwohl antimilitaristischer Katholik wie der in Soest geborene *Eduard Raabe* (1851-1929) offenbart 1925 im Mundartbuch „De wiese Salomo in Holsken" – sehr weitsichtig – seine Besorgnis angesichts eines wahnhaften Nationalstolzes und bekennt sich in Lessings Spuren zur ‚vollen Achtung' der jüdischen Mitbürger.[143]

Aufgrund der zunehmenden Einflussnahme rechter Kreise zieht sich Josef Rüther 1928 aus der Arbeit des Sauerländer Heimatbundes zurück und verlässt das Zentrum. Die linkskatholische und pazifistische Parteigründung von Vitus Heller, für die Rüther sich als entschiedener Antikapitalist nun einsetzt, findet

---

[141] Vgl. als Überblick zum Spektrum der katholischen Jugendbewegung (Quickborner, Neudeutsche, Kreuzfahrer, Sturmscharler): Richter 2000, S. 176-207. – Zu den „Kreuzfahrern" gehörte auch der Mundartautor Franz Cramer (1909-1999) aus Warstein (Bürger 2010, S. 130).

[142] Tigges 2001. Vgl. zu Dr. Hubert Tigges online den Beitrag in: daunlots nr. 77*, S. 290-295.

[143] Bürger 2012, S. 683.

im Sauerland (Raum Brilon, aber z.B. auch Kreis Lippstadt[144]) zwar einigen Zuspruch, kann sich jedoch als politischer Kraft nicht etablieren.

Die von Josef Rüther und seinem Priesterbruder Theodor Rüther 1924 in Brilon gegründete FdK-Gruppe hatte nach Großveranstaltungen mit prominenten Persönlichkeiten (Pater Franziskus Stratmann, Prinz Max von Sachsen) nennenswerten Zulauf erhalten. Höhepunkt der Friedensbewegung im Sauerland wurde ein internationales Friedenstreffen auf dem Borberg mit etwa 1.200 – vielfach jungen – Teilnehmern am 13. September 1931.[145] Über den Diakon *Franz Stock* (FdK) hatte auch eine Gruppe französischer Friedensfreunde von den „Gefährten des heiligen Franziskus" den Weg dorthin gefunden. Die herzliche Verbundenheit mündete in den Austausch eines „historischen Friedenskusses". – Doch über diesem ‚deutsch-französischen Treffen' lag schon ein dunkler Schatten. Randalierende sauerländische Nazis störten den Frieden, und hernach hetzte auch die überregionale NSDAP-Zeitung gegen die pazifistischen „Vaterlandsverräter".

Im Sommer 1932 kamen die im Friedensbund deutscher Katholiken mitarbeitenden jungen „Kreuzfahrer" in Eversberg zu ihrem Bundestag zusammen. Ihr geistlicher Leiter Religionslehrer Heinrich Hesse, ein Pionier der liturgischen Bewegung und dem Sauerland u. a. durch seine Zeit als Vikar von Ramsbeck verbunden, sagte in einer Ansprache: „Wir halten Stand, inneren Stand, auch wenn die braunen Fluten noch so hochkommen. Wenn sie aber abgedämmt sind und sich verlaufen, dann wollen wir das erste Bauholz und die ersten Bauleute am neuen Deutschen Reich, einem befriedeten Europa, sein. Die Kreuzfahrer müssen aufrecht und ungebrochen bleiben. Der alte, ewige Ruf, die Erde neu zu gestalten, ist an uns gekommen. Pfingstgeist weht über uns. Wir rüsten zum dritten Bund. *Wir stellen den dritten Bund gegen das Dritte Reich.*"[146]

---

[144] Bracht 2004. Nachzulesen online in: daunlots nr. 77*, S. 472-477.
[145] Blömeke 1992; Stambolis 2003*; daunlots nr. 77*, S. 185-187.
[146] Zitiert nach: Reineke 1987, S. 43.

VII. Katholische Landschaft im Nationalsozialismus: Kollaborateure, bedrängte Pazifisten, Regimegegner

Die hohen Stimmenanteile der Zentrumspartei und die – trotz *deutlicher* „Einbrüche" – weithin dürftigen Wahlergebnisse der Nationalsozialisten im katholischen Teil des Sauerlandes bis Anfang 1933 imponieren nicht nur im Vergleich mit den unmittelbar angrenzenden protestantischen Nachbargebieten (Siegen-Wittgenstein, märkisches Sauerland).[147] Bei den letzten – bestenfalls „halbfreien" – Reichstagswahlen vom 5. März 1933 fallen die Prozentzahlen zugunsten der NSDAP immer noch vergleichsweise bescheiden aus[148]: Kreis Arnsberg 20,9 %; Kreis Meschede 23,1 %; Kreis Brilon 22,6 %; Kreis Olpe 14,3 % (Reichsdurchschnitt: 43,9 %). Namentlich im Kreis Olpe[149] er-

---

[147] Hierzu Schulte-Hohbein 2012, S. 111: „Alle Wahlen seit 1930 zeigen in den Städten und Gemeinden des kölnischen Sauerlandes im Vergleich zu anderen Regionen eine große Resistenz gegenüber den Parolen des Nationalsozialismus. Trotz der unübersehbaren Schädigungen durch die Weltwirtschaftskrise blieb das in sich differenzierte Kartell des katholischen Milieus intakt. Dennoch stand es der kommenden Diktatur schutzlos gegenüber." – Auch sind die hohen Zentrums-Stimmenanteile nicht als sicherer Indikator für eine Identifikation mit der Republik zu bewerten!

[148] Die folgenden Prozentzahlen ungeprüft nach: Schulte-Hobein 2012, S. 108 und 114. – Auffällig gute Ergebnisse erzielte die NSDAP dieser Quelle zufolge im März 1933 allerdings in Arnsberg-Stadt (28,4% [1930 schon 17,7%]), Rüthen (30,2% [1930: 6,3%]), Medebach (36,3% [1930: 7,4%]) und [Eslohe-]Wenholthausen (48 %!), womit sich die Behauptung einer grundsätzlichen, flächendeckenden „Immunität" im katholischen Sauerland erledigt. (Die Landschaft ist diesbezüglich in sich nach Kreisgebieten und Kommunen *differenziert* wahrzunehmen! Vgl. hierzu paradigmatisch die Forschungen zu anderen katholischen Gebieten in: Kuropka 2013.) – Völlig aus dem Rahmen fällt wiederum der Wahlausgang vom 5.3.1933 in der „tiefschwarzen" Gemeinde Wenden (Kreis Olpe): Zentrum 85,9 %; dagegen NSDAP 5 %.

[149] Vgl. auch Stüken 1999, S. 24. Die bis Anfang 1933 scharf geführte welt-

zielt Hitlers Partei bei dieser Stimmabgabe eines der schlechtesten Ergebnisse im ganzen Reichsgebiet. – Spiegelbildlich zeigen die Ergebnisse dieser Wahl stabile Mehrheiten für das Zentrum im kölnischen Sauerland: Kreis Arnsberg 54,6 %; Kreis Meschede 61 %; Kreis Brilon 64,2 %; Kreis Olpe 69,1 % (Reichsdurchschnitt: 11,3 %).

Wiederholt werden hernach von nationalsozialistischer Seite Klagen über die Widerborstigkeit der Landschaft vorgetragen.[150] In einem Bericht der Gestapo-Stelle Dortmund vom Juli 1934 wird gefordert: „Es muss erreicht werden, dass auch in der kleinsten Führerstelle Männer stehen, welche durch ihr tägliches Vorbild die Überzeugung von der Reinheit nationalsozialistischen Wollens mit unbeirrbarem Fanatismus vermitteln. Das gilt besonders für die Gebiete, wo – wie im streng katholischen Sauerland – die Bewegung sich heute noch im schwersten Kampf befindet und sich nur dann durchsetzen und behaupten kann, wenn sie wirklich Führer herausstellt."[151]

---

anschauliche Auseinandersetzung in diesem Kreis spiegelt sich wider z.B. in einer Quellensammlung mit Beiträgen der Olper Kreiszeitung „Sauerländisches Volksblatt": Müller 2011* (für die Folgezeit stellt sich indessen auch bei diesem Blatt die Frage, was man sich auf christlicher Seite von der Fortführung einer staatlich bzw. nationalsozialistisch gelenkten, nur noch nominell ,katholischen' Presse versprach). – Plausible Erklärungen für die positive Sonderstellung des *Kreises Olpe*, in dem der Zentrumspartei eine starke katholische Arbeiterbewegung zur Seite stand, sind in bislang vorliegenden Untersuchungen noch nicht vorgetragen worden.

[150] Vgl. z.B. die Primärquellen-Zitate in: Schulte-Hobein 2000, S. 279 (Gestapo Dortmund, 1934); Gödden/Maxwill 2012, S. 523-526 (J. Berens-Totenohl: „Der sauerländische Mensch" 1938); Klein 1994, S. 118 und 242 (rückblickende Stellungnahmen von Landrat Evers und NSDAP-,Gaugeschichtsschreiber' Beck, WLZ 1934); Schulte-Hobein 2012, S. 115 (Mescheder NSDAP-Kreisleiter Quadflieg, 1939). – Als Erfolgsgeschichte gestaltet ist ein NSLB-Text von 1937 über den Kreis Olpe (Klein 1994, S. 507-508).

[151] Schulte-Hobein 2000, S. 279.

Ein im Sinne der Nationalsozialisten geschmückter Altar – römisch-katholischer Feldgottesdienst mit SA-Aufmarsch in Eslohe am 17. September 1933 (Archiv Museum Eslohe).

Indessen gibt es keinen Grund, die der ‚Machtergreifung' nachfolgenden zwölf Jahre in der regionalen Geschichtsschreibung wie eine Naturkatastrophe abzuhandeln, die von außen ins kölnische Sauerland gekommen und dann 1945 wieder spurlos verschwunden ist. Die lokalen Statthalter des Systems sind ja keineswegs alle von einem fremden Stern eingeflogen worden. Der nationalsozialistische Staat waltet ab 1933 auch an jenen Orten, an denen es zuvor überhaupt keine NSDAP-Mitglieder gegeben hat.[152] Die verbeamtete katholische Lehrerschaft wird sich, von wenigen Ausnahmen abgesehen, unter Adolf Hitler ausgesprochen „staatstreu" verhalten und im NSLB organisieren.[153]

---

[152] Vgl. Klein 1994, S. 120-122 (Problemanzeige des NSDAP-Kreisleiters Fischer zur Gleichschaltung der gemeindlichen Parlamente im Kreis Olpe); Schulte-Hobein 2012, S. 115-121 (Beispiele für Ämterwechsel, jedoch auch der Hinweis auf das Verbleiben von altgedienten Zentrumsleuten in „kommunalen Spitzenpositionen" des Kreises Brilon bis 1936). – Mitgliederentwicklung der NSDAP im Kreis Olpe (nach Kemper 1987, S. 44): 1933: 178 Personen; 1939: 3.600 Personen. Vgl. ebd., S. 45 auch die Ausführungen zur „Anfangsbegeisterung" 1933 in der Stadt Olpe. – Zur Verwaltungs- und NSDAP-Parteigeschichte im Altkreis Meschede: Hillebrand 1989.

[153] Vgl. als Beispiel folgende Ausführungen zur Geschichte der Aufbauschule Rüthen: „Von 1932 bis 1945 leitete Studiendirektor Dr. Heinrich Steinrücke die Schule mit autoritärem Gehabe. Zum 1. Mai 1933 traten er und alle anderen Lehrer – auch der Geistliche Dr. [Wilhelm] Kahle – der NSDAP bei. Beeinflusst vom Pathos der ‚Erneuerung' und des ‚nationalen Aufbruchs' sahen sie – im einzelnen unterschiedlich – durch den Nationalsozialismus die Chance, katholisch-kulturkritische, d.h. vor allem ständische und antiaufklärerische Vorstellungen durchzusetzen. Dies wirkte sich in der Anfangsphase teils deutlich auf den Unterricht [...] als auch auf das Schulleben (1933/34: geschlossene Teilnahme an öffentlichen Umzügen, fast 100%ige Mitgliedschaft in HJ, SA, BdM) aus. Allgemeine Affinitäten zu nationalsozialistischen Grundhaltungen waren zu erkennen, doch rassistische Positionen wurden kaum bezogen. Besonders der sehr schülerorientierte ehemalige Franziskaner Studienrat Dr. Ferdinand Hammerschmidt erwies sich öffentlich als begeisterter und begeisternder Propagandist Hitlers – u.a. bei Sonnenwendfeiern. Die örtliche Diskriminierung / Verfolgung von Sozialdemokraten, Kommunisten und Juden fand keine Beachtung. Seit ca. 1935 verwahrten sich die Lehrer aber zunehmend gegen die einschränkenden Zumutungen der NSDAP gegenüber dem kirchlichen Terrain. Dr. Kahle trat aus der Partei wieder aus." (Friedrich-Spee-Gymnasium Rüthen o.J.*)

Das ganze Ausmaß der Kollaboration im katholischen Milieu ist noch keineswegs systematisch erforscht worden. Einige wenige Beispiele seien angeführt: Am 12.4.1933 erklärt der bis dahin nicht besonders exponierte Zentrumsmann Heinrich Feldmann aus Bamenohl im Kreistag des Kreises Meschede, die gesamte Zentrumsfraktion stelle sich geschlossen hinter die „nationale Regierung" und sei bereit zur Mitarbeit „mit allen ihr zu Gebote stehenden Kräften"[154]. Ähnlich bekundet der Arnsberger Stadtverordnete *Rörig* am 25.4.1933: „Für uns Zentrumsleute ist es eine Selbstverständlichkeit, der jetzt gegebenen Ordnung zu dienen."[155] Der Arnsberger Propstdechant *Joseph Bömer* (1881-1942), einer der couragiertesten Zentrumspolitiker im Sauerland, hatte sich 1932 für den aus Attendorn stammenden Zentrumsmann *Rudolf Isphording* als neuen Bürgermeister eingesetzt und musste 1933 mit Bitterkeit feststellen, wie schnell dieser über Nacht zu einem Anhänger der Nazis geworden war.[156] Der vormalige Zentrums-Bürgermeister von Letmathe, *Franz Pöggeler*, fungierte von 1933 bis zu seinem Tod im Jahr 1942 als Bürgermeister von Rüthen und wurde postum noch 1977 durch eine Pöggeler-Straße geehrt. Nach den Forschungen von Hans-Günther Bracht kommt man nicht umhin, Pöggeler eine erschreckende Mitwirkung am nationalsozialistischen Unrechtssystem zu bescheinigen.[157] (Es ist eine sehr verbreitete und dennoch

---

[154] Knepper-Babilon/Kaiser-Löffler 2003, S. 24. Vgl. ebd., S. 25 mit Blick auf eine differenzierte Erforschung der Kollaboration im kommunalpolitischen Bereich den wichtigen Hinweis auf die Möglichkeit, „daß Anpassung bzw. ein Hinübergleiten zu den Nationalsozialisten später in Ablehnung oder Widerstand, umgekehrt, erste Gegenwehr in eine (möglicherweise nur formale) Anpassung umschlug".
[155] Knepper-Babilon/Kaiser-Löffler 2003, S. 166. Vgl. ebd., S. 168 Hinweise auf widerborstige und auch auf zur NSDAP überlaufende Zentrums-Kommunalpolitiker in Warstein und Neheim.
[156] Literatur zu Propst Joseph Bömer und den kirchlichen Konflikten in Arnsberg: Bruns/Senger 1988, S. 192-193; Kopshoff 1989; Schulte-Hobein 2000, bes. S. 282-287; Cronau 2002; Knepper-Babilon/Kaiser-Löffler 2003 (siehe dort Namensregister); Schulte-Hobein 2009; Cronau 2010; Schulte-Hohbein 2012, S. 124-126; Schulte-Hobein 2014.
[157] Bracht 2015. – Die in der Lokalpresse vermittelten Einsprüche gegen eine kritische Beurteilung Pöggelers basieren durchweg auf „Hörensagen" oder vagen „Kindheitserinnerungen" (dergleichen gilt oft als hinreichende Bewertungsgrundlage). Mit 16 Stimmen – gegen 10 – hat der Rüthener Rat in geheimer Abstimmung eine Umbenennung der Pöggeler-Straße be-

völlig irrige Annahme, jemand, der als Katholik nicht in jeder Hinsicht an nationalsozialistische Vorgaben angepasst war, könne nicht dem – breitgefächerten – Feld der Kollaboration zugerechnet werden.) Der Niedermarsberger Zentrums-Politiker Dr. *Josef Gerlach* setzte seine Karriere „in der NS-Zeit als Kreiswirtschaftsberater" fort und war u.a. für „Arisierung" des Besitzes jüdischer Bewohner zuständig.[158]

Ein römisch-katholischer Geistlicher, der das Kriegsende im Dorf Werntrop miterlebt hat, stellt in Aufzeichnungen bezogen auf seinen Evakuierungsort fest: „... so ist es auch wohl mit den Nazis hier am Ort, die doch alle treue Katholiken waren oder sind"[159]. Einer *Schätzung* (!) aus Freienohl zufolge lag der Bevölkerungsanteil überzeugter Nationalsozialisten etwa bei 20 Prozent.[160] Sicher ist, dass die Fügsamen und die pragmatischen Mitläufer auch im katholischen Sauerland eine breite Mehrheit stellten. Überliefert ist hierzu folgende Aussage eines Priesters aus dem Kreis Olpe, der von einem Bauernhof mit zehn Kindern stammte und als Theologiestudent selbst 1937 denunziert worden ist: „Der Nationalsozialismus vergiftete ganze Dörfer und trieb Nachbarschaft und Familien auseinander. Außer einigen Fanatikern gab es die große Schar der Mitläufer. Die waren oft gefährlicher als die überzeugten Nationalsozialisten, die man

---

schlossen (*Rüthen. Straße verliert Namensgeber*. In: Der Patriot, 24.6.2015).
[158] Knepper-Babilon/Kaiser-Löffler 2003, S. 105.
[159] Zitiert nach: Bürger 1993, S. 99. – Als Kontext ausdrücklich vermerkt: Die deutschen Bischöfe hatten die Gläubigen 1936 aufgefordert, „der Regierung Hitlers ... ein vollgültiges Ja zu geben".
[160] „Zur Ehrenrettung" seines Heimatortes Freienohl vermerkt Carl Richard Montag, Nazi-Sympathisanten seien im „katholisch geprägten Dorf deutlich in der Minderheit" gewesen. Er schätzt, „dass maximal 20 Prozent der Freienohler überzeugte Nazis waren. Bei den restlichen Einwohnern handelte es sich um handfeste Leute, denen es vor allem darum ging, ihre Familien ordentlich über die Runden zu bringen" (Montag 2011, S. 29). Vgl. als Schätzung von W. Reinert für ein kath. Arbeiterviertel in Saarbrücken Paul 1995, S. 100: „Danach machten die hundertprozentigen NSDAP-Anhänger etwa ein Viertel der Bewohner aus, während diejenigen, die in Distanz zum Nationalsozialismus standen, schon deutlich schwächer vertreten waren." – Für das Amt Niedermarsberg ist eine im Juni 1945 dem Landrat vorgelegte umfangreiche Liste der NSDAP-Mitglieder mit Anmerkungen zur ‚Qualität' der Parteizugehörigkeit (ohne Namen) publiziert worden in: Bruns / Senger 1988, S. 373-381.

kannte und vor denen man sich in acht nahm."[161] Eine bewusste Oppositionshaltung – mit entsprechenden Handlungsoptionen – gab es nur bei Einzelnen. Allerdings sind nach Maßnahmen gegen Priester auch einige nennenswerte *kollektive* Proteste im Rahmen der Selbstbehauptung des katholischen Milieus überliefert.[162]

Als Ernst-Wolfgang Böckenförde 1961 in einem bahnbrechenden Aufsatz[163] daran erinnerte, dass 1933 „die Katholiken und ihre geistlichen Führer" nicht nur im Ausnahmefall „die NS-Herrschaft in deren Anfängen mitbefestigt und ihr die eigene Mitarbeit angetragen" haben, gab es ob dieser Infragestellung eines liebgewonnen Selbstbildes einen Aufschrei. Mehr als ein halbes Jahrhundert später sagt heute hingegen auch ein Vertreter der Kirchenleitung wie Bischof Franz-Josef Overbeck: „Differenzen zur nationalsozialistischen Ideologie, die vor 1933 noch Gegenstand heftiger Auseinandersetzungen zwischen Kirche und NSDAP gewesen waren, wurden bald von vielen Priestern und Bischöfen unter den Tisch gekehrt. Stattdessen hoben sie vermeintliche weltanschauliche Gemeinsamkeiten hervor. Schlagworte hierfür waren Gottgläubigkeit, Vaterlandsliebe, Gehorsam, Gefolgschaftstreue und Kampf gegen den Bolschewismus. Dass sich die Kirche hierbei so stark dem Geist der Zeit an-

---

[161] Tigges 1992, S. 13. – Der namentlich in dieser Quelle nicht genannte Priester ist Josef Löcker (1908-2010) aus Heinsberg (zu ihm: Hehl 1998, S. 1191; Brandt/Häger 2002, S. 487-488).

[162] Vgl. Padberg 1984, S. 121-124 und Bruns/Senger 1988, S. 196-197 (Werdohl, Ausweisung Dechant Vinbruck Siedlinghausen [mit Foto]); Hehl 1998, S. 1161 (geschlossener Einsatz des „Neindorfes" Sundern-Endorf verhindert 1938 Verhaftung von Pfarrer Rudolf Gassmann); Knepper-Babilon/Kaiser-Löffler 2003, S. 134 (Brilon: Heimkehr von Vikar Kremp nach Gerichtsverfahren); Schulte-Hobein 2009 (eindrucksvolle kollektive Solidarität mit Probst Bömer und Vikar Mandel); Kemper 1987, S. 59 [mit Foto], Hannappel 1992 und Wermert 2011, S. 196 (einzigartiger Olper Protest gegen die Gestapo-Besetzung des Pallottiner-Klosters am 19. Juni 1941). – *Gravierende* Nachteile haben ‚Laien', besonders in Altenhundem, 1937/1939 aufgrund des vom Erzbischof ‚geforderten' Einsatzes für die Konfessionsschule in Kauf nehmen müssen (Klein 1994, S. 544-550; Katholische Kirchengemeinde Altenhundem 1994, bes. S. 101). – Für die verbreitete Kunde, in Marsberg habe eine Unruhe in der ortsansässigen Bevölkerung 1941 zur Einstellung der NS-Kindermorde in der Psychiatrie geführt, konnte ich noch keinen soliden Quellenbeleg ermitteln.

[163] Der Text sowie eine umfassende Orientierung zur nachfolgenden Diskussion sind enthalten in: Böckenförde 1988.

passte und sich von einem verbrecherischen und kirchenfeindlichen Regime auch instrumentalisieren ließ, war ein schwerer Fehler. Die Irrtümer und Fehleinschätzungen, denen in der Zeit des Nationalsozialismus auch hochrangige Vertreter der Kirche unterlagen, wurden nach 1945 nur zögerlich und punktuell eingestanden. Die Bereitschaft zum Widerspruch war das Außergewöhnliche. Verbreitet waren auch bei Christen das Mitmachen und das Schweigen."[164] Insbesondere den letzten Satz kann man nicht dick genug unterstreichen.

Wer bezogen auf das katholische Südwestfalen (bzw. das Gebiet des ehemaligen Herzogtums Westfalen) stolz eine ‚Resistenz‘ gegenüber dem Nationalsozialismus auf seine Fahne schreiben möchte, sollte nicht verschweigen, dass ‚Hitlers Steigbügelhalter‘ *Franz von Papen*[165] (Werl) auch aus dieser Region stammt – ebenso weitere rechtskatholische Adelige, die wie die Brüder von Lüninck[166] und Max von Stockhausen halfen, die NS-Herrschaft in den 1930er Jahren zu festigen.[167] Der dem NS-System eifrig zu Diensten stehende Katholik und Staatsunrechtler *Carl Schmitt* (1888-1985) war märkischer Sauerländer. Ein Blick auf den oberen Klerus ergibt ebenfalls keinen Anlass zum landschaftsbezogenen Selbstlob. Der Kölner Kardinal *Karl Joseph Schulte*[168] (1871-1941) und der Paderborner Bischof *Caspar Klein*[169] (1865-1941), beide im Sauerland geboren, gehörten zu den anpassungsbereiten – keineswegs mutigen – Hirten. Der aus Niedermarsberg stammende Paderborner Weih-

---

[164] Overbeck 2014*.

[165] Mallmann 2004*. – Die rechtskatholische Umtriebigkeit des Franz von Papen reicht zurück bis in das Jahr 1907 (Hübner 2014, S. 64-65)!

[166] Schon am 1.6.1931 übersenden Ferdinand Freiherr von Lüninck und fünf weitere rechtskatholische Adelige des Bistums Paderborn dem Ordinariat ihrer Heimatdiözese eine Stellungnahme, in der in der „offizielle Kern" des NSDAP-Programms als ganz dem „katholischen Lebensideal" (!) entsprechend charakterisiert wird (Hübner 2014, S. 650-651).

[167] Vgl. dagegen das Verhalten des Eversberger DNVP-Anhängers Heinrich Adams (1878-1947), der sich 1933 hartnäckig einem Eintritt in die NSDAP verweigerte und seine Distanz zum Regime bis zum Ende des 2. Weltkrieges beibehielt (Knepper-Babilon/Kaiser-Löffler 2003, S. 25-26).

[168] Vgl. zu ihm: Burtscheidt 2014*; Hübner 2014 (s. Namensregister).

[169] Vgl. zu ihm: Stüken 1999; Wagener 1993, S. 253. – 1934 hat Bischof Klein im Kreis Olpe gar vollmundig gepredigt: „Wir deutschen Bischöfe haben in Fulda Treue bis zum Tod gelobt, Treue bis zum Martyrium" (zitiert nach: Klein 1994, S. 311).

bischof *Augustinus Philipp Baumann* (1881-1953) sprach 1933 „von der ‚selbstverständlichen' Einordnung in den neuen Staat und der ‚ebenso selbstverständlichen' Mitarbeit beim Neuaufbau unseres Volkes"[170]. Solche Appelle wurden an der ‚Basis' mitunter sehr bereitwillig aufgegriffen. Für (Marsberg-)Padberg – unweit des Geburtsortes von Weihbischof A. Baumann – wird berichtet, „dass die SA-Riege des Ortes anfangs bei den Prozessionen den ‚Himmel' [gemeint: Baldachin über der Sakraments-Monstranz] trug"[171].

Offen gegenüber dem neuen Regime zeigten sich auch solche Ortsgeistlichen, die nicht wie Lorenz Pieper (1875-1951), Ferdinand Franz Heimes (1891-1962) oder Karl Rempe[172] (1890-1970) zum engeren Zirkel der „braunen Priester" gehören.[173]

---

[170] Böckenförde 1988, S. 49. – Vgl. auch Stüken 1999, S. 59 und 188: Bei einem Besuch versichert Weihbischof A. Baumann im Juli 1933 dem hochrangigen NS-Politiker Wilhelm Loeper, Reichsstatthalter von Anhalt und Braunschweig: „Unser höchstes [sic!] Ziel ist es, unsere Gläubigen zu ebenso treuen Staatsbürgern wie zu treuen Mitgliedern der Kirche zu machen." Zu A. Baumann und dem aus Bödefeld stammenden Generalvikar Caspar Gierse (1872-1953) hat Christoph Allrogen als Zeitzeuge mitgeteilt, sie hätten 1936 eine Anhörung der in Paderborn um Rückendeckung nachfragenden Jugendseelsorger durch Erzbischof Klein zu verhindern versucht (Katholisches Militärbischofsamt 1994, S. 33-34).

[171] Auskunft des Padberger Ortsheimatpflegers Norbert Becker, mitgeteilt von Andreas Karl Böttcher (Vorsitzender „Marsberger Geschichten – Schlüssel zur Vergangenheit e. V.") in einer E-Mail vom 23.02.2015. – Bei der „SA-Riege" könnte es sich hier freilich auch um einen gleichgeschalteten Kriegerverein handeln.

[172] Vgl. zu ihm jetzt: Rüsche 2014; daneben: Klein 1994, S. 257-258; Thieme 2001, S. 133-135; Brandt/Häger 2002, S. 652 (ohne Hinweis auf NS-Nähe und Entnazifizierungsverfahren); Spicer 2008, S. 283-284.

[173] Schon am 4.6.1994 hat mir ein Sohn des Küsters und Mundartdichters Jost Hennecke (1873-1940) erzählt, die erste Hakenkreuzfahne in Remblinghausen habe am Pfarrhaus gehangen. Meine in Baldeborn bei Remblinghausen geborene Mutter wusste auch nichts von einer Distanz der Lehrer zum NS-Regime zu berichten. Vorsichtig schreibt Kortenkamp 2013, S. 132 über den Remblinghausener Ortspfarrer: „Es gab damals [Anfang 1933] eine wohl recht kontroverse Diskussion zwischen Pastor [Franz] Ruegenberg und meiner Mutter, für die nur das Zentrum und ihre Abneigung gegen Hitler und seine Judenhetze in Frage kamen. Ruegenberg vertraute jedoch auf das Reichskonkordat". (Vgl. ebd., S. 136 das Foto vom Goldenen Priesterjubiläum des Pastors am 9.3.1944, auf dem ganz links auch Ruegenbergs ehemaliger Schüler bzw. „Ziehsohn" Dompropst Dr. Paul Simon sowie im rechten Bildfeld der einst im Gemeindegebiet bei Bauern

1933 gab es im Sauerland „große Feldgottesdienste mit SA- und Stahlhelmaufmärschen", Predigten von Ordenspriestern für die ‚neue Zeit' und gar Hakenkreuz-Altarschmuck.[174] In der Mescheder Zeitung vom 6. Dezember 1933 liest man in einem Bericht über den Kolping-Gedenktag in Eslohe: „In seiner Festansprache am Abend wies der Präses auf die hohe Bedeutung dieses Tages hin. Er zeichnete den Lebenslauf und das Lebenswerk Vater Kolpings und stellte es in großen Zügen dem idealen Werk unseres heutigen Führers Adolf Hitler zur Seite."[175] Nachrichten dieser Art wird man wohl für zahlreiche Kommunen der Region recherchieren können, doch sie wurden in einer gelenkten Heimatgeschichtsschreibung z.T. jahrzehntelang unterschlagen. Für Rüthen schreibt Adolf Cramer (1934-2011): Die „Kundgebung der deutschen Bischöfe [vom 28. März 1933], sollte er sie gelesen haben, wird sicher meinen Vater bewogen haben, seine höchstwahrscheinlich vornehmlich religiös begründeten Einwände gegen die Nazi-Herrschaft, wenn sie denn bestanden haben, zu überdenken, zumal es kein Geheimnis war, dass der Rüthener Pfarrer Behrens im Juni 1933 im Arbeiterverein und der Vikar Bürger im Oktober 1933 im Gesellenverein im Sinne dieser ‚Kundgebung' ausdrücklich noch einmal zur Regierungstreue aufgerufen und allgemeinen Beifall geerntet hatten"[176].

Nun stammen diese Nachrichten aus der Anfangszeit des ‚Dritten Reiches', in welcher eine Verkennung des braunen Regimes auch im kirchlichen Bereich wohl nahezu den Regelfall darstellte. Die Neubesetzung des Paderborner Bischofsstuhls 1941 fällt allerdings in eine ganz andere Phase, die für einen Teil der Kirche mit brutaler Verfolgung einherging: *Lorenz Jaeger*[177]

---

für die NSDAP werbende Priester Dr. Lorenz Pieper zu sehen sind.)

[174] Schumacher 1969/1982, S. 7 (Bericht aus „De Suerlänner 1952"); Hillebrand 1989, S. 50-51 (Eslohe); Franzen 2002, S. 111-112 (Eslohe, mit Altarfoto).

[175] Zitiert nach: Franzen 2002, S. 110 (der Kolping-Abend endete mit dem Horst-Wessel-Lied); vgl. ebd., S. 111-112 (‚SA-Gottesdienst' am 17.9.1933) und S. 114. – Diskret heißt es in einem Beitrag über diesen Kolping-Präses Rektor Philipp Todt, der in meinen Meßdienerjahren ob seines Todes in Kriegsgefangenschaft (1944) vom Küster fast als ‚Märtyrer' betrachtet wurde: „Auch die nationalsozialistische Umwälzung im Jahr 1933 konnte seinem Idealismus zunächst nichts anhaben. Anfangs gab es sogar Hinweise auf Zusammenarbeit." (Schulte 2005)

[176] Cramer 2008, S. 19.

[177] Vgl. zu ihm: Leugers 1996 (s. Namensregister); Stüken 1999; Pape

(1892-1975), nach dem frühen Tod des Vaters in seinem Werdegang von den Olper Franziskanerinnen unterstützt, hatte sich schon für das Priestertum entschieden, als er im ersten Weltkrieg eine „Offizierskarriere" absolvierte. Für Hitlers Krieg stellte er sich dann freiwillig als Wehrmachtsgeistlicher zur Verfügung. Erst seine im August 1941 öffentlich bekanntgegebene Wahl zum neuen Erzbischof von Paderborn führte zum Ausscheiden aus der Wehrmachtsseelsorge. Am Weihetag (19. Oktober 1941) verkündete der neue Oberhirte: „Der wahre Christ trägt das Kreuz Christi, die Siegel seiner Auserwählung, mit demselben [!] Stolz wie der Soldat sein eisernes Kreuz." Ebenso: „Soldatische und priesterliche Haltung stehen sich innerlich näher, als Außenstehende ahnen. Dort wie hier ist Voraussetzung: selbstloser Dienst, vorbehaltloser Einsatz, Bewährung aus letzter Verpflichtung heraus, *Treue bis in den Tod.*"

Lorenz Jaeger lehnte selbstverständlich die ‚antichristliche Richtung' im NS-Weltanschauungsspektrum ab, stand jedoch ein für eine stramm deutschnationale Gesinnung, war offenkundig vom militärischen Männerbund angezogen und betrachtete eine (sogenannte) ‚Blutsgemeinschaft' im *deutschen* Volk als Bezugsgröße für die Kirche. Er predigte am 19. August 1943 – beim Abschlussgottesdienst der letzten Fuldaer Bischofskonferenz vor Kriegsende – von einem Dienst der *„deutschen* Bischöfe" für *„unseren deutschen Brüdern und Schwestern, die mit uns eines Blutes sind [...].* Keine Macht der Erde wird das Band zerreißen oder auch nur lockern können, das uns mit Euch und mit unserem *deutschen Volke* verknüpft. [...] Daß Ihr als *deutsche* Katholiken daheim wie an der Front in Treue Eure Pflicht gegen Volk und Vaterland erfüllt, versteht sich von selbst. *Deutschland muß leben, auch wenn wir sterben müssen."*[178] Jaegers Fuldaer Dompredigt, die somit einen terminus technicus für „Arier" enthält, gehört zu den gruseligsten Dokumenten der deutschen Kirchengeschichte. Dies wird vollends einsichtig durch den erstmals 1996 von Antonia Leugers erhellten Kontext.[179]

1999; Bürger 2015c*. – Die deutschnationale, rechte Gesinnung des Erzbischofs ist auch für die Zeit nach Niederwerfung des Faschismus noch aufweisbar. Nur bezogen auf die Kriegsführung der Alliierten benutzte Lorenz Jaeger einen Terminus, den er zuvor für das Agieren der deutschen Wehrmacht nie benutzt hatte: „Terror".

[178] Vgl. Bürger 2015c*, S. 10-12 (Hervorhebungen im Zitat: P.B.).

[179] Leugers 1996, bes. S. 278-279 und 292.

Hitlers Eroberungs- und Vernichtungskrieg im Osten bewertete der ehemalige Wehrmachtsseelsorger als rettenden Kreuzzug gegen den gottlosen Bolschewismus, dem er gern und mit Überzeugung als bischöflicher Prediger assistierte. Passend zu seiner ohne Not drastisch verschärften Loyalitätserklärung gegenüber dem nationalsozialistischen Staat („aus ganzem Herzen und ohne Einschränkung"[180]) hat Lorenz Jaeger ‚zu Gunsten' der deutschen Kriegsführung sein Amt kräftig politisiert. Von seinen Seelsorgern verlangte er jedoch, jegliches ‚Politisieren' – nicht nur das ‚unnötige' – zu unterlassen und sich auf das ‚Sakrale' zu beschränken. Die Paderborner Bistumslinie zielte auf ‚friedliche Koexistenz', Stützung des nationalen Kriegsapparates, Meidung aller Konflikte mit dem NS-Staat[181], die die (vermeintlichen) Säulen des innerkirchlichen Lebens nicht berührten, sowie auf Unterlassung jeglichen *öffentlichen* Protestes gegen die Ermordung „Behinderter" und ‚Verzicht' auf eine Solidarisierung mit den Juden[182]. Dass sich unter solchem Vorzeichen nicht nur profilierte Linkskatholiken, sondern auch ganz durchschnittliche einfache Gläubige und ‚treue Zentrumsleute' im Sauerland von der Bistumsleitung an der Pader nicht gut vertreten sahen, sollte niemanden verwundern.[183]

Wenn die Bistumsgeschichtsschreibung für die Diözese Paderborn nicht mehr Solidarität der oberen Kirchenleitung mit drangsalierten bzw. verfolgten Priestern[184] und ‚Laien' zutage

---

[180] Textzugang im Internet: Bürger 2015c*.

[181] Vgl. Beispiele hierfür auch in: Padberg 1984; Stüken 1999; Knepper-Babilon/Kaiser-Löffler 2003, S. 179-180. – Dass die Klage eines SD-Berichterstatters im Jahr 1940, gerade die verdeckte Paderborner „Kampfart" sei gefährlich (Klein 1994, S. 246), berechtigt gewesen wäre, dafür liegen allerdings keine überzeugenden Belege vor.

[182] Auch nach dem II. Vatikanische Konzil hat der Paderborner Erzbischof, als Ökumeniker über alle Maßen gerühmt, die jüdischen Geschwister in seiner Bischofsstadt offenbar nie aufgesucht: vgl. daunlots nr. 77*, S. 328-331.

[183] Vgl. Tigges 1984, S. 169, 170, 172, 174-175, 177, 182; Blömeke 1992, S. 90, 101, 134-139, 150; Tigges 1992, S. 36, 55 (Gerücht, L. Jaeger sei ein Freund von Dr. L. Pieper), 57, 181; Stüken 1999, S. 73-74, 92-93, 110, 149-151; Knepper-Babilon/Kaiser-Löffler 2003, S. 179-180; Tigges/Föster 2003, S. 29, 120, 128, 227, 303.

[184] Vgl. Gruß 1995, S. 263-264 und 271 (hier folgen völlig unbelegte *Spekulationen* über einen Kontakt Erzbischof Jaegers zum Widerstand); Hehl 1998, S. 1146, 1154, 1163, 1172, 1173, 1180, 1181, 1184, 1186, 1198. –

fördern kann als bislang, wird man in Einklang mit überlieferten Klagen sogar zwangsläufig zum zweigeteilten, schmerzlichen Bild einer „Kirche von oben" und einer „Kirche unten" gelangen. Die Fragestellungen zur Beleuchtung dieses Komplexes sollten *einfach* gehalten werden, z.b.: Was ist das für eine Kirche, die ihrer Opfer und Märtyrer gemeinschaftlich erst gedenkt, wenn die Verfolgung von ‚Unangepassten' längst Vergangenheit ist und kaum noch Zeitzeugen leben?[185] Darf man – instrumentell – allen Mut und alle Leidenserfahrungen von Getauften in einen Gesamthaushalt „Kirche im Widerstand" über-

---

Kritisch hingegen: (in) Wagener 1993, S. 181; Bürger 2014a*. Als Vertreter der Paderborner Bistumsforschung fragte U. Wagener schon 1990: „... wie soll man den Generalvikar beurteilen, der auf dringendes Ersuchen der Gestapo Priester von ihrer Stelle versetzte, die wegen oppositionellen Verhaltens bei den Nazis in Ungnade gefallen waren und Zwangsmaßnahmen zu gewärtigen hatten? Solche Versetzungen geschahen dann wohl auch gegen den Willen der mutigen Betroffenen wie auch der Gemeinden, die sich über die Maßnahmen der bischöflichen Behörde nicht selten empörten" (in: Frankemölle 1990, S. 148). Grundsätzlich zum Konfliktfeld „Gehorsame Kirche – ungehorsame Christen": Groß 2000 (die Anfragen in diesem schmalen Band kann kein seriöser Kirchenhistoriker übergehen). Zur Positionierung der Kirchenleitung 1933-1945 vgl. den guten Überblick von A. Leugers in: Scherzberg 2005*, S. 32-55.

[185] Ein Vergleich mit der entgegengesetzten Praxis des salvadorianischen Märtyrerbischofs San Oscar Romero (1917-1980) bietet sich an! (Mordopfer der Rechten wurden z.B. März 1977 in der Bischofskirche aufgebahrt; außer dem Gedenkgottesdienst dort war sonst keine Sonntagsmesse im Bistum vorgesehen; hier lässt sich auch aufzeigen, warum für das kirchliche Geschichtsgedächtnis z.B. Details wie die genauen Umständen der *Trauerfeier* für einen ermordeten Blutzeugen durchaus von Bedeutung sind). – Ab 1945 wurde im Bistum Paderborn jenes Zeitfenster ignoriert, das für eine Erhellung der Geschichte von Verfolgten (und Ermordeten) jenseits bloßer Gerüchte etc. noch offenstand; ‚Laien' kamen so gut wie gar nicht ins Blickfeld (vgl. im Ansatz schon kritisch: Wagener 1993, S. 225-232). Das Interesse an den menschlichen Leidenswegen kam zu spät und wurde zudem oft apologetisch gelenkt (mehr Reaktion und Pathos als solide Forschung; mehr Statistik als leibhaftige Lebensgeschichten). Meine These: Obwohl aufgrund früher Fragebogen-Aktionen später ein imponierendes (jedoch z.T. verzerrtes) *„quantitatives Bild"* von „Kirchenverfolgung" auch für das Erzbistum Paderborn präsentiert werden konnte, zeigt die Überlieferungslage in mehreren Fällen, dass 1945 an einer *„qualitativen"* Erhellung der Schicksale von nachweislich verfolgten Priestern (oder gar ‚Laien') wenig Interesse bestand – aus welchen Gründen jeweils auch immer.

führen, ohne die Widersprüche zwischen „oben" und „unten" zu benennen?

Der Kirchenhistoriker kann, nachdem er dem Handwerk der Geschichtswissenschaft durch eigene Arbeit höchsten Respekt gezollt hat, solche *theologisch* höchst bedeutsamen Fragen nicht umgehen. Das beschämende Vorbild eines Bischofs an der Pader, der 1942 mitten im NS-Eroberungs- und Vernichtungskrieg predigt, Russland sei ein „Tummelplatz von Menschen", die *„fast zu Tieren entartet"* sind, eröffnet im Sinne Jesu von Nazareth keine Perspektive. Eine Zukunft von Kirche wird es nach dem ‚Ende der katholischen Landschaft' nur geben, wenn man sich an das Beispiel jener jungen katholischen Magd erinnert, die ihre Angst überwindet und ihrem Brotherrn – einem „braunen Bauern" – ins Angesicht widersteht, weil dieser „seine" russischen Zwangsarbeiter schlechter behandelt als das Vieh.[186]

Gleichwohl bleibt es dabei, dass auch in der „Kirche unten" ein über die Selbstbehauptung des konfessionellen Milieus hinausgehender Einsatz zugunsten *anderer* (z.B. solidarische „Polenseelsorge"[187], Aufklärung über den Massenmord an sogenannten „Behinderten" oder gar Hilfe für politisch bzw. „rassisch" Verfolgte) und Widerstand gegen das System nur auf *wenige* Ausnahmen – d.h. einzelne Personen – beschränkt blieben. Beunruhigend sind überdies Hinweise auf Denunziationen zu-

---

[186] Die Geschichte dieser jungen Magd ist mir im letzten Jahr von ihrem Sohn, einem sauerländischen Priester, erzählt worden. Ich darf sie jedoch mit Rücksicht auf Nachfahren des NSDAP-Bauern nicht unter Namensnennungen veröffentlichen. – Eine Anfälligkeit *größerer* Bauern gegenüber dem „Blut- und Boden-Wahn" der Faschisten hat besonders Paul Tigges in seinen Büchern mehrfach thematisiert. So kann man bezogen auf die Kollaboration also nicht einfach auf ‚böse Enklaven' mit höherer Industrialisierung oder nennenswertem Stadtbürgertum in einer ansonsten noch heilen, agrarischen Welt des katholischen Sauerlandes verweisen. Ein frühes Zeugnis zur Behandlung der Zwangsarbeiter durch Bauern in: Bruns/Senger 1988, S. 370.

[187] Ich zähle dies auf, *obwohl* es in erster Linie das ‚innerkirchliche' Selbstverständnis betrifft. Zahlreich liegen auch für das Sauerland vor Einträge zu Verhören oder Verwarnungen von Priestern wegen unerwünschter bzw. verbotener Formen der Seelsorge für Polen. Sie sind wegen der zugrundeliegenden „Erhebungsmethode" und der Anlage des hier maßgeblichen Standardwerkes (Hehl 1998) leider kaum brauchbar für eine „Rekonstruktion" historischer Vorgänge bzw. Verhältnisse.

lasten vornehmlich von Seelsorgern[188], die aus dem Kreis der Kirchengemeinden selbst kamen und nach dem Frühjahr 1945 zu den großen Tabus gehörten.

2. Exkurs: Wie unpolitisch war die „religiöse Selbstbehauptung"?

Das Feld der ‚katholischen Kollaboration' für das Sauerland gründlich zu erforschen, bleibt aufgrund eines Überhangs an Selbstlob-Erzählungen die vordringlichste Aufgabe. Das populäre Bild einer ‚verfolgten Kirche' verdunkelt, dass Maßnahmen gegen ‚die Kirche' bzw. einige ihrer Mitglieder keineswegs einheitlich ausgefallen waren und auch nicht aus einem ungezügelten Terror bestanden hatten. Manche Eingriffe von fanatischen Parteileuten, die den Zorn ganzer Pfarrgemeinden nach sich zogen, waren gar nicht im Sinne der „Volksgemeinschafts-Ideologie" und des nationalsozialistischen „Sicherheitsdien-

---

[188] Vgl. z.B.: Wagener 1993, S. 144 und 146 (Denunziations-Mutmaßungen zu dem durch KZ-Haft ermordeten Friedrich Karl Petersen); Bruns/Senger 1988, S. 190 (Denunzierungen des Pfarrvikars Josef Pieper); Knepper-Babilon/Kaiser-Löffler 2003, S. 35 (zu Pfarrvikar und Blutzeuge Otto Günnewich, Eslohe-Niedersalwey), S. 36-37 (Pfarrer E. Droll in Calle und Vikar H. Epe in Niederlandenbeck), S. 191-192 (Denunziation von Pfarrer Dr. Fritsch in Sundern-Hellefeld), S. 198-199 (Denunziation von Pfarrer Soer in Sundern und von Pfarvikar A. Brechting in Sundern-Hachen); Möhring 2014* (kircheninterne Denunziation von Vikar Anton Spieker durch NSDAP-Anhänger in Sundern-Hövel); Frieling 1992, S. 115 (Pater Krähenheide, Sundern-Hellefeld). Hinweis auf einen Aufklärungsversuch für Sundern-Hellefeld im Kontext der ‚Entnazifizierung': Senger 1995, S. 313-314. – Vgl. zum Phänomen „Denunziation" und zu Priestern als bevorzugter Zielscheibe auch die saarländischen Studie: Paul 1995, S. 104-106, 115; ebenfalls: Klein 1994, S. 247-248. – Der entgegensetzte Komplex *„Priester als Denunzianten"* stellt vielleicht ein noch größeres Tabu dar. Ein Hausgeistlicher der Hinnenburg Brakel hat im Februar 1941 dem in Meschede geborenen Brakeler Pfarrer Friedrich Grüne (1867-1944) als V-Mann der Gestapo folgenden Ausspruch im Zusammenhang mit Elternprotesten gegen die Abschaffung des Religionsunterrichtes zugeschrieben: „Das ist überhaupt das einzige, worauf wir hinarbeiten müssen und wovor sie (gemeint waren die Nazis) Angst haben: Die Eltern müssen wir rebellisch machen" (Frankemölle 1990, S. 160; Hehl 1998, S. 1164). Pfarrer Grüne kam aus der Haft wieder frei, der vom Priesterdenunzianten ebenfalls bei der Gestapo verratene Pater Franz Riepe (1885-1942) von den Steyler Missionaren fand als Märtyrer im KZ Dachau den Tod.

stes".[189] Man wollte einschüchtern und gezielt gegen unbelehrbare Gegner auf Seiten der „Schwarzen" vorgehen, ohne die römisch-katholische Bevölkerung insgesamt gegen sich aufzubringen.

Ein Votum für die Erforschung der ‚katholischen Kollaboration' bedeutet jedoch mitnichten, das Widerborstige der Landschaft auszublenden. Die Westfälische Landeszeitung vom 15. Juli 1934 bot unter der Überschrift *Der Nationalsozialismus im Sauerland"* folgenden Rückblick: „Den Leuten wurde immer wieder eingehämmert, ‚alle anderen Parteien, besonders die Nationalsozialisten, sind Feinde der katholischen Kirche und damit Eure Feinde; denn der Sauerländer ist katholisch bis ins Mark.' Wenn es sogar Geistliche gab, die von der Kanzel unseren Führer als den ‚hergelaufenen Ausländer' bezeichneten und davon sprachen, dass diejenigen, die ‚das Kreuz an den Ecken umgebogen hätten, die größten Feinde der Kirche seien', so machte es einen derartigen Eindruck auf die breite Masse, dass die Wirkung heute noch zu verspüren ist."[190] Ein Text der NSDAP-Propagandistin Josefa Berens-Totenohl, die ihrem Priesterfreund Lorenz Pieper „arische Heilige" als Ersatz für ‚jüdische Bibelgestalten' malte, zeigt an, dass die Partei im Jahr 1938 das Ziel einer weltanschaulichen Umformung des – inzwischen planmäßig überwachten – ‚schwarzen Terrains' noch immer nicht als erreicht betrachtete: „Die Verkündigungen des Nationalsozialismus sind der Lebensauffassung des ländlichen Menschen durchaus gemäß, wenn nicht naturfeindliche und volksfeindliche Kräfte, die einst die große Macht im Sauerlande verkörperten und es heute noch tun, am Werk wären, dann möchte unser Volk [...] auch im äußeren Bekenntnis rascher hineinwachsen in das neue Leben."[191] Mit „natur- und volksfeindlichen Kräften" waren hier Geistliche und andere Leitgestalten des katholischen Milieus gemeint. Der Olper NSDAP-Kreisleiter nannte sie „schwarzes Gesindel"[192]. In Kirchhundem wurde das folgende – umge-

---

[189] Vgl. dazu allgemein, nicht regional: Tigges/Föster 2003, S. 110-112. – Ein frühes sauerländisches Beispiel: Katholische Kirchengemeinde Altenhundem 1994, S. 92-93.
[190] Klein 1994, S. 242 (dort Anmerkung 8).
[191] Gödden/Maxwill 2012, S. 525-526.
[192] Klein 1994, S. 122.

dichtete – SA-Lied gesungen: „Durchs Sauerland marschieren wir, die schwarze Front zerschlagen wir!"[193]

Die Bistumsleitung gab seit Abschluss des Konkordates – und erst recht unter Erzbischof Lorenz Jaeger – das (hochpolitische) Leitbild der völlig ‚entpolitisierten' Ortsgemeinde vor und war bereit, alle Organisations- und Aktionsformen der ‚Laien', die in dieses Konzept nicht hineinpassten, preiszugeben. Doch die ehedem enge Verflechtung von kirchlichem Leben und politischem Katholizismus unten vor Ort löste sich dadurch natürlich nicht einfach über Nacht in Luft auf (nur deshalb dürfen wir Nachgeborenen die Courage einiger ehemaliger Zentrumsleute auch innerhalb eines *kirchgeschichtlichen* Kontextes thematisieren).

Heute ist es für seriöse Forscher nicht mehr möglich, bloße Ordnungswidrigkeiten bzw. Regelverstöße, widerstrebendes Verhalten auf Teilgebieten des gesellschaftlichen Lebens, jedwede weltanschauliche Unangepasstheit oder alle Aktivitäten zur Sicherung des tradierten religiösen Heimatgefüges[194] schon gleich unter die hehre Überschrift „Widerstand" zu stellen. Mannigfache Unterscheidungen haben sich – zu Recht – durchgesetzt.[195] Sie helfen freilich nicht immer, einen angemessenen Zu-

---

[193] Becker/Vormberg 1994, S. 359.

[194] Ein Komplex wie die von unten getragene *Selbstorganisation der Glaubensunterweisung* (nach Abschaffung des schulischen Religionsunterrichts) darf freilich – auch in der Forschung – nicht als Randphänomen behandelt werden.

[195] Vgl. Henkelmann/Priesching 2010*. Die maßgebliche Studie „Katholisches Milieu und Nationalsozialismus" für den Altkreis Olpe (Klein 1994) folgt bereits einem kritischen Paradigma. Ein – schier unersetzliches – Pendant für die Altkreise Arnsberg, Brilon und Meschede (Knepper-Babilon/Kaiser-Löffler 2003) unter Einbeziehung von Sozialdemokraten und Kommunisten zeigt auf wohltuende Weise, dass die Autorinnen eine Studie zum Saarland (Paul 1995) zur Kenntnis genommen haben. – Die inspirierende Darstellung von Gerhard Paul (Paul 1995), zu deren Stärken eben die Abstinenz vom Apologetischen gehört, erschließt für einen Vergleich (katholisches Milieu im Saarland und im kölnischen Sauerland) zahlreiche Entsprechungen, aber auch Unterschiede. Ein neuerer Sammelband (Kuropka 2013) zeigt Befunde für weitere „katholische Landschaften" auf, so dass die Durchführung eines systematischen Vergleichs noch verlockender erscheint. Einige Beiträge in Kuropka 2013 tendieren – auch in der eifrigen Theorieentwicklung – wieder mehr zur ‚katholischen Apologie', wobei das Vorgetragene hinsichtlich der jeweiligen empirischen Basis streng zu prüfen ist.

gang zu vermitteln. Gar nicht so wenige Menschen mussten eben auch die Missachtung eines Verbotes, das die Religionsausübung[196] einschränkte, oder einen – vergleichsweise harmlosen – politischen Witz[197] mit ihrem Leben „bezahlen". Das übereinander gestellte griechische „Chi-Rho" (XP = Christus) auf Schriftstücken, Schildern und Fahnen, aber auch auf einem sauerländischen Osterfeuer[198], Hauswänden oder gar dem NSDAP-Aushängekasten (Altenhundem 1935)[199], sollte durchaus anzeigen, dass man eben nicht auf Seiten der „Feinde Christi" stand. Der Kirchhundemer Bürgermeister teilte dem Olper Landrat in einem Brief vom 21.8.1934 mit: „Die früher zum Teil von den Kirchenkanzeln geäußerte Stellung gegen den Nationalsozialismus zeigt noch heute ihre Wirkung. Wiederholt wurden [...] bei der Abstimmung am 19. August des Jahres Abstimmungszettel mit einem PX-Zeichen im ‚Nein-Kreis' vorgefunden. Auch ist in einem an der Haustür zum Wahllokal befindlichen Abstim-

---

[196] Der als KZ-Häftling ermordete Niedersalweyer Pfarrvikar Otto Günnewich (1902-1942) soll wegen geringfügiger Überschreitung des amtlich erlaubten Prozessionsweges inhaftiert worden sein (vgl. z.B. Moll 2010, S. 482-484). Zu ihm bereitet der Verfasser eine Dokumentation vor. Die herkömmliche Erzählung seines „Falles" verdient eine kritische Anfrage.

[197] Der katholische Herrntroper Bauernsohn Carl Lindemann (1917-1944) wurde letztlich wegen eines „Goebbels-Witzes" hingerichtet (Heinemann 1999, S. 80-87; daunlots nr. 77*, S. 307).

[198] Bruns/Senger 1988, S. 242 (Osterfeuer Lenne); vgl. ebd., S. 240: Auswärtige Nationalsozialisten „beten" provokativ unter einem Christusbild „Wir wollen lieber mit Rosenberg in die Hölle, als mit dem Papst in den Himmel. Amen". – Becker/Vormberg 1994, S. 354 („PX"-Zeichen in Kirchhundem noch 1938).

[199] Vgl. Tigges/Föster 2003, S. 38: Im Jahr 1935 wird Klage erhoben, Mitglieder kath. Verbände würden in Altenhundem das „PX"-Zeichen an Häuserwände und „sogar an die Aushängekästen der NSDAP" anbringen. – Im Archiv des Kreises Olpe liegen hierzu u. a. folgende Dokumente vor, von denen mir Klaus Droste Kopien zur Verfügung gestellt hat: Brief des Altenhundemer Jungvolk-Stammführers Fritz Lübke vom 25.3.1935 an den HJ-Jungbannführer Hugo Bald in Olpe („Die kath. Jungschar unternahm am 24. März 35 eine Fahrt. [...] Der Führer [Robert] Droste trug ausserdem ein PX-Zeichen. [...] In den letzten Tagen hat in Altenhundem wieder eine grenzenlose Schmiererei eingesetzt. Die Angehörigen der konf. Verbände können es nicht unterlassen, an sämtliche Straßenecken und Häuserfronten ihre Zeichen zu schmieren. Die Herrn schrecken nicht einmal davor zurück, die PX-Zeichen selbst an den Aushängekasten der NSDAP zu setzen"); Brief des Landrates vom 26.3.1935 an den Bürgermeister des Amtes Kirchhundem.

mungszettel in den ‚Nein-Kreis' ein PX-Zeichen gemacht worden."[200] Beim letzten Beispiel kann es sich um konfessionelle Selbstbehauptung oder katholisch-jugendbewegten „Trotz" gehandelt haben, vielleicht aber auch um mehr. Das Christusmonogramm (XP) wurde auf jeden Fall über *Jahre* im öffentlichen Raum sichtbar gemacht.

Zuzugeben ist, dass der Kirchenhistoriker als *Theologe* – und nicht etwa als akademischer Dienstleister eines (heute nicht mehr existenten) Milieus – in seiner Darstellung Tiefenschichten einbeziehen muss, die nicht leicht kommunizierbar sind und oft zu Problemen in der allgemeinen Verständigung führen. Der ‚profane Historiker' überliest möglicherweise einen Quellenhinweis auf die Chorpassage „Tu solus sanctus" (Du allein bist der Heilige) allzu schnell, weil ihm dieses Detail aus einer unvertrauten Liturgie nichts bedeutet. Für Glaubende – Juden wie Christen – ist hier hingegen das Herz jeglicher Immunität und jeglichen Widerstehens gegenüber unberechtigten Machtansprüchen in der Welt berührt, welches sogar unserer Angst ein Ende bereiten kann: „Am 6. Oktober 1943 wird [der münsterländische Benediktiner] Pater Gregor [Schwake] im Verlauf einer liturgischen Woche im Dom zu Linz von der Gestapo verhaftet. Er selbst erzählt später folgende Geschichte, die das auslösende Element für die Ereignisse gewesen sei: Im Gloria der 10. Choralmesse heißt es an einer Stelle, ‚tu solus dominus'. Er habe die Gläubigen gefragt, ob sie wüßten, was sie da singen würden. In die auftretende Pause habe er mit höchster Kraft, mit langen Zwischenräumen gesagt: Du allein der Herr! Die Stille im Dom habe ihm gezeigt, daß die Gläubigen ihn verstanden hätten. Doch auch die Gestapospitzel hätten ihn verstanden."[201] Nach seiner Verhaftung in Linz war Pater Gregor von Januar 1944 bis zur Befreiung 1945 im KZ Dachau interniert.

Zum Kontext der Resistenz mit religiösem bzw. kirchlichem Hintergrund gehören auch Nachrichten wie diese: In Arnsberg schickten zwei KPD-Mitglieder ihre Söhne zur katholischen

---

[200] Klein 1994, S. 274; vgl. ebd., S. 283 („PX"-Fahne auf einem Operelsper Dach, 1934/35).
[201] Frieling 1992, S. 182. – In einer Geschichtsschreibung der Leutekirche käme es darauf an, die lebensnahen, *einfachen* Spuren eines zur Widerständigkeit verführenden Glaubens (bzw. Hörens auf Gott: „Ich bin da") nicht zu übersehen.

Sturmschar, wovon sie sich offenbar ein inneres Fernhalten der Kinder von der Hitlerjugend versprachen; Neheimer Kommunisten schmückten zu einer von der Innenstadt weg verlegten katholischen Prozession die Straße mit Blumen und Girlanden, „als ob sie besonders gute Katholiken seien".[202] In einem Bericht aus Welschen Ennest vom Mai 1937 an die NSDAP-Kreisleitung Olpe heißt es: „Es muß festgestellt werden, daß gewisse Kreise, welche den Anschluß auf politischem Gebiet verpaßt haben, sich heute mehr denn je in das Fahrwasser des politischen Katholizismus begeben. – Volksgenossen, welche früher von Religion und Kirche sehr wenig wissen wollten, haben plötzlich ihr religiöses Herz entdeckt, um im Rahmen kirchlicher Feiern und Veranstaltungen ... gegen die Bewegung Stellung zu nehmen."[203] War Kirche auch ein Atemraum des Widerspruchs für Menschen, die durchaus keinem strengen konfessionellen Milieuzwang unterlagen?

Eine Serie von „Kreuzfrevel und Schändungen von Heiligtümern"[204] besonders im südlichen Westfalen ab Mitte der 1930er Jahre trug schließlich eine denkbar deutliche Handschrift. In Balve lautete die Botschaft der Schänder eines Christus-Corpus' zu Ostern 1937: „Nieder mit dem Juden- und Christentum"!

---

[202] Knepper-Babilon/Kaiser-Löffler 2003, S. 178 und 266. (Vgl. in diesem Werk jedoch auch die Hinweise darauf, dass sich vor 1933 „Katholischsein" und Stimmabgabe für die Kommunisten im Sauerland einander keineswegs zwangsläufig ausschlossen.)

[203] Zitiert nach Klein 1994, S. 251 (dort Anmerkung 30). – Vgl. in einer Darstellung vornehmlich zum Rheinland auch folgende Aussage eines Informanten vom 3.4.1942: „Es haben sich viele Kinder gemeldet, deren Eltern sich bislang gar nicht religiös-kirchlich betätigt haben. Diese Kreise sehen in der Erstkommunionfeier eine Gelegenheit, ihre Opposition gegen den Staat zum Ausdruck zu bringen" (Zitat in: Kuropka 2013, S. 235).

[204] Vgl. die Dokumentation im Kirchlichen Amtsblatt – Erzbistum Paderborn 1937 – Stück 8, Nr. 184, S. 70-72 (mit Hirtenschreiben des Bischofs Caspar Klein vom 28. April 1937). Zum Thema habe ich eine kleine Sammlung angelegt, zu der im Rahmen einer Umfrage Rudolf Rath (Archivpfleger Pfarrarchiv St. Blasius Balve) eine besonders umfangreiche und weiterführende Zusendung beigesteuert hat.

3. Friedensbewegte Christen in Bedrängnis

Zur sachgerechten Einordnung und Bewertung der deutschen bischöflichen Kriegsassistenz 1933-1945 ist es unerlässlich, diese mit *anderen* Einstellungen und Handlungsweisen im Raum der Kirche zu vergleichen. Das wird von Apologeten wie Kritikern merkwürdig oft übersehen. Bischof Franz Overbeck spricht in seinem bereits oben zitierten Beitrag von „Irrtümer[n] und Fehleinschätzungen, denen in der Zeit des Nationalsozialismus auch hochrangige Vertreter der Kirche unterlagen". Es stellt sich aber genau besehen das „ekklesiologische" (die Lehre über die Kirche betreffende) Problem, dass *gerade* „hochrangige Vertreter der Kirche" bezüglich der Kriegsführung bis auf sehr wenige Ausnahmen mit dem Regime kollaboriert haben und somit keineswegs nur durch Schweigen schuldig geworden sind.[205]

In diesem Buch soll vorzugsweise auf solche Christen im südwestfälischen Teil des Erzbistums Paderborn aufmerksam gemacht werden, die im Gegensatz zur Bistumsleitung kriegskritisch oder gar pazifistisch eingestellt waren und deshalb zur Zeit des NS-Systems in Bedrängnisse gerieten. Unter der Überschrift „Vergangenheitsbewältigung" möchte ich im nächsten Kapitel dann noch aufzeigen, dass im Bistum auch nach Kriegsende die Sachwalter des ‚staatstreuen Bellizismus von oben' maßgeblich das Schiff lenkten und unter solchem Vorzeichen mit einer Würdigung der ‚Friedensvoten von unten' nicht zu rechnen war.

Das Feindbild „Friedensfreund" stand schon während der Weimarer Republik bei den Rechten im Vordergrund (und hatte über einen verbreiteten Antipazifismus leider auch Eingang gefunden in republikanische Kreise – samt SPD). Bei einer Veranstaltung der außergewöhnlich erfolgreichen NSDAP-Ortsgruppe Wenholthausen am 22. Januar 1932 führte der NSDAP-Redner Dr. Friedrich Alfred Beck (Bochum) insbesondere „Angriffe [...] auf den Pazifismus".[206] Ottilie Knepper-Babilon vermerkt für den Kreis Brilon eigens: „Vor allem unter Katholiken, die Mitglieder der Friedensbewegung gewesen waren, fanden Nationalsozialisten ihre Gegner, stand doch die Friedensidee, der Gedanke der Völkerverständigung und die Ablehnung jeglichen ‚natio-

---

[205] Vgl. Leugers 2005*; Missalla 2015.
[206] Franzen 2002, S. 122.

nalistischen Treibens', in schroffem Gegensatz zur nationalsozialistischen Rasse- und Volksgemeinschaftsideologie."[207]

Zu nennen ist hier an erster Stelle der schon vorgestellte
linkskatholische Pazifist *Josef Rüther*, der zusammen mit seinem
geistlichen Bruder *Theodor*[208] und anderen den Friedensbund
deutscher Katholiken (FdK) im Kreis Brilon verankert hatte und
überregional mit bedeutenden Persönlichkeiten der Friedensbewegung vernetzt war.[209] Beide Brüder standen ein für Demokratie und Antifaschismus, doch nur Theodor war nach dem
Rechtsschwenk der katholischen Partei im Zentrum verblieben
(er wurde in der NS-Zeit vorzeitig zwangspensioniert). Schon
vor der Machtergreifung hatten sauerländische Nazis insbesondere Josef Rüther terrorisiert. Der zuvor beamtete Gymnasiallehrer erhielt nach Bespitzelung durch Schüler 1933 Berufsver-
bot, lebte während der NS-Zeit in dauernder Angst und musste
sich gegen Ende des Krieges in einer Waldhütte verstecken.

Ähnlich erging es auch dem Rüther über den FdK eng ver-
bundenen Recklinghäuser Studienrat *Albin Ortmann*, der 1933
zwangspensioniert wurde.[210] 1934 musste der Priester und Lehrer Dr. *Erich Barthold* am Arnsberger Laurentianum sich ver-
pflichten, „jeden Versuch einer pazifistischen Beeinflussung
künftig zu unterlassen"; am 28.9.1936 beschloss der Oberpräsident, diesen erklärten Gegner von Rassenlehre und Antisemitismus aus dem öffentlichen Schuldienst zu entlassen.[211] 1937
konnte der Arnsberger geistliche Studienrat *Heinrich Thöne*
(1895-1946), in dessen Personalakte ein Engagement im ‚Friedensbund deutscher Katholiken' eigens vermerkt ist, die Behör-
den nicht von seinen „Brückenbauer"-Qualitäten überzeugen
und wurde ebenfalls unter Bezugnahme auf das ‚Gesetz zur Wie-

---

[207] Knepper-Babilon/Kaiser-Löffler 2003, S. 135. – Wie bedeutsam die Regionalforschung für einen erweiterten Blick auf kriegskritische oder gar
kriegsverweigernde Haltungen unter Katholiken sein könnte, zeigt auch
die schon genannte Studie für das Saarland: Paul 1995, S. 110-111.

[208] Zu Theodor Rüther vgl. auch Hehl 1998, S. 1212: „Haussuchung und
vorzeitige Pensionierung [durch den NS-Staat] wegen Arbeit im ‚Friedensbund deutscher Katholiken'."

[209] Vgl. zum Geschick Brüder Rüther: Blömeke 1992; daunlots nr. 61*;
daunlots nr. 77* (Sammelbandbeiträge IV und IX).

[210] Zu Ortmann: Möllers 1988 (nicht eingesehen); Blömeke 1992, S. 87, 99,
133; daunlots nr. 75*, S. 40.

[211] Kotthaus 2001, S. 177-180.

derherstellung des Berufsbeamtentums' aus dem Schuldienst gerissen.[212]

Außer den Brüdern Rüther waren auch weitere Friedensbund-Katholiken im Kreis Brilon Repressalien ausgesetzt.[213] *Anton Schieferecke* (1882-1962), der während der Weimarer Republik u.a. auch Ortsvorsitzender des demokratischen Reichsbanners gewesen war, verlor 1933 z.B. seinen Sitz im Sparkassenvorstand. Neun SA-Männer zerrten ihn aus dem Sitzungssaal des Rathauses. Das Geschäft des Schreinermeisters wurde gemieden, was zu einem schweren Ringen um die Existenz der Familie führte. „Er beteiligte sich während der NS-Zeit an keiner Wahl, grüßte nicht mit deutschem Gruß, flaggte nicht oder wenn, dann nur Schwarz-Rot-Gold [...] oder Weiß-Gelb (Fahne des Papstes). Aufgrund seiner antinationalsozialistischen Haltung wurde Anton Schieferecke wie sein Bruder *Wilhelm* und wie auch Josef Rüther nach dem gescheiterten Umsturzversuch am 20. Juli 1944 für kurze Zeit inhaftiert."[214]

In Medebach erfuhr der FdK-Mann *Franz Butterwege* (1881-1956) am Ort soziale Ausgrenzung, weil er seine Ablehnung des Nationalsozialismus im Alltag ohne Zurückhaltung zum Ausdruck brachte und Kontakt hielt zu Menschen, „die außerhalb der nationalsozialistischen Volksgemeinschaft standen". Im Rahmen der Reichspogromnacht 1938 kam es z.B. zu tätlichen Angriffen auf ihn und seine Frau. Die Nazis betrachteten ihn zu Recht als „Judenfreund" und schlugen deshalb auch seine Fensterscheiben ein. 1942 wurde Butterwege wegen eines öffentlichen Streits mit Nationalsozialisten zu drei Monaten Haft verurteilt.

Der Friedensbund deutscher Katholiken (Fdk), dessen Vorsitz 1919-1921 der von Rechtsextremisten ermordete Matthias Erzberger inne gehabt hatte, war 1933 als eine der ersten katholischen Organisationen verboten worden, ohne dass ihm sein angeblicher ‚Protektor' Kardinal Michael Faulhaber[215] oder gar

---

[212] Kotthaus 2001, S. 180-181.
[213] Vgl. Blömeke 1992; Knepper-Babilon/Kaiser-Löffler 2003, S. 135-137.
[214] Knepper-Babilon/Kaiser-Löffler 2003, S. 135.
[215] Eher als Michael Faulhaber könnte man vielleicht – trotz eines späteren kriegsfreundlichen Votums – den Rottenburger Bischof Joannes Baptista Sproll als FdK-Anwalt benennen. – Unlängst wurde anlässlich der Vorstellung eines neuen „Tagebücher"-Projektes von Prof. Hubert Wolf vorgetra-

die Bischofskonferenz nachgetrauert hätten. Die bloße Zugehörigkeit zum FdK konnte ab 1933 zu Sanktionen führen. So liest
man in einem Eintrag zu Pfarrer *Karl Leineweber* (1889-1971),
Bestwig-Ostwig: „1937 Unterrichtsverbot für Volksschulen wegen Mitgliedschaft im ‚Friedensbund deutscher Katholiken'"[216].
Gegen Paul Lohoff (1889-1962), einen weiteren Priester des
Bistums Paderborn, der u.a. ab 1944 Seelsorger in Voßwinkel
gewesen ist, erfolgten frühe Maßnahmen des NS-Staates u.a.
wegen „des Pfarrers Eigenschaft als Vorsitzender des ‚Friedensbundes deutscher Katholiken'"[217]. – Der Franziskaner Berthold
Altaner (1885-1964) aus Oberschlesien, Professor für Alte Kirchengeschichte, wurde aufgrund seiner Verbundenheit mit der
katholischen Friedensbewegung schon Anfang 1933 als Hoch-
schullehrer suspendiert.

Die durch Archivalien belegte zeitweilige Wiederbegründung
des Friedensbundes deutscher Katholiken nach 1945 wird in
vielen Darstellungen bestenfalls vage angedeutet. (In der Adenauer-Ära war eine politisch ausgerichtete Friedensarbeit unter
linkskatholischem Vorzeichen ab 1950 erneut unerwünscht.)
Noch mehr zu bedauern ist, dass es bislang keine gründliche Gesamtdarstellung zu Widerstand und Verfolgung im Kontext von
katholischen ‚Friedensbund-Biographien' gibt. Ein aktueller In-

---

gen, Kardinal M. Faulhaber sei explizit FdK-Mitglied gewesen (http://
www.br.de; 28.10.2015). Diese Nachricht konnte ich noch nicht verifizier-
en; eine entsprechende Rückfrage ist bislang noch unbeantwortet geblieben. Eine Quellenangabe ist hier umso notwendiger, als bisherige Forschungsergebnisse der Kirchenhistorikerin Antonia Leugers gerade *nicht* für
eine FdK-Mitgliedschaft des Kardinals sprechen (vgl. schon in: Leugers
2013*, S. 174-175): So notiert Kardinal Faulhaber in der Aufzeichnung *„Die
Myrrhen meiner Bischofsjahre"* im Januar 1939 (Nachlass Faulhaber, Nr.
9269, S. 195) ausdrücklich, sein Sekretär habe am 4. Mai 1931 der Ge-
schäftsstelle des Friedensbundes geschrieben (nachdem Faulhaber die
Zeitschrift „Friedenskämpfer" mit Rechnung von 3,60 Mark und 1,60 Mark
für den FdK-Mitgliedsbeitrag zugeschickt bekommen hatte), man schicke
3,60 Mark für die Zeitschrift, bitte aber, von der weiteren Zusendung abzu-
sehen: „Da der Herr Kardinal nicht Mitglied ist, ersucht er, über Mitglieds-
beitrag keine Rechnung zu stellen." (Ergänzende Quellenangaben und Zitate aus einer E-Mail, die mir Frau Dr. A. Leugers als Antwort auf meine Anfrage vom 29.11.2015 zugeschickt hat.)
[216] Hehl 1998, S. 1189.
[217] Hehl 1998, S. 1192.

terneteintrag der ‚Konrad Adenauer Stiftung'[218] aus der Feder von D. Riesenberger berücksichtigt im Haupttext namentlich Pater Franziskus Maria Stratmann OP, Walter Dirks, die ehemaligen Zentrums-Reichstagsabgeordneten Friedrich Dessauer, Heinrich Krone und Christine Teusch sowie die von den Nationalsozialisten 1944 ermordeten FdK-Persönlichkeiten Richard Kuenzer (Mitglied des Solf-Kreises) und Max Josef Metzger. Zu wenig bekannt ist, dass ebenfalls der Rheinländer Benedikt Schmittmann, ermordet 1939 im KZ Sachsenhausen, und der kanonisierte Märtyrer Propst Bernhard Lichtenberg (1875-1943) für den Friedensbund deutscher Katholiken gewirkt haben. Seit 2007 wird im ‚Martyrologium' auch der katholische Pazifist und Sozialist Theo Hespers (1903-1943) verzeichnet, der über den Friedensbund deutscher Katholiken wichtige Anregungen für seinen Weg erhalten hat.[219] Wegen „Wehrkraftzersetzung" hingerichtet wurde das FdK-Mitglied Alfons Maria Wachsmann (1896-1944), aufgrund einer Standortpfarrer-Tätigkeit 1929 im Lexikon für Militärseelsorge mit einem Eintrag bedacht.[220] Fast zehn Jahre (1936-1945) ohne einen einzigen Zuchthausbesuch eines priesterlichen Mitbruders musste der pazifistische Düsseldorfer FdK-Kaplan und Antifaschist Dr. Joseph Cornelius Rossaint[221], ein Freund Josef Rüthers, erleiden (Beistand erhielt er nicht vom Gefängnisseelsorger, sondern von kommunistischen Mithäftlingen). Gegen Pfarrvikar Josef Köster (Finnentrop-Rönkhausen) ermittelte die Oberstaatsanwalt-

---

[218] http://www.kas.de/wf/de/71.8789/ (zuletzt abgerufen am 12. Juni 2015). – Eine größere Anzahl von FdK-Mitgliedern wird, z.T. mit Hinweis auf Repressionen zur Zeit des deutschen Faschismus, mit kurzen Biogrammen vorgestellt in: Blömeke 1992, S. 100-101; Rösch 2014, S. 92-97. Vgl. auch Richter 2000, S. 136.

[219] Vgl. zu ihm Meinulf Barbers in: Moll 2010, S. 1273-1277.

[220] Brandt/Häger 2002, S. 865-866. Wegen „Wehrkraftzersetzung" oder „Hochverrat" wurden ebenfalls hingerichtet: „Soldatenseelsorger" Carl Lampert, Divisionspfarrer Friedrich Lorenz OMI und der Stettiner Standortpfarrer Herbert Simoleit (vgl. ebd., S. 457, 491-492, 775). – Der Weg des Mathematikers Gustav Doetsch (1892-1977), zeitweilig Mitglied im FdK (1926-1928) und der DFG (1928-1930), ist als Beispiel für die Kriegskollaboration ehemaliger Pazifisten zu betrachten (Remmert 2001*).

[221] Vgl. zu ihm, mit weiterführenden Literaturangaben: Blömeke 1992 (s. Namensregister); daunlots 61*, S. 28-37.

schaft des Sondergerichts Dortmund 1937 „wegen einer angeblich positiven Äußerung über Rossaint"[222].

Ein Gesamtbild zur FdK-Prominenz wäre durch mehr regionale Forschungsbeiträge von unten zu ergänzen. Während der – 1934 als verfolgter Regimegegner emigrierte – Paulus Lenz als FdK-Generalsekretär wirkte, war 1929-1932 der schon genannte Hüstener Bürgermeister Dr. *Rudolf Gunst* (1883-1965) Vorsitzender bzw. „Bundes-Präsident" des Friedensbundes deutscher Katholiken gewesen. Den sauerländischen Nationalsozialisten galt er seit den frühen 1920er Jahren als Feind, und so sorgten sie 1933 alsbald für seine Vertreibung aus dem Amt.[223]

Der aus Neheim stammende, uns schon bekannte Priester *Franz Stock* (1904-1948), ein Freund Walters Dirks und FdK-Mitglied, hat als nebenamtlicher Standortpfarrer – ohne Wehrmachtsuniform – zahllosen Franzosen bis zur Hinrichtung durch die deutschen Besatzer beigestanden.[224] Nach 1945 haben die Franzosen ein großes Platzsegment vor ihrem Denkmal für den nationalen Widerstand und die Opfer des Hitlerkrieges nach diesem *deutschen* „Seelsorger in der Hölle" benannt!

Dem Friedensbund deutscher Katholiken standen auch regimekritische Jugendliche nahe, so in Arnsberg die Sturmschar (ehemalige FdK-Mitglieder u.a. Eberhard Büngener, Karl Föster) und in Warstein die einstigen Mitglieder der schon bald nach der ‚Machtergreifung' als Verband selbst aufgelösten „Kreuzfahrer", deren Begründer *Clemens Busch* gemäß Bundeslinie pazifistische Ziele verfolgte.[225] Die Warsteiner sangen, wie bereits vermerkt, *Theo Köhren* (1917-2004) zufolge schon vor 1933 das Lied: „Nie wollen wir Waffen tragen, / nie ziehen in den Krieg. /

---

[222] Hehl 1998, S. 1185.

[223] Föster 2002 (online auch in: daunlots nr. 77*, S. 274-279).

[224] Vgl. daunlos nr. 77*, S. 352-360 (mit weiterer Literatur). Noch nicht berücksichtigt habe ich in diesem Text eine auch sonst regelmäßig übergangene Arbeit, die unter Auswertung von Archivalien noch deutlicher zeigt, wie blind selbst ein so bewundernswerter und gar pazifstisch ambitionierter Priester wie Franz-Stock lange gegenüber den Gefahren des Nationalsozialismus gewesen ist: Riesenberger 2005.

[225] Vgl. Wagener 1993, S. 248 (Selbstauflösung der Kreuzfahrer Sommersonnenwende 1933); daunlots nr. 77* (Sammelband-Beiträge XIV, XXVI, XXVII).

Laß die hohen Herren sich selber schlagen, / wir machen einfach nicht mehr mit."[226]

Noch Mitte der 1930er Jahre wurde der sauerländische FdK-Nestor Josef Rüther von Jungkatholiken aus diesen Gruppen als Berater bzw. Ermutiger aufgesucht. „Als Bund hatten sich die Kreuzfahrer aufgelöst, aber die einzelnen Gruppen blieben zusammen und gingen meist in eine Tarnung oder in den Untergrund. So zählte z.B. die Warsteiner Gruppe i.J. 1935 noch mehr als 40 Jungen. Ebenso bestanden noch Gruppen in Attendorn, Menden und Letmathe; sie hatten auch Verbindung untereinander, auch mit Gruppen des Quickborn."[227] Eine Verbundenheit mit der katholischen Friedensbewegung gab es gerade bei solchen Jugendkreisen im Sauerland, die sich dann durch besondere Resistenz gegenüber dem Nationalsozialismus auszeichneten. Dies wird auch belegt durch aufgezeichnete Zeitzeugengespräche aus den Jahren 1999 und 2000.[228] Der folgende Ausschnitt zeigt, dass die Jugendlichen in der Friedensfrage u.a. eine ‚kirchenpolitische Initiative' unternommen haben:

Karl Ebert: Das Wallenstein-Treffen 1934, das möchte ich herausstellen. Da haben sich Warsteiner und Arnsberger Sturmschärler unterm Wallenstein getroffen. Weiter war noch Josef Rüther aus Brilon dabei. Es wurde debattiert und beschlossen, einen Brief an Faulhaber zu schreiben.
Walter Vorderwülbecke: Die Position Faulhabers war, daß er der sogenannte Schirmherr des Friedensbundes deutscher Katholiken war. In der Eigenschaft hat man an ihn geschrieben.
K. Ebert: Um gegen die Aufrüstung zu protestieren, und wir erwarteten von ihm eine entsprechende Antwort. Die ist natürlich nie gekommen.
Karl Föster: Das kann ich erzählen. Also, dann hat man einen ausgewählt, der den Brief unterschreiben sollte, und die Wahl fiel auf Eberhard Büngener.
K. Ebert: Durch Los.

---

[226] Zitiert nach: daunlots nr. 77*, S. 423.
[227] Reineke 1987, S. 43.
[228] Knepper-Babilon/Kaiser-Löffler 2003, S. 172-181; der nachfolgend zitierte Auszug: ebd., S. 179.

K. Föster: Und Eberhard Büngener, der hatte den Brief nun unterschrieben, und der Brief ist weggegangen, und kurz darauf – Eberhard war Büroleiter beim Rechtsanwalt Offenberg und hatte eine Kopie des Briefes in seinem Büro liegen – kommt die Gestapo, die Wind davon bekommen hat und macht eine Durchsuchung im Büro des Rechtsanwalts. Während die Gestapo sucht, nimmt Eberhard die Kopie, knubbelt sie ineinander und läßt sie in den Papierkorb fallen. Ich habe in den 60ern im Erzbischöflichen Archiv in München wegen des Briefes nachgefragt. Und da haben sie mir geschrieben, es seien alle Akten vom Friedensbund deutscher Katholiken vernichtet worden. Das habe ich schriftlich.

Die braunen Priester Dr. theol. Ferdinand Franz Heimes und Dr. Lorenz Pieper agitierten nicht nur für NSDAP-Mitgliederwerbung und Gleichschaltung des ,schwarzen Sauerlandes'[229], sondern wurden den friedensbewegten Jungen auch als Kronzeugen wider ihren ,Irrweg' präsentiert. Der Warsteiner Kreuzfahrer *Theo Köhren* hat 1990 mitgeteilt: „Politisch fühlten ,wir' uns von ,der Kirche' allein gelassen (um nicht zu sagen, manchmal verraten). [...] Meinem Vater wurde als kleinem Beamten mit Entlassung gedroht, weil keines seiner 4 Kinder in einer NS-Organisation, wie Jungvolk, HJ, SA, SS, BDM, war. Mir wurde von meinem sehr katholischen Lehrherrn, der sich auf den NS-Pastor Pieper, Prov. Heilanstalt Warstein, berief, mit dem Abbruch der Drogistenlehre gedroht."[230]

Für Dr. Piepers Hass auf Pazifisten gibt es einen besonders traurigen Beleg. Der sozialdemokratische Pazifist *Friedrich Kayser* (1894-1945), Begründer der DFG-Gruppe Schwerte und Mitglied im westdeutschen Vorstand der Friedensgesellschaft, verliert gleich nach der ,Machtergreifung' seine Stelle als Sonderschullehrer. Zu ihm teilt der ehemalige Schulrat Ernst Müller, Mitglied des pazifistischen Widerstandes im Ruhrgebiet, in „Aufzeichnungen" (Arnsberg, 10.9.1952) Folgendes mit: „30.6.1933: Friedrich Kayser wird verhaftet. Weinende Kinder seiner Hilfs-

---

[229] Vgl. Blömeke 1992, S. 93 und 95; Klein 1994, S. 259; Thieme 2001, S. 113, 133-134, 251; Schlochtern 2014, S. 280 (Heimes als Privatdozent an der Paderborner Fakultät). – Zu Heimes und Pieper auch: Spicer 2008 (s. dort Namensregister).
[230] Zitiert nach: Blömeke 1992, S. 101.

schule kommen täglich an das Fenster und zur Tür des Gefängnisses: ‚Wir wollen unseren Lehrer sehen.' Eltern und zahlreiche andere Bürger petitionieren für Enthaftung und Belassung im Amt. My Kayser, Friedrichs Frau, fährt ohne sein Wissen und sein Wollen nach Arnsberg, um ‚Gnade' zu erbitten. Die katholische Gattin und Mutter wird von dem katholischen Vikar [Dr. Lorenz] Pieper (Dreierkommission, alter Kämpfer seit 1931 [*richtig: NSDAP seit 1922*]) empfangen und erhält von ihm seelisch den Todesstoss: ‚Ihr Mann müsste auf der Stelle als landesverräterischer Pazifist erschossen werden.' Derselbe Geistliche schreibt 1951 dem damaligen Veranlasser der von der Schulabteilung in Arnsberg verübten Gewalttaten, nämlich dem Gauamtsleiter Knoop, für das Entnazifizierungsverfahren in Lüneburg christlicherweise ein Entlastungszeugnis. – 30.8.1933: Friedrichs Entlassung aus dem Schuldienst. – 13.9.1933: Meine Entlassung durch den Innenminister. [...] 1./2. Juni 1934: My Kaiser, körperlich und seelisch zermürbt und verdunkelt, öffnet in einer Unglücksnacht den Gashahn, die Kinder Inge und Mathilde sterben mit ihr. [...].“[231]

Auch im katholisch geprägten Südwestfalen wurden nicht nur ehemalige Mitglieder des FdK als Pazifisten drangsaliert.[232] Der Schmallenberger Stricker *Franz Sandmann* (1893-1960) und seine Ehefrau Auguste gehörten der konfessionell ungebundenen „Deutschen Friedensgesellschaft" (DFG) an, was schon zur Zeit der Weimarer Republik im katholischen Milieu als „verkappter Sozialdemokratismus" beargwöhnt werden konnte (der Bischof von Paderborn hatte seinerzeit Geistlichen die Mitgliedschaft in der DFG verboten und eine Zusammenarbeit des FdK mit der Friedensgesellschaft als unzulässig betrachtet[233]). *Auguste Sandmann* wurde wegen ihrer antinationalsozialistischen Einstellung insgesamt sechsmal von der Gestapo verhört

---

[231] Text nach: Lipp 2010, S. 260. – Zu Friedrich Kayser vgl. auch: Hintz 2011*.

[232] Vgl. für diesen Abschnitt als Quelle: Knepper-Babilon/Kaiser-Löffler 2003, S. 41-42. Zumindest im Altkreis Arnsberg gab es nachweislich einzelne Querverbindungen zwischen Sozialdemokratie und Deutscher Friedensgesellschaft (vgl. ebd., S. 217, 219, 220f): Der 1933 in Schutzhaft genommene Oeventroper Paul Kordel war z.B. SPD- und DFG-Vorsitzender. Der zeitweilig ebenfalls verhaftete Arnsberger Eisenbahner und Sozialdemokrat Heinrich Kümmecke gehörte ebenfalls der DFG an.

[233] Blömeke 1992, S. 47.

und saß im Oktober 1941 auch drei Tage lang in Haft. Die Eheleute lehnten insbesondere eine Mitgliedschaft ihrer Kinder in
NS-Jugendorganisationen ab. Sie blieben trotz Bespitzelung,
Hausdurchsuchungsaktionen und polizeilichen Vernehmungen
standhaft. Am 22.6.1943 wurde Franz Sandmann in Fredeburg
inhaftiert. In der Folgezeit verweigerte der NS-Staat seiner Frau
und den Kinder die Fürsorgeleistung. Auguste Sandmann soll
am Ort gemieden worden sein. Am 22.5.1944 überführte man
ihren gefangenen Gatten ins KZ Sachsenhausen, wo er bei
Kriegsende durch die US-Amerikaner befreit wurde.

Der katholische Uhrmacher *Egon Matzhäuser* (1876-1947)
aus Altenhundem wurde kurz nach Beginn des 2. Weltkrieges
wegen „deutsch-feindlichem Denken" inhaftiert, weil er sogenannte Feindsender gehört und zu offen über seine hierbei ge-
wonnenen Erkenntnisse gesprochen hatte.[234] Vor Gericht zeigt
sich der arglose Heimatfreund allzu ehrlich: „Nun, er sei Pazifist,
das gebe er offen zu. Krieg sei immer ein Übel. Er sei gegen den
Angriffskrieg, nicht gegen den Verteidigungskrieg." Am 28. März
1941 kehrt E. Matzhäuser nach insgesamt eineinhalb Jahren
Haft zurück ins Sauerland – als kranker und gebrochener Mann,
der über seine Zeit im Zuchthaus nicht sprechen darf.

Kriegskritische Äußerungen sind auch dem zur Bekennenden
Kirche gehörenden evangelischen Pfarrer von Altenhundem, Dr.
Paul Putzien (1888-1956), vorgeworfen worden.[235] Er wurde
auf Betreiben von Landrat Evers, NSDAP-Kreisleiter Fischer und
Kirchhundemer Amtsbürgermeister im Oktober 1939 inhaftiert
und kam am 28.12.1939 wieder frei. Die Vorwürfe gegen ihn ba-
sierten auf Verhören von Schülern. Einem Gestapo-Protokoll
vom 19.10.1939 zufolge gab Putzien jedoch an, die Aussage
„Deutschland wird den Krieg verlieren" habe er nicht getätigt:
„Ich werde wohl gesagt haben, dass wir während des Krieges
sehr viele Menschen verlieren werden." Andere Zitate seien hingegen zutreffend mitgeteilt: „Ich habe gesagt, dass noch andere
Schlachten als die vor Warschau geschlagen werden, da ja auch
noch die Franzosen und Engländer da sind. Auch die Äußerung
,Es gibt Leute, die reden vom ewigen Deutschen Reich' habe ich

---

[234] Tigges 1984, S. 91-96; daunlots nr. 77*, S. 215-217. Zudem macht mich
Traute Fries darauf aufmerksam, dass E. Matzhäuser z.B. 1925 Beisitzer im
Kreisvorstand der DFG (Siegen-Wittgenstein) war: Fries 2003, S. 74-75.
[235] Vgl. Tigges 1984, S. 96-103.

[...] gesagt [...]. Ich muss ja meinen Schülern in diesen Stunden klar machen, daß nur das Reich Gottes ewig ist, im Gegensatz zu Deutschland. Ferner gebe ich zu, gesagt zu haben, dass Gott das Deutsche Reich wegen seiner Gottlosigkeit noch strafen wird."

Der Bäcker *Josef Quinke* (1905-1942) aus Fretter, aktiv in der katholischen Jugendarbeit, kam – u.a. wegen heimlicher Vervielfältigung und Feldpostversand der „Galenpredigten" – mit der Gestapo in Konflikt und wurde durch Konzentrationslagerhaft in Sachsenhausen ermordet.[236] Er soll am 16. Dezember 1942 – angeblich infolge einer Typhus-Erkrankung – gestorben sein.

Weil er Informationen aus ausländischen Rundfunksendungen in Gespräche hatte einfließen lassen, wurde der Bauer *Josef Hufnagel* (1903-1944) aus Dünschede bei Attendorn am 5. Juni 1944 im Zuchthaus Brandenburg-Görden hingerichtet.[237] Vor dem Volksgerichtshof soll der Hauptdenunziant gesagt haben, „um des dummen Josef Hufnagel und des ,*schwarzen Kreises Olpes*' wegen dürfe der Krieg nicht verloren gehen".

Als Friedensboten zu betrachten sind nicht zuletzt einzelne Christinnen und Christen, die am Los der Kriegsgefangenen und Zwangsarbeiter mitfühlend Anteil genommen haben. Wegen eines freundlichen Umgangs mit Kriegsgefangenen in Lenhausen wurden *Graf Alois von Plettenberg und seine Ehefrau* vor Gericht verurteilt und am 30.4.1941 in der NSDAP-Landeszeitung „Rote Erde" an den Pranger gestellt.[238] Das Blatt schrieb von einem „würdelosen Benehmen", denn das gräfliche Ehepaar habe sich u.a. mit dem Gefangenen „Camille Tr." in freundschaftlichem Ton und französischer Sprache unterhalten.

Der Eversberger *Heinrich Engel* (1874-1953) beklagte in einer anonymen Karte an die örtliche NSDAP „die schlechte Be-

---

[236] Tigges / Föster 2003, S. 168-178.
[237] Saure 2010 (der Beitrag ist online nachzulesen in: daunlots nr. 77*, S. 305-310). – Vergleichsweise milde (Haft-)Strafen waren 1941, also einige Jahre früher, in Verfahren u.a. wegen „Anhörens feindlicher Sender" gegen die Mescheder Benediktiner Willigis Braun, Alban Buckel und Luitpold Lang verhängt worden (Hehl 1998, S. 1145, 1146, 1188).
[238] Vgl. Knepper-Babilon/Kaiser-Löffler 2003, S. 96-97; Müller 2011*, S. 187 (Bericht im ,Sauerländischen Volksblatt' Nr. 101 vom 2.5.1941 über den Urteilsspruch). Noch nicht ermitteln konnte ich, ob und wie dieses Ehepaar in Verbindung steht mit jener Grafenfamilie von Plettenberg-Lenhausen, die wie die ehemalige Kabarettistin und spätere Nonne Isa Vermehren (1918-2009) im Jahr 1944 in Sippenhaft genommen worden ist.

handlung von Russinnen durch den Ortsgruppenleiter".[239] Einer seiner Protestzettel wies den „Museums-Briefkopf" auf, was eine Enttarnung ermöglichte. Hernach verurteilte ein Sondergericht H. Engel am 22.1.1944 zu drei Jahren Haft.

Vornehmlich auf der Basis von Zeitzeugen-Befragung habe ich dargestellt, wie dem protestantischen Esloher Rüstungsfabrikanten *Eberhard Koenig* (1908-1981) ein sehr menschlicher Umgang mit „russischen Zwangsarbeitern" bescheinigt worden ist.[240]

Der katholische Industriehandwerker *Johann Ulrich* (1899-1967) verhalf als Wachmann in einem Neheimer Lager zehn jüdischen Zwangsarbeiterinnen zur Flucht.[241]

Verweigerungen gegenüber der Kriegsmaschine haben sich möglicherweise auch auf Feldern abgespielt, die im Rahmen der regionalen Geschichtsforschung noch gar nicht ins Blickfeld geraten sind. Zu denken ist etwa an „kulturelle Strategien". Unter der Überschrift *„Lank un twiäß düär't Land"* (Kreuz und quer durchs Land) schrieb der katholische Heimatbund-Pionier Dr. *Albert Kleffmann* (1882-1956) unter dem Pseudonym „Alfrid van Ruinsperg" von 1927 bis 1941 im Kreis Olpe heimatliche Beiträge für die Regionalpresse. Paul Tigges hat in den Artikeln dieses NS-Gegners versteckte Anspielungen ausgemacht.[242] Am 2. September 1939, also einen Tag nach Beginn des Angriffs auf Polen, behandelt dessen Serie Schrecken des dreißigjährigen und siebenjährigen Krieges im Sauerland (Hungersnot, Pest, Raub, Diebstahl, Mord, Zerstörung etc.). Dieser historische Artikel trug die Überschrift „Wat 'n Volk iuthallen kann" (Was ein Volk aushalten kann) und hat bei der Leserschaft vermutlich kaum die Kriegsbegeisterung gefördert.

Für die kultische Religion der deutschen Faschisten waren Flaggen ausgesprochene Fetische bzw. Heiligtümer, und im katholischen Raum galt es in diesem Zusammenhang, die Bildmächtigkeit des kirchlichen Lebens zurückzudrängen. Die Warsteinerin Josefa Hoffmann (1901-1987) hat entsprechende Kon-

---

[239] Knepper-Babilon/Kaiser-Löffler 2003, S. 97-98.
[240] Bürger 1995. – Der inzwischen überarbeitete Beitrag ist online nachzulesen in: daunlots nr. 77*, S. 344-351.
[241] Vgl. daunlots nr. 77*, S. 336-338.
[242] Tigges 1984, S. 73-80; zu Kleffmann auch: Krause 1987a, S. 156-159.

flikte zu einem Mundartschwank[243] verdichtet: Ein Knecht am Ort versteht die komisch gewordene Welt der „neuen Zeit" nicht mehr, in der man sogar eine Fahne grüßen muss. Schließlich gibt er den durchziehenden Marschierern in brauner Uniform nach und sagt: *„Gurren Dag, Fahne!"*

4. Katholische Priester, die der Linie der bischöflichen Kriegsassistenz nicht folgten

Bezogen auf Hitlers Krieg hat ein einfacher Bauer wie der kanonisierte Märtyrer Franz Jägerstätter (1907-1943) zu einem klaren Christenurteil gefunden, doch nahezu sämtliche Bischöfe des deutschsprachigen Raumes vermochten dies nicht. Dass wirklich zahlreiche Priester die Linie der bischöflichen Kriegsassistenz nicht teilten, legen folgende Ausführungen von Heinz Hürten in einem kirchentreuen Standardwerk nahe:

Dem Berliner Nuntius kamen so viele Meldungen und Beschwerden über die Ablehnung des Krieges durch die Geistlichen zu Ohren, daß er sich Sorgen machte. In seinen Berichten an das Kardinalstaatssekretariat ging er verschiedentlich darauf ein. Nachdem er schon am 11. September 1939 davon geschrieben hatte, kam er im Frühjahr 1940 wenigstens zweimal darauf zurück. Am 13. April meldete er, „daß ein Teil des Klerus für sich eine fast offen feindselige Haltung gegenüber dem im Kriegszustand befindlichen Deutschland eingenommen hat, die so weit geht, daß man eine völlige Niederlage wünscht." [...] Daß es diese Haltung im Klerus nicht nur im Einzelfall gegeben hat, bestätigt ein fast gleichzeitiges Zeugnis aus der Feder des Passauer Generalvikars Riemer. Er klagte nach dem Ende des Frankreichfeldzuges darüber, daß die Priester „[...] Vaterland und Partei einander gleichsetzten. Weil sie der Partei eine Niederlage wünschen, hofften und wünschten sie auch die Niederlage des Vaterlandes im Krieg."[244]

---

[243] Hoffmann 1979, S. 70. Die Autorin betont im Vorwort (S. 7) zu diesem Werk: „Alles, was aus meiner Feder stammt, habe ich erlebt oder beobachtet." – Zum Fahnengruß vgl. auch: Tigges 1992, S. 25; zu einem frühen „Fahnenkonflikt" in Rahrbach: Becker/Vormberg 1994, S. 366.

[244] Hürten 1992, S. 462-463.

Blutzeugen des Bistums Paderborn: Detail aus dem „Oberhaus-Fenster"
in der in der Pfarrkirche Sankt Clemens, Dortmund-Hombruch (Foto: Rolf-
Jürgen Spieker, Dokumentationsstelle für Dortmunder Kirchengeschichte).

Viel wäre für die Forschung und das Geschichtsgedächtnis unserer bischöflich verfassten Kirche gewonnen, wenn dieser ganze Komplex durch eine Zusammenschau regionaler Beobachtungen[245] einmal quantitativ wie qualitativ zur Darstellung kommen könnte. Die nachfolgenden Beispiele – vornehmlich aus dem südwestfälischen Teil des Bistums Paderborn – lassen deutlich werden, warum wir nicht nur auf die Oberhirten, sondern auch auf die „Leutepriester" schauen müssen. Der in diesem Buch erschlossene Ausschnitt, der nur eine einzelne Landschaft betrifft, bleibt freilich für das ganze Gebiet der Diözese erst noch zu einem Gesamtbild zu ergänzen. Bezeichnend ist etwa das Beispiel von *Franz Lammerding* (1899-1987), Vikar in Harsewinkel (Ostwestfalen-Lippe). Er soll schon 1939 die Vermutung geäußert haben, „dass nicht Polen den Krieg angefangen habe, sondern Deutschland und Russland Polen überfallen hätten. Man solle der Goebbels-Propaganda nicht glauben. Er wurde denunziert und verurteilt vom Sondergericht Dortmund. Er habe in ‚hetzerischer Weise' über den Kriegsausbruch gesprochen. 1940 war er 8 Monate im Bochumer Gefängnis."[246] – *Ernst Kuhlmann* (5.10.1919-14.4.1940), Theologiestudent des Bistums Paderborn, wurde von den Nationalsozialisten durch Haft-Tortur ermordet, weil er flüchtig auf eine Spanplatte geschrieben hatte: „Der Krieg ist für die Reichen, der Mittelstand muss ihn begleichen, der Arbeiterstand stellt die Leichen."[247]

Ein keineswegs pazifistischer Priester wie der Belecker *Vikar Kornelius van den Hövel* (1894-1974), Teilnehmer am ersten Weltkrieg und national gesonnen, hat schon früh die Militarisierung kritisiert.[248] Ihm wurde vorgeworfen, er habe am 17. März

---

[245] Für die „KZ-Priester" aus dem Bistum Münster Beispiele in: Frieling 1992, S. 94 (P. Alkuin Gassmann ofm Sept. 1939: „Es ist keine Kleinigkeit, den Heldentod auf dem sogenannten Feld der Ehre zu sterben"), S. 131 (Märtyrer Albert Maring SJ: „Es wird nicht Friede werden auf Erden, sondern Krieg"), S. 135 (Märtyrer Josef Markötter ofm: Liebesgebot und Kriegsgegner), S. 150 (Heinrich Oenning: „Die kleinen Völker haben ein Recht auf staatliche Selbständigkeit wie die großen"), S. 160 (Einsatz für polnische Kriegsgefangene, „auf beiden Seiten auch ‚Schweinehunde'"), S. 168 (Emil Schumann MSC: „lieber Priester als Soldat"). – In einer Darstellung für das Saarland findet man einige Hinweise auf ‚kriegsresistente' Laien, kaum jedoch auf Priester: Paul 1995, S. 25-152, hier S. 108-113.
[246] Zimmer 2015b*.
[247] Vgl. M. Knaup in: Schlochtern 2014, S. 338-340; Moll 2010.
[248] Vgl. zu K. van den Hövel, der später auch in Olsberg-Antfeld wirkte und

1935 nicht nur über ,zunehmende Gottlosigkeit' und den ,Bolschewismus' in Sowjetrußland gepredigt, sondern auch – einen Tag nach Verkündigung des Wehrgesetzes (allgemeine Wehrpflicht) – die Frage gestellt: „Ist denn der Mensch nur dazu geboren, ein Maschinengewehr zu tragen und sich totschießen zu lassen?"

Schon im Oktober 1937 erfolgt eine Verwarnung des mit dem sauerländischen Friedensbund-Aktivisten Josef Rüther befreundeten Siegener Pfarrers *Wilhelm Ochse* (1878-1960), weil dieser angeblich zu einem Markthändler gesagt haben soll: „Sie haben die verkehrten Sachen, Sie müssen mit Kanonen und Maschinengewehren handeln."[249]

Dem Pfarrer von (Geseke-)Langeneicke, *Johannes Nillies* (1874-1960), wurde 1939 auf der Grundlage des „Kanzelparagraphen" eine „Stellungnahme gegen den Krieg" zur Last gelegt; es folgten „ein Verhör, zwei Verwarnungen und drei Tage Haft durch die Gestapo"[250].

Vikar *Franz Steffensmeier* (1896-1945), der vor seinem Wirken in Lügde auch als Seelsorger in Ennest (Attendorn) tätig gewesen ist, wurde „durch das Sondergericht Dortmund am 29.10.1940 wegen heimtückischer Äußerungen über Hitler und den Krieg zu zehn Monaten Haft – abzüglich fünf Monate Untersuchungshaft – verurteilt"[251].

„Wegen einer im privaten Gespräch gefallenen Äußerung wurde der seit dem 16. August 1942 in [Sundern-]Hellefeld tätige Missionspater *Anton Krähenheide* MSC am 16. Juni 1942 verhaftet und nach einer Haft von 8 Wochen in Dortmund in das Konzentrationslager Dachau abtransportiert, wo er bis zur Befreiung durch amerikanische Truppen inhaftiert blieb. Auf die Frage, ob es in der Südsee Menschenfresser gebe, soll Krähenheide geantwortet haben: ,Die Menschenfresser sind nicht so schlimm wie Hitler.'"[252]

1940 durch ein Sondergericht für staatenlos erklärt wurde: Hehl 1998, S. 1172; Knepper-Babilon/Kaiser-Löffler 2003, S. 194-196.

[249] Hehl 1998, S. 1201; zur Verbindung mit Rüther: Blömeke 1992, S. 107.

[250] Hehl 1998, S. 1200.

[251] Hehl 1998, S. 1224.

[252] Knepper-Babilon/Kaiser-Löffler 2003, S. 194. Vgl. zu A. Krähenheide auch: Weiler 1971, S. 374; Frieling 1992, S. 115-117 (Hinweise auf Verbreitung angeblicher „Greuelmärchen" in Predigten und Denunziation in Sundern-Hellefeld); Seeger 2004, S. 193 (A. Krähenheide als Komponist einer

Pfarrer *Heinrich Ostermann* (1881-1967), Bochum-Linden, geriet „wegen Wehrkraftzersetzung und Feindbegünstigung" in die Fänge der Gestapo; am 3.11.1944 konnte er während einer Haftverlegung fliehen und dann bis Kriegsende in Südwestfalen (Erwitte-Völlinghausen) untertauchen.[253] – Eine „Verbreitung der Nachrichten über feindliche Bombenangriffe" wurde dem Franziskaner und Werler Wallfahrtsleiter *Lambert Fester* (1893-1955) vorgeworfen.[254]

Der Niederlandenbecker Vikar *Heinrich Epe* (1892-1962), schon mehrfach u.a. wegen Nichtbeflaggung an Staatsfeiertagen vernommen, geriet nach Denunziationen durch Ortsansässige – zu denen auch ein Mitglied des Kirchenvorstandes (Landwirt) gehörte – erneut in Konflikt mit dem NS-Staat. Hierzu teilt Dr. Ottilie Knepper-Babilon mit: „Wegen fortgesetzten ‚staatsabträglichen Verhaltens' wurde er schließlich am 06.08.1940 festgenommen und der Gestapo in Dortmund-Hörde übergeben. Ihm wurde angelastet, dass er den deutschen Gruß in der Bevölkerung nicht anwendet, eine staatlich durchgeführte Gesundheitsmaßnahme (Röntgen- und Reihenuntersuchung) sabotierte, sich negativ über nationalsozialistische Einrichtungen äußerte, einem Kirchenvorstandsmitglied verbot, an der Vikarie und auf dem Grundstück eine Hakenkreuzfahne anzubringen, anlässlich der Siegesfeier 1940 zur Beflaggung eine Bohnenstange benutzte und dadurch die Reichsflagge beschimpft und lächerlich gemacht habe, dass er im Juni 1940 anlässlich des *Siegesläutens* den nachfragenden Kindern sagte, er läute den Gefallenen nach, dem Gendameriewachtmeister kundtat, er glaube überhaupt keinem Deutschen mehr."[255] – In diesem Fall wurde „Vikar Epe

---

„Dachauer Singmesse", die ursprünglich bei der Priesterweihe Karl Leisners im KZ gesungen werden sollte).

[253] Hehl 1998, S. 1202; G. Wagner in: Bruns/Senger 1988, S. 233-235 (Ostermann soll in einer Grabrede den „Krieg als Gottesgericht bezeichnet" haben). – Ergänzend sei ein nicht das Sauerland betreffender Eintrag zum Gelsenkirchener Vikar Peter Schupp (*1916) angeführt: „Am 23.6.1944 durch das Zentralgericht des Heeres inhaftiert (bis Kriegsende) wegen einer Predigt über Feindesliebe und wegen Entfernung des Hitlerbildes beim Feldgottesdienst." (Hehl 1998, S. 1220; zu ihm allerdings kein Personeneintrag in: Brandt/Häger 2002).

[254] Hehl 1998, S. 1156 (Maßnahmen: Verhöre, Verwarnungen).

[255] Knepper-Babilon/Kaiser-Löffler 2003, S. 36-37 (Kursivsetzung P.B.). Dort angegebene Originalquellen zu Vikar Heinrich Epe: a) Staatsarchiv Münster / Sondergericht Dortmund 317; b) Archiv des Erzbistums Pader-

nach drei Wochen Untersuchungshaft in Dortmund wieder frei-
gelassen [...], weil das gesamte Verhalten es nicht rechtfertige,
ihn auf längere Zeit in Schutzhaft zu nehmen, obwohl er ‚seine
innere Abneigung dem NS-Staat offen zeigt'".

Ein unzureichendes „Siegesläuten" gehört zu einer Liste von
Vorwürfen, die *Anton Spieker* (1880-1941), Pfarrvikar in Espeln,
eine Haft im Bochumer Gefängnis einbrachte. Sein Fall sei hier
auch deshalb geschildert, weil Spieker 1931-1934 Seelsorger im
sauerländischen (Sundern-)Hövel gewesen ist. Von dort versetzt
ihn die Kirchenleitung nach einer gemeinsamen Eingabe von
Kirchenvorstand (!) und politischer Gemeinde wegen seiner wenig positiven Einstellung „zum neuen Staat" 1934 schließlich
nach Espeln; ein Sondergerichtsverfahren in Dortmund wird am
9.2.1937 eingestellt. Zu Anton Spiekers Verhaftung am 20. Juni
1940 führt die Geheime Staatspolizei (Staatspolizeistelle Bielefeld) im „Tagesrapport Nr. 11 – 3. Katholische Bewegung" vom
28.6.1940 an das Reichssicherheitshauptamt in Berlin[256] aus:

„[...] Spieker hat das vom Führer angeordnete Siegesläuten
anläßlich des Sieges in Flandern und im Artois am 5. und
6.6.1940 überhaupt nicht und am 7.6.1940 nur mit der kleinsten Glocke durchführen lassen. Außerdem hat er seit etwa
Anfang Mai d.J., entgegen dem bestehenden Verbot des
Luftgaukommandos VI, [...] stets die Glocken gegen 20 Uhr
zur Abendandacht läuten lassen.
Im Laufe einer Unterhaltung über die Zeitungsmeldungen
betr. Ausbildung von Heckenschützen in England äußerte
sich Sp., daß man nicht alles glauben müsse, was in den Zeitungen stehe, im übrigen wäre das eine „Notwehrhandlung"
Englands.
Aus einem bei ihm gefundenen Schreiben vom 22.2.40 geht
ferner hervor, daß er als Grund für den Kauf eines Hauses für

---

born [AEPB] / NSDAP XXII,21 (persönlicher Bericht von Vikar Epe aus dem
Jahr 1948). – Ein knapper Eintrag zu Epe auch in: Hehl 1998, S. 1154.
[256] Einen Scan dieser Archivquelle hat mir der aus Espeln stammende
Meinolf Austermeier (Paderborn) am 6.6.2015 zukommen lassen. – Stand-
ortangabe hierfür, nach Möhring 2014*, S. 4: Staatspolizeistelle Bielefeld,
Tagesrapport Nr. 11 v. 28.6.1940, in: Landesarchiv Nordrhein-Westfalen,
Abteilung OWL, M1 I P Nr. 637, Bl. 239f.

die Kirche angegeben hat, „um den Folgen einer neuen Inflation vorzubeugen." [...]

Die Bevölkerung hat er wiederholt aufgefordert, die in den Aushängekästen angeschlagenen Zeitungen „Der Stürmer" und „Der SA-Mann" nicht zu lesen.

Sp. forderte auch von der Kanzel herab die Gemeinde auf, bei den Kollekten mehr zu geben als früher, da die Kirchengemeinde auch Kriegssteuer zu zahlen habe.

Endlich hat er von der Kanzel herab die Eltern aufgefordert, ihre Kinder an den katholischen Feiertagen nicht in die Schule zu schicken und sie lieber am Religionsunterricht als am HJ-Dienst teilnehmen zu lassen, auch wenn sie mal eine Geldstrafe zahlen müßten. Gerade jetzt während des Krieges wäre es wichtig, für die kirchliche Sache zu arbeiten. Den Religionsunterricht selbst hat er des öfteren so verlegt, daß dieser mit dem Dienst der HJ. zeitlich zusammenfiel. [...]"

Die hier zusammengetragenen Vorwürfe spiegeln offenkundig Aussagen von Denunzianten und ergeben das Bild eines sehr auf die religiöse Begleitung der Kinder bedachten Priesters, der seine Verweigerungshaltung gegenüber Hitlers Kriegsprogramm und der NS-Propaganda schlecht verbirgt. Nach einem politischen Justizspruch (keine Duldung, dass „zersetzend auf die Volksgenossen eingewirkt und dadurch der Endsieg gefährdet wird") kommt Anton Spieker ins Zentralgefängnis Bochum. Dort ist er – wenige Wochen vor Abbüßung seiner Haftzeit – am 9. März 1941 auf einmal tot.[257] Der Tote wird nach Espeln überführt, wo der *mündlichen Überlieferung* (!) zufolge eine angeblich unerlaubte Sargöffnung ergeben haben soll, dass der Leichnam „mit blauen Flecken"[258] übersät gewesen sei. Das in schriftlichen Quellen enthaltene Spektrum der angeblichen Todesursachen variiert auf abenteuerliche Weise:

1. plötzlicher „Schlaganfall" (Gefängnispfarrer Willig, Brief an Kapitularvikar 9.3.1941).

---

[257] Alle folgenden Angaben, wenn nicht anders vermerkt, nach: Möhring 2014*.

[258] Natürlich kann man spekulieren, dass hier ganz unerfahrene „Inspekteure" die natürliche Totenfleckbildung (meist am Rücken) nicht ganz glücklich beschreiben.

2. „Asthma, Ateriosklerose und Gehirnblutungen"
   (Sterbeurkunde Standesamt Bochum 10.3.1941, Eintrag
   Sterberegister „auf mündliche Anzeige" eines Schreiners).
3. Herzschlag (Dechant Pieper, Brief an Kapitularvikariat
   vom 10.3.1941).

Selbstredend, mancher stirbt auch an sehr schwerem Asthma, und aus dem Dreiervorschlag der Bochumer Sterbeurkunde kann sich jeder etwas Passendes heraussuchen.[259] – Die Festschrift zum 80. Geburtstag von Erzbischof Lorenz Jaeger bringt dann 1972 (aus nächster Nähe der Bistumsarchivalien) übrigens noch eine vierte Version, die später Eingang in weitere „Standardwerke" findet: „Spieker, Anton: 1 + 6 (+ 10 Monate Gefängnis; *in Bochum bei Luftangriff* am 9.3.41 zu Tode gekommen)"[260]. – Nach 1945 zeigte das Bistum erstaunlich wenig Interesse am Fall dieses mutmaßlichen Märtyrers. Umso schwerer ist heute der von einigen Laien anvisierte Versuch einer Aufklärung.[261]

Völlig abwegig erscheint es mir, einen ‚regulären' Häftlingsstatus in Bochum während der Kriegsjahre als ungefährliche

---

[259] Vgl. zur zeitgenössischen Wahrnehmung: „In der Kirchenchronik von Espeln stand folgender Satz: ‚Eines aber ist sicher: die göttliche Vorsehung nahm Herrn Pfarrvikar Anton Spieker in ihre harte Schule, aus der entlassen zu werden er nicht mehr erlebt hat. Am 9. März 1941, wenige Wochen vor der Entlassung ex cacere in Bochum, starb er'." – Zu Recht weist Möhring 2014*, S. 4 auf die – wie üblich bei Denunziationskomplexen gelagerte – Verdrängungsgeschichte am Ort hin: „Spiekers plötzlicher Tod löste in Espeln Betroffenheit aus. Seine Gegner sahen sich auf einmal mit dem Odium [?] einer Mitschuld konfrontiert. Solange sie lebten, unterblieb eine Aufarbeitung". Indessen stellt sich auch die Frage: Was machte die Bistumsleitung während der jahrzehntelangen Verdunklungsgeschichte? War ihr an einer Aufklärung *dieses* Priesterschicksals gelegen?
[260] Baumjohann 1972, S. 733 (vgl. Möhring 2014*, S. 3 den vagen Hinweis auf ein offenbar nicht mehr vorliegendes amtliches Schreiben über „Tod durch Bombenalarm"). – Eintrag zu A. Spieker in: Hehl 1998, S. 1222 (keineswegs die früheste gedruckte Quelle zum Komplex): „Am 9.3.1941 kam der Vikar bei einem Luftangriff auf das Gefängnis Bochum ums Leben. Die näheren Umstände seines Todes sind noch nicht geklärt". – Spiekers NS-Verfolgung wird ganz ausgespart in: Brandt/Häger 2002, S. 785 (Eintrag wegen Interniertenseelsorge im 1. Weltkrieg).
[261] In Moll 2010 (Martyrologium, vorletzte Auflage) ist A. Spieker noch nicht berücksichtigt.

Sache hinzustellen.[262] Beschrieben ist nämlich der denkwürdige Fall eines weiteren geistlichen Häftlings des Bochumer Zentralgefängnisses (und des angegliederten Strafgefangenenlagers Hattingen)[263]: Es handelt sich um den holländischen Kaplan Hubertus *Antonius Maria Mol* (Jg. 1914), der am 13. April 1943 wahlweise den Tod gefunden hat durch *„Herzschlag"* (Sterberegister Hattingen 100/1943), durch *„Schlaganfall"* (Schreiben des Hattinger Wohlfahrtsamts unter Berufung auf den Gefängnisvorstand Bochum) oder womöglich durch irgendeine mit *erhöhter Körpertemperatur* einhergehende Gesundheitsbeeinträchtigung (Schreiben von Pfarrer Rölle an Erzbischof Jaeger). Später hat Vikar Heinrich Rohden den Eintrag im Hattinger Pfarramt nachträglich wie folgt korrigiert: „Nach dem Kriege und dem Ende der Naziherrschaft gab Herr [Bestatter] Berg die wahre Ursache bekannt: *Genickschuss.*"

Auch aktuelle Forschungen u.a. von Alfons Zimmer, der als Pastoralreferent in der Justizvollzugsanstalt Bochum tätig ist, erhärten den Verdacht, dass der Bochumer Gefängniskomplex nicht nur für mehrere Verfolgte – wie z. B. die ermordeten Priester Augustin Benninghaus (1880-1942), Otto Günnewich (1902-1942), Kilian Kirchhoff (1892-1944), Albert Maring (1883-1943) und Wilhelm Oberhaus (1901-1942) – eine „Durchgangsstation" vor KZ-Einweisung gewesen ist, sondern – von z. T. sehr schlimmen Haftbedingungen ganz abgesehen – selbst als Ort nachgewiesener und möglicher Verbrechen an Häftlingen in den Blick kommen muss.[264] Am 1.3.1942 verurteilte das „Sondergericht Dortmund in Bochum" den Wittener Küster und Organisten *Friedrich Wilhelm Espenhahn* (1888-

---

[262] Möhring 2014*, S. 4 scheint dies anzunehmen und nennt einen weiteren geistlichen Ex-Häftling des Bochumer Gefängnisses, nämlich Dr. phil. et theol. Robert Quiskamp. Zu R. Quiskamp vgl. Hehl 1998, S. 1206 (Kursivsetzung P.B.): „Am 19.12.1940 durch das Sondergericht Bielefeld wegen Heimtückevergehens (Polenseelsorge, Regimekritik) zu einem Jahr und sechs Monaten Gefängnis verurteilt. Außerdem Streichung des Pfarrbesoldungszuschusses ab 1.2.1941. Am 29.7.1943 an den *Folgen der Haft* (Anämie) gestorben." (Zu R. Quiskamp beim Eintrag in Brandt/Häger 2002, S. 1206 wiederum kein Hinweis auf NS-Verfolgung.) Über Quiskamp auch P. Möhring in: Moll 2010, S. 1254-1257; in Anlehnung daran Zimmer 2015b*: „Am 29.7.1943 verstarb er nach einer Beinamputation an einem Leiden, das während der Haft nicht angemessen behandelt wurde."
[263] Weiß 2006* (im Internet zugänglich).
[264] Vgl. Bösken 2014*, Meyer 2015, Zimmer 2015a*, Zimmer 2015b*.

1942) zu zwei Jahren Gefängnis. Wenig später schrieb man der Familie, F.W. Espenhahn habe sich am 4.3.1942 in seiner Bochumer Gefängniszelle erhängt. Bei einer Evakuierung am 29. März 1945 versucht ein Wächter des Bochumer Gefängnisses, den inhaftierten Priester *Josef Reuland* (1892-1958) durch Genickschuss zu ermorden; der Totgeglaubte schleppt sich mit Hilfe eines Jungen in ein nahes Pfarrhaus, wo der Pfarrer nach erster Hilfeleistung eine Polizeistreife (!) ordert, und überlebt trotz Rückführung in das Gefängnislazarett. (Der Täter wurde später von dritter Seite angeklagt und 1948 zu einer Freiheitsstrafe verurteilt.)

Zwei Priestern des Erzbistums Paderborn haben wir uns in diesem Abschnitt zugewandt, die in der Frage des „Siegesläutens" hinsichtlich Deutung oder Praxis nicht konform gingen mit dem NS-Kriegsstaat. In einer Bistums-Publikation wird Erzbischof Lorenz Jaeger als Verfasser einer „Denkschrift der westdeutschen Bischöfe vom 23. Juli 1945 an Feldmarschall F. L. Montgomery" genannt, die u.a. folgende Passagen enthält: „Keine *demokratische* Regierung in Deutschland kann solche erstaunlichen außenpolitischen Erfolge aufweisen wie die *nationalsozialistische*. [...] Wir machen darauf aufmerksam, daß die Mehrheit des deutschen Volkes sich schon dadurch gegen den Nationalsozialismus gewehrt hat, daß es der *christlichen Religion treu blieb*. [...] Der Beginn des letzten Krieges im Jahre 1939 ist keineswegs mit Begeisterung vom Volk aufgenommen worden. [...] Auch die größten sogenannten Siege dieses Krieges haben nicht vermocht, irgendeine freudige Stimmung im Volke auszulösen, ja es war sogar auffallend, wie wenig das Volk an dem Geschehen Anteil nahm. Die Partei hat auch nicht gewagt, die Siege, die sie verkündete, durch Glockengeläute feiern zu lassen. Es hat bis zum Jahre 1942 amerikanische Korrespondenten in Deutschland gegeben, die über diese Dinge sicherlich genau Auskunft geben könnten."[265] Soll man den Verfasser beim Wort nehmen und somit davon ausgehen, die Paderborner Bistumsleitung habe von Anordnungen zu kriegerischem Kirchengeläut überhaupt nichts gewusst? – Bei seinem Besuch in Polen im Jahr 2010 sagte der Aachener Bischof Heinrich Mussinghoff: „Die deutschen Bischöfe haben diesen Angriffskrieg auf das katholische Land Polen nicht laut verurteilt, vielmehr war in

---

[265] Gruß 1995, S. 435 und 437.

Botschaften an die Soldaten stattdessen von Pflichterfüllung, Opfersinn und Treue die Rede. Beim Sieg über Polen und den folgenden Triumphen der deutschen Wehrmacht läuteten auch an katholischen Kirchen die Glocken. Diese eigene Schuld müssen wir als deutsche Kirche heute bekennen [...]. Ich verneige mich vor allen Opfern dieses Krieges, vor den ermordeten Juden, vor den getöteten Polen, vor allen, die gelitten haben und noch an den Folgen leiden."[266].

Nachdem 1936 der wiederholt denunzierte Pfarrer Dr. *Albert Fritsch* (1863-1942) von (Sundern-)Hellefeld aus nach Holland geflohen war, erhielt die schwierige Sauerlandgemeinde am 22.4.1936 mit Pfarrvikar *Gerhard Maashänser* (1907-1957) einen neuen Seelsorger.[267] Auch dieser – in Lünen geborene – Priester wurde immer wieder bei staatlichen Stellen denunziert, u.a. wegen eines Predigtwortes: „Katholische Jugend hört! Unser Gott ist der einzige Gott!" Maashänser, der später auch in Geseke und Bilme (Gemeinde Ense) als Seelsorger gewirkt hat, blieb bezeichnenderweise nur bis November 1936 in Hellefeld. Vom 15.9.1937 bis 20.4.1939 war er Häftling im KZ Buchenwald. Nach erneuter Haftzeit in den Gefängnissen Dortmund und Herne ab März 1942 wurde dieser Seelsorger vom 11.6.1942 bis zur Befreiung am 30.4.1945 (nach einem Evakuierungsmarsch) im Konzentrationslager Dachau interniert, wo er als Stubenältester im „Priesterblock" bei der Priesterweihe des seligen Karl Leisner mitgewirkt hat. Über den Grund seiner erneuten Verhaftung gibt ein Gestapo-Bericht aus Berlin vom 20.3.1942 folgende Auskunft: „Die Stapostelle nahm den Pfarrer Gerhard August Maashänser ... in Haft, weil er in einer Predigt durch einen Vergleich des gegenwärtigen Krieges mit dem Winterfeldzug Napoleons von 1812 versucht hatte, den unglücklichen Ausgang des Krieges anzudeuten. U.a. brachte er hierbei zum Ausdruck, daß schon Cäsar und Napoleon mit dem Schlachtruf ,Heil'

---

266 Mussinghoff 2010 (für den Hinweis auf diese Quelle danke ich Heinz Missalla).
267 Vgl. Knepper-Babilon/Kaiser-Löffler 2003, S. 190-193, 198, 212; Hehl 1998, S. 1159 (Dr. Albert Fritsch) und S. 1193 (G. Maashänser); Weiler 1971, S. 420; F.W. Saal in: Wagener 1993, S. 143; Seeger 2004, S. 88; Lossin 2011, S. 23, 77 (Maashänser). Nicht eingesehen: Heimat-Zeitung des Vereins für Geschichte und Heimatpflege Niederense-Himmelpforten e.V. 36. Jg. (2009), S. 29-34 (zu Maashänser).

große Siege errungen hätten, ohne daß diese ihren Völkern das Heil bzw. Befriedigung gebracht hätten; das wahre Heil könne nur von Jesus Christus kommen"[268].

Kriegskritische Bemerkungen sind überliefert auch von der Nonne *Angela Autsch* (1900-1944), einer ehemaligen Finnentroper Modeverkäuferin.[269] Am 17.10.1937 schreibt Sr. Angela ihrer leiblichen Schwester Elisabeth im Sauerland von Österreich aus: „Betet viel [...], daß die Feinde unserer heiligen Kirche gedemütigt und ihre Pläne zunichte werden. [...] Ich glaube, ihr seid nicht recht im Bilde über alles, wie es bei Euch ist." In einem anderen Brief an die Familie vom 25.3.1940 missbilligt Sr. Angela indirekt, dass sich ihr Neffe Erich freiwillig zu den Fliegern gemeldet hat: *„Grausig wird's werden. [...] bei den Fliegern [...]? [...] Man nennt sie – die Todgeweihten! Stürmisch wird's um alle Völker!"* Im August 1940 soll Sr. Angela bei der Pflege der Mutter des NSDAP-Funktionärs H. Rinner im Nachbarhaus ihres Klosters geäußert haben, *„in Norwegen seien viele Soldaten ertrunken"* (einer weiteren Quelle zufolge ist diese Aussage jedoch am 10. August in einem Geschäft beim Milcheinkauf gefallen). Der Ordensfrau aus dem Sauerland wird außerdem der Ausspruch „Der Hitler ist eine Geißel (bzw. Plage) für ganz Europa" nachgesagt. Unter den örtlichen Nazis spricht man über den Verdacht des illegalen Hörens von Auslandssendern und wohl auch von „Führerbeleidigung". Aus diesem Kreis, so die Biographen, erfolgt durch mehrere Beteiligte eine Anzeige.[270] Am 12. August 1940 dringt die Gestapo aufgrund der Denunziationen in das Kloster Mötz (Österreich) ein und verhaftet Sr. Angela. Bei einem Luftangriff am 23.12.1944 wird die inhaftierte

---

[268] Zitiert nach: Baumjohann 1972, S. 739 (dort Anmerkung 21 [Quellenangabe: Boberach: Berichte der SD und der Gestapo. Mainz 1971, S. 635]).
[269] Ich beschränke mich an dieser Stelle auf einen Literaturhinweis: Fux 1992 (eine umfassende Dokumentation zur überaus zärtlichen Christin Angela Autsch, die wegen ihrer Ausstrahlung auch von einer atheistischen Mitgefangenen als „Engel" bezeichnet worden ist, soll in näherer Zukunft auf www.sauerlandmundart.de veröffentlicht werden).
[270] P. Dr. Josef Levit und Sr. Hermine Gitter haben später allerdings die Hypothese vorgetragen, die Mitteilung zur „Äußerung Sr. Angelas [über Hitler] sei reine Verleumdung und habe so nie stattgefunden, die Dienerin Gottes sei [in Wirklichkeit] allein wegen der Verteidigung klösterlichen Eigentums inhaftiert worden": Fux 1992, S. 22.

Nonne später in Ausschwitz – 35 Tage vor Befreiung des Konzentrationslagers – von einem Bombensplitter getroffen und stirbt.

Am 9. Oktober 1942 erscheint die Denunziantin Marie Gies, geb. Volk († 1979) bei der Staatspolizei in Kassel und macht – ohne jegliche Aufforderung, ganz aus freien Stücken – Mitteilungen zu dem im Sauerland geborenen Franziskanerpater *Kilian Kirchhoff* (1892-1944).[271] Dieser habe u.a. folgende Äußerungen getan: Der Reichsminister Rosenberg beabsichtige den Aufbau einer neuen Religion; der Reichsführer-SS habe den SS-Leuten den Befehl gegeben, mit den Frauen der im Feld stehenden Soldaten Kinder zu zeugen; der Reichsmarschall Hermann Göring werde im Volk als lächerliche Figur angesehen; „der Führer sei der größte Blender aller Zeiten" und „seine Herrschaft wäre nur durch Gewalt aufrechtzuerhalten". Der Pater habe auch von einem Schreckensregiment gesprochen, das nach Einsetzung Otto von Habsburgs in Gemeinschaft mit England aufgerichtet würde ... Kilian Kirchhoff, der all diese Vorwürfe abstreitet, wird vom „Volksgerichtshof"-Präsidenten Roland Freisler am 7. März 1944 zum Tode verurteilt und am 24. April 1944 in Brandenburg-Görden hingerichtet. (Unter einem Gnadengesuch prominenter Persönlichkeiten, das auch der Nuntius unterstützt hat, fehlt bezeichnenderweise die Unterschrift des Paderborner Erzbischofs.)

Der aus dem oberbergischen Eckenhagen stammende Widerstandskämpfer Monsignore Dr. *Otto Müller* (1870-1944), Priester des Bistums Köln, war über seine familiären Wurzeln dem Sauerland verbunden.[272] Bis zum Verbandsverbot durch den NS-Staat ist er Verbandspräses der Katholischen Arbeitervereine Westdeutschlands. Im März 1933 lehnt er es als Mitglied des Kölner Stadtrates ab, sich zu Ehren der toten „Helden der nationalsozialistischen Bewegung" zu erheben, und verliert sogleich sein Mandat. Die wenig konfliktbereite Haltung der Bischöfe gegenüber dem neuen Regime wird von dem bekannten Verbandsfunktionär kritisiert. Über seine Zugehörigkeit zum „Kölner Kreis" steht Müller mit dem Netz maßgeblicher Widerstandskämpfer in Verbindung und wird nach dem Attentat auf

271 Vgl. zu Kilian Kirchhoff ofm: Mund/Machalke 1996 (dokumentarischer Sammelband mit zahlreichen Beiträgen ab 1952); Bürger 2014a*.
272 Vgl. zu Otto Müller: Krause 1987b, S. 301-305; Moll 2010, S. 282-285.

Hitler vom 20. Juli 1944 von der Staatspolizei gesucht. Im Mutterhaus der Olper Franziskanerinnen findet er kurzzeitig Unterschlupf und Pflege, doch nach dem 18. September erfolgt seine Verhaftung. Otto Müller kommt zunächst in das Zuchthaus Berlin-Tegel und stirbt am 12.10.1944 im Staatskrankenhaus der Berliner Polizei. Seine Mitstreiter aus der christlichen Gewerkschaftsbewegung – Bernhard Letterhaus (10.7. 1894 - 14.11.1944) und der selige Nikolaus Groß[273] (30.9.1898 - 23.1.1945) – wurden in Plötzensee ermordet.

Der aus Thieringhausen bei Olpe stammende Bauernsohn *Peter Grebe* (1896-1962) studierte nach seiner Teilnahme am ersten Weltkrieg Theologie und wurde 1925 zum Priester geweiht.[274] Eine junge Frau in Lippstadt klagte Ende 1942 bei der Gestapo, Grebe habe gegen den Krieg gewettert: „Der Krieg ist eine Auswirkung der menschlichen Bosheit. [...] Diesen Krieg haben verursacht die Partei, der Militarismus und ein großer Teil der Industriellen." Mitte 1943 gaben Denunzianten aus Elben und Gerlingen an, Grebe habe mit Blick auf Stalingrad („der erste große Nackenschlag") erneut gegen den von Hitler zu verantwortenden Krieg Stellung genommen und die Nationalsozialisten für die Leiden des Volkes verantwortlich gemacht. Im November 1944 sprach der sogenannte Volksgerichtshof in Berlin ein Todesurteil aus. Nach Umwandlung des Urteils in eine Haftstrafe war Peter Grebe bis zu seiner Befreiung durch sowjetische Soldaten im Zuchthaus monatelang an Händen und Füßen gefesselt.

Der Vorwurf, er habe einer Soldatengattin gegenüber die Verwundung bzw. den „Heldentod" ihres aus der Kirche ausgetretenen Mannes als eine Strafe Gottes hingestellt, führte im märkischen Sauerland zur Verhaftung des Brügger Pfarrer *Josef Witthaut* (1898-1979); der Geistliche wurde im März 1944 vorgeladen und war bis zum 11. April 1945 Häftling im Konzentrationslager Dachau.[275]

---

[273] Vgl. zu ihm als Beispiel für ein gegenwartsbezogenes Märtyrergedenken unter Beteiligung junger Menschen das Musical der Gemeinde St. Barbara Mühlheim an der Ruhr (http://www.nikolaus-gross-musical.de/).

[274] Vgl. Pauly 1984 und – mit weiteren Literaturangaben – online den Sammelbandbeitrag zu P. Grebe in: daunlots nr. 77*, S. 302-304.

[275] Rademacher 2011 (der Vorwurf war dieser Quelle zufolge jedenfalls in der amtlich dokumentierten Form unberechtigt). Vgl. zu Witthaut auch: Hehl 1998, S. 1237; Friedensgruppe Lüdenscheid 2007*, S. 24.

Zwei Priester aus dem Sauerland haben sich als Kriegsgefangene in der Sowjetunion engagiert für das antifaschistische ‚Nationalkomitee Freies Deutschland' (‚Für Volk und Vaterland! Gegen Hitler und seinen Krieg! Für sofortigen Frieden! Für die Rettung des deutschen Volkes! Für ein freies unabhängiges Deutschland!'). Der in Schmallenberg geborene Wehrmachtspfarrer *Josef Kayser* (1895-1993) kam hierbei 1943 zu dem Schluss: „Ich will einen Anfang machen, daß sich finde Mensch zu Mensch und Volk zu Volk. Es lebe die Liebe und die gegenseitige Hingabe. Es sterbe der Haß und der Stolz."[276]

Der in Altenhundem geborene und in Drolshagen und Olpe aufgewachsene *Hubert Mohr* (1914-2011) war nach dem Abitur 1935 in den Pallottiner-Orden eingetreten, wurde 1940 zum Priester geweiht und musste 1941 als Sanitätssoldat am Krieg gegen die Sowjetunion teilnehmen.[277] Er desertierte 1944, nahm als sowjetischer Kriegsgefangener eine Tätigkeit für das Nationalkomitee Freies Deutschland auf und wurde Lehrer an der Antifa-Schule in Krasnodar. Einem vom Jochen Krause zitierten Selbstzeugnis zufolge ist Hubert Mohr in Olpe von dem regimekritischen Pallottinerpater Franzen geprägt worden: „Er war es, der mir den persönlichen Rat gab, im Kriege auf die richtige Seite überzugehen. Wenn man mich statt in Rußland in Frank-

---

[276] Zitiert nach: Richter 1994, S. 395 (dieser Beitrag ist ungekürzt online zugänglich: daunlots nr. 77*, S. 382-394). Josef Kayser, der übrigens auch politische Verirrungen – nach rechts – auf seinem Lebensweg eingestanden hat, muss lange einer schizophrenen Haltung gefolgt sein: „Nur wenn er der Verteidigung dient, läßt er sich rechtfertigen, und dieser Krieg war kein Verteidigungskrieg. – Trotzdem bin ich dabei gewesen, denn für mich war ganz klar: Hitler nein, Deutschland ja. Ich sah das so: Da ist der rote Abgrund und da der braune Abgrund. Und als Christ muß man zwischen diesen Abgründen als einzelner gehen." (Kayser 1991, S. 171) – Zu Werner von Canstein als Offizier mit „NKFD-Anschluss" vgl. Knepper-Babilon / Kaiser-Löffler 2003, S. 28 (dort Anmerkung 45).
[277] Vgl. zu ihm: Krause 1989, S. 524-528 (sowie die Literaturhinweise im Verzeichnis der deutschen Nationalbibliothek und im aktuellen Wikipedia-Eintrag zu Hubert Mohr); Kabus 2014, S. 77-79 (kritische Darstellung eines ehemaligen DDR-Studenten und Assistenten Mohrs); zur Müscheder Herkunftsfamilie: Dahme/Keilig/ Michel 2012*. – Nach Rückkehr aus der Kriegsgefangenschaft konnte Mohr als offenbar linientreuer Marxist-Leninist (seit 1959 inoffizieller Mitarbeiter der „Staatssicherheit"!) eine akademische Karriere in der DDR aufnehmen und wurde schließlich Historiker mit vollem Lehrauftrag. 1997 erfolgten seine Laisierung und anschließend die Wiederaufnahme in die römisch-katholische Kirche.

reich oder sonstwo eingesetzt hätte, wäre ich dort zu den Alliierten übergetreten. Das geschah dann in Rußland aus rein ethischen Gründe."

5. Opfer des „Endsieg"-Wahns

Der Erwitter *Georg Wagner* (1915-1991) hat seine Erfahrungen als „Priestersoldat in Hitlers Wehrmacht" 1985 ausdrücklich wider ein „Verwirrspiel der Linken [...] auch im kirchlichen Raum" niedergeschrieben und wartet auf mit einigen befremdlichen Passagen über „*den* Russen".[278] Kritisch zitiert G. Wagner jedoch amtliche Richtlinien des deutschen Militärs vom 24.5.1942: „Die Feldseelsorge ist eine dienstliche Einrichtung der Wehrmacht. [...] Der siegreiche Ausgang des nationalsozialistischen Freiheitskampfes entscheidet die Zukunft der deutschen Volksgemeinschaft und damit jedes einzelnen Deutschen. Die Wehrmachtseelsorge hat dieser Tatsache eindeutig Rechnung zu tragen."[279] Vor diesem Hintergrund, so Wagner, „braucht es nicht zu verwundern, daß Einheitsführer in Vorbereitung eines offiziellen Wehrmachtgottesdienstes bei der Truppe dem Kriegspfarrer manchmal einen Altar aufbauen ließen, der ringsum und obenauf mit Hakenkreuzfahnen bedeckt war." Aus dem Jahr seiner Weihe und seines Eintritts in die Wehrmacht dokumen-

---

[278] Vgl. Wagner 1985, S. 1. – „Im Laufe des Jahres 1944 bedrängte der [!] Russe unsere Stellungen [...]. Das Kriegshandwerk wurde zur Routine, und in Ahnung des bevorstehenden Zusammenbruchs ging nicht nur hinter vorgehaltener Hand die Parole um: ‚Genießet den Krieg, der Friede wird furchtbar!'" (ebd., S. 27) „Der [!] Russe schoß aus einer Entfernung von zweihundert Metern [...]. Unsere Offiziere zögerten noch, vor den Sowjets zu kapitulieren. Wir wußten, daß diese das Rote Kreuz nicht achteten und hatten schlimme Nachrichten über Verwundete, die ihnen in die Hände gefallen waren." (ebd., S. 28) „Währenddessen sah ich, wie ein Russe zwei [...] deutsche Verwundete durch Genickschüsse tötete. Widersprüchlich [...] erlebte ich die russische Mentalität fortan immer und immer wieder!" (ebd., S. 29) – Kriegsverbrechen der deutschen Wehrmacht im Eroberungs- und Vernichtungskrieg thematisiert der Verfasser nicht.
[279] Wagner 1985, S. 10-11; dort auch das nachfolgende Zitat zu „Hakenkreuz-Altären" (vgl. Hinweise zum „Hakenkreuz-Altarschmuck", der wohl kaum als *seltener* Ausnahmefall an der Front abgetan werden kann, auch in: Katholisches Militärbischofsamt 1991, S. 63, 65 [Foto vorangehende Seite], 70, 117; Röw 2014, S. 184).

tiert dieser Priestersoldat auch „ein aufmunterndes [sic!] Hirtenwort" des Paderborner Erzbischofs Dr. Caspar Klein vom 29.9.1940 „an die zum Militärdienst einberufenen Priester, Kleriker und Theologiestudenten": „Wir dürfen uns den Opfern, die das Vaterland in Kriegszeiten von uns verlangt, nicht entziehen, wir müssen vielmehr in engster Verbundenheit, selbstlos, in fester Ausdauer und in heldenhaftem Todesmut dienen Ihr aber, meine lieben einberufenen Priester, Kleriker und Theologiestudierenden, zeigt Euch im gegenwärtigen schweren Völkerringen durch Euren Opfer- und Heldenmut im deutschen Kriegsheer vorbildlich und macht den in vielen Köpfen deutscher Volksgenossen herrschenden Argwohn zuschanden, jenen durch nichts begründeten, aber unheilvoll wirkenden Argwohn, als ob das katholische Christentum die Vaterlandstreue und Wehrtüchtigkeit schwäche und in Frage stelle, ja als ob die Priester und Priesteramtskandidaten staatsabträglich wirkten oder die Entschlossenheit und Geschlossenheit unseres Volkes bei dem Kampf um seine Existenz beeinträchtigten. Nein, wir beteuern bei dieser Gelegenheit aufs feierlichste: Wir haben unsere Pflicht getan und werden sie tun!"[280]

Der Paderborner Weihbischof *Paul Nordhues* (1915-2004), der als Priestersoldat – Sanitätsunteroffizier bei der 1. Sanitätskompanie der 252. Infanteriedivision in Russland – die späteren Märtyrer Hans Scholl und Alexander Schmorell kennenlernte, wird 1994 schreiben: „Einen gerechten Krieg mag es [...] zur Abwehr geben. Aber dieser Krieg war alles andere als gerecht. Er hatte mit Unrecht begonnen. Wir waren nicht angegriffen worden."[281] Der im Kirchspiel Hellefeld geborene katholische Jurist Dr. *Franz Assmann* hat rückblickend seine Haltung im Juni 1943 so wiedergegeben: „Ich erinnere mich deutlich, daß ich damals [...] sagte: ‚Ich sehe diesen Krieg an als den Kampf des guten Prinzips gegen das absolut Böse, dieses [Böse] aber verkörpert sich in dem politischen System, von dem wir geführt werden. Dieses System kann und darf den Krieg nicht gewinnen und wird ihn nicht gewinnen, wenn überhaupt eine höhere Weltordnung über uns waltet. [...] in unserer Führung hat das

---

[280] Wagner 1985, S. 19 (angegebene Quelle: Kirchenamtliche Mitteilungen an die Priester und Theologiestudierenden der Erzdiözese Paderborn im Feld, Hrsg. vom Erzb. Generalvikariat Paderborn 1940, S. 9-11).
[281] Katholisches Militärbischofsamt 1994, S. 318-324, hier S. 323.

absolut böse Prinzip Oberhand bekommen und das muß und wird verschwinden."[282]

Keineswegs gelangten alle Kleriker im Erzbistum Paderborn, die für den Feldzug gen Osten ihr Predigtwort eingesetzt haben, zumindest bei ihrer Beurteilung der militärischen Lage zur Besinnung. Der Paderborner Erzbischof *Lorenz Jaeger* verkündete am 7.2.1943 im Dom: „Die Welt lebt vom Opfer, und wir dürfen hoffen, daß gerade dieses große Opfer, das uns die toten Helden [von Stalingrad] gebracht haben, nicht umsonst sein wird, daß es führt zum Siege auch für unser deutsches Volk"[283]. Der Dortmunder Stadtjugendseelsorger *Christoph Allroggen* (Jg. 1907), ab 1943 als Sanitätsfeldwebel an der Ostfront eingesetzt, wird nach dem Krieg erzählen: „Zu Anfang des Jahres 1944 hatte ich noch beim Besuch unseres Bischofs Lorenz Jäger [Jaeger] in Paderborn mit Verwunderung feststellen müssen, daß er an eine Wende glaubte, wenn die ‚Wunderwaffe' bald käme, die im Bau sei, wie ihm ein bekannter Oberst erzählt habe. Mein Freund, Divisionspfarrer Hubert Schwede, ebenfalls im Osten, und ich versuchten, ihn von dem Mechanismus des Krieges zu überzeugen. Wir konnten ihm nur andeuten, daß er uns wahrscheinlich nicht wiedersehen würde. Als ich 1948 allein bei ihm meinen ersten Besuch machte, gestand er verschämt seinen Irrtum. – Hubert Schwede war im Sommer 1944 gefallen."[284]

In einem Rundschreiben vom 17.9.1944 (!) dankt Erzbischof Jaeger den Soldaten für „schier übermenschliche Leistungen" an allen *Grenzen* des Vaterlandes und „besonders für den Schutz vor dem Ansturm des gottlosen Bolschewismus".[285] Am 7. November 1944, als noch immer zwölf Weltpriester aus dem Erzbistum in Konzentrationslagern um ihr Überleben ringen, übt sich der Paderborner Oberhirte ohne Scham in Empörung darüber, dass Priester und Theologen aus dem Offizierskorps der Wehrmacht entlassen werden; diese Verfügung sei *„hart und ehrenrührig"* und stelle die geistlichen Offiziere „Schwerkriminellen" gleich.[286] Es bestehe Handlungsbedarf; man müsse da-

---

[282] Bruns/Senger 1988, S. 371.

[283] Zitiert nach: Stüken 1999, S. 213 (dort Anmerkung 987).

[284] Katholisches Militärbischofsamt 1994, S. 41 (Hinweis darauf schon bei: Pape 1999, S. 162).

[285] Stüken 1999, S. 168.

[286] Vgl. F.W. Saal in: Wagener 1993, S. 179. Ein Tag später findet im Konzentrationslager Dachau der in Dortmund geborene Priester Friedrich Karl

gegen kirchlich angehen. (Gottlob hat L. Jaeger in dieser Sache bei den bischöflichen Mitbrüdern kein Gehör gefunden.)

Im gleichen Jahr 1944 soll übrigens Vikar *Hermann Bieker* (1913-2004), geboren als Handwerkersohn in Schlade bei Olpe, durch die Gestapo gemaßregelt worden sein, weil er als Prediger an der Paderborner Herz-Jesu-Kirche „gegen die *militärische* und antireligiöse Jugenderziehung des Staates protestiert hatte"[287]. – Bezogen auf den von den Nationalsozialisten ermordeten und (mutmaßlich) in Schmallenberg begrabenen Priester *Friedrich Karl Petersen* (6.4.1904 - 8.11.1944) aus Dortmund stellt sich die Frage, ob das Heimatbistum vielleicht ein Zeitfenster zu seiner möglichen Errettung vor dem KZ verstreichen ließ. Petersen, der bei seiner verzweifelten Odyssee im Ausland der Wehrpflicht unterstanden hatte und dem evangelischen Pastor in Dorlar eng verbunden war, soll im Februar 1943 bei Lorenz Jaeger vorstellig geworden sein. Der Erforscher seines Leidensweges deutet an: „In Paderborn konnte Petersen [...] schon aus patriotischen Gründen wenig Sympathie erwarten"[288]. Petersen hat einen Tag nach dem oben genannten „dringenden" Protest Erzbischof Jaegers gegen die Entlassung Geistlicher aus dem Offizierskorps der Wehrmacht in Dachau als Märtyrer den Tod gefunden.

In einer traurigen Blütenlese zum Paderborner Kirchenblatt „Leo", dessen Schriftleitung der in Benolpe geborene Priester und Wagenfeld-Freund *Johannes Hatzfeld* (1882-1953) inne hatte, zitiert Georg Heidingsfelder u.a. folgende zynische Passage: „Wie schon im alten Rom der Satz entstehen konnte: Es ist süß und ehrenvoll, für das Vaterland zu sterben, so setzt heute mancher Vater unter die Todesanzeige seines Sohnes: In stolzer Trauer ... Das ist etwas anderes als ein Sterben nach Krankheit und Siechtum, und wir begreifen heute, wo unsere Truppen Siege erkämpft haben, deren weltgeschichtliche Bedeutung auch dem Ahnungslosesten einleuchtet, daß unsere Vorfahren den

---

Petersen, dessen trauriges Schicksal gerade mit Blick auf den Paderborner „Kriegs-Patriotismus" viele Fragen aufwirft, den Tod; er hatte – als die Gestapo ihn verhaftete – eine Seelsorgevertretung in Eslohe-Reiste übernehmen sollen (ebd., S. 113-181). – Gruß 1995, S. 268-269 rechtfertigt Jaegers Protest gegen den Offiziersausschluss' der Theologen als kirchenpolitisch begründet bzw. verdunkelt den Kontext 1944.
[287] Hehl 1998, S. 1142 (Kursivsetzung P.B.).
[288] In: Wagener 1993, S. 179.

Tod auf der Walstatt jenem anderen friedlichen, bürgerlichen, aber eben auch klanglos (!!) sich vollziehenden gegenüberstellen konnten, den sie mit einem leisen Beigeschmack des Bedauerns, wenn nicht gar der Mißachtung den Strohtod nannten."[289] Solche ekelhaften Phrasen bekamen die Gläubigen gleichsam kirchenamtlich ins Haus geliefert.

Auch aus dem Sauerland stammende geistliche Theologieprofessoren in der Bischofsstadt haben sich dem Geist der „neuen Zeit" nicht verschlossen. Der in Müschede geborene Fundamentaltheologe *Eduard Stakemeier* (1904-1970) „pries 1942 als Schriftleiter [von ‚Theologie und Glaube'] den ‚siegreichen Angriff' und die ‚überlegene Abwehr' der Wehrmacht, ‚vor der alle Anstürme der Barbarei zerschellten'" sowie „Großtaten für Führer, Volk und Vaterland" und „Opfertod".[290]

Der fanatische Priester Dr. *Lorenz Pieper*, so ein Zeugnis von Pastor Franz Josef Grumpe, „predigte auf der Klause in Meschede noch von den segensreichen Wirkungen des Nationalsozialismus, als die Amerikaner schon vor der Tür standen."[291] Er „trug das ‚Goldene Parteiabzeichen' [der NSDAP] bis zum Kriegsende am Revers seines Rockes und auch am Talar"[292].

Zu den rechtskatholischen Adeligen aus dem Sauerland, die sich nach frühem Übertritt zur NSDAP und umfangreicher Kollaboration vom NS-System distanziert haben, gehört Freiherr *Ferdinand von Lüninck* (1888-1944) aus Ostwig.[293] Am 16. Juni 1938 erklärte der Freiherr, der als Katholik nicht mehr in die offizielle politische Landschaft passte, zuvorkommend seinen Rücktritt vom Amt des Oberpräsidenten der Provinz Westfalen. Im Sommer 1942 war Lüninck über Umsturzpläne im Umkreis des Widerstandes von Militärs informiert, und Ende 1943 kam es zu seiner Begegnung mit Carl Friedrich Goerdeler, der von ihm die Zusage bekommen konnte, nach einem Staatsstreich ein Amt als Politischer Beauftragter für Westpreußen zu überneh-

---

[289] Zitiert nach: Heidingsfelder 1956b.

[290] Pape 1999, S. 159. Vgl. die Hinweise auf andere Professoren in: Bürger 2015c*, S. 13-14 (dort Anm. 51).

[291] Knepper-Babilon/Kaiser-Löffler 2003, S. 45.

[292] W. Tröster in: Wagener 1993, S. 58.

[293] Vgl. den Eintrag in: Moll 2010, S. 502-505 (bezogen auf Lünincks Kollaboration mit dem NS-Unrechts-system fehlen hier allerdings wichtige Forschungsergebnisse); Knepper-Babilon/Kaiser-Löffler 2003 (siehe Namensregister).

men. Wegen seiner Mitwisserschaft wurde Ferdinand von Lüninck nach dem 20. Juli 1944 von Roland Freisler zum Tode verurteilt und dann am 14. November 1944 in Plötzensee hingerichtet. – Der in Störmede bei Geseke aufgewachsene *Wilhelm Emmanuel Freiherr von Ketteler* (1906-1938), Sekretär des rechtskatholischen NS-Kollaborateurs Franz von Papen, war schon 1938 in Wien von den Nationalsozialisten ermordet worden.[294]

Der katholische Unteroffizier *Heinrich Schürholz* (1914-1944) aus Drolshagen-Essinghausen wurde nach Verweigerung der aktiven Teilnahme an einer Exekution zum Schützen degradiert und strafversetzt.[295] – *Wilhelm Korte* (geb. 8. Mai 1919), ehemals Mitglied der dem Friedensbund der deutschen Katholiken nahe stehenden und schon im Sommer 1933 selbst aufgelösten Warsteiner „Kreuzfahrer"-Jugend, ist wenige Wochen vor Kriegsende in Breslau als Opfer der mörderischen Militärjustiz erschossen worden. Zu ihm schreibt Hanneli Kaiser-Löffler: „Willi Korte wurde erst 1945 eingezogen und an der Luftkriegsschule 5 in Breslau ausgebildet. Am 02.02.1945 verurteilte ihn das Standgericht der Festungskommandantur Breslau zum Tode, er wurde standrechtlich erschossen. In den Akten findet sich ein Schreiben, in dem es heißt: ,*Im Zuge der von hier angestellten Ermittlungen wurden u.a. auch der General a.D. Ludwig Schulz [Leiter der Luftkriegsschule] sowie der ehemalige kath. Festungspfarrer, Herr Hubertus Braschke, gehört. Beide haben übereinstimmend erklärt, daß der Obergefreite Korte wegen defaitistischer Äußerungen liquidiert worden sei.*' Willi Kortes Ehefrau erklärte zu den Gründen der Hinrichtung ihres Ehemannes: ,*Während seiner Dienstzeit bei der Wehrmacht hat er wiederholt zum Ausdruck gebracht, daß er mit dem Vorgehen der derzeitigen Regierung nicht einverstanden sei und das Gebaren derselben nicht mit seinem Gewissen vereinbaren könne. In seinen letzten Briefen sprach er die Vermutung aus, daß nach Auflösung der LKS 5 in Breslau ein Teil der Mannschaften zur SS eingegliedert werden sollten. Dies würde er unter allen Umständen ablehnen. Dies ging sowohl aus einem Brief an mich als auch an seine Mutter hervor.*' Willi Korte war eines von mehr als 30.000 Opfern der

---

[294] Moll 2010, S. 494-497 (Verfasser: Peter Möhring).
[295] Bürger 2010, S. 635.

Militärgerichtsbarkeit."[296] Bei ihrem Bemühen um Rehabilitation fand seine Gattin nach Kriegsende Hilfe bei einem ungewöhnlich engagierten Kreisinspektor im Amt für Wiedergutmachung.

Als freiwilliger Seelsorger der ‚Wandernden Kirche' für Evakuierte aus dem Ruhrgebiet weilte der aus (Finnentrop-) Serkenrode stammende Vikar *Robert König* (1910-1945) ab Ende 1943 im Pommerschen Lauenburg (Lembork), wo er am 10. März 1944 zusammen mit sieben anderen Menschen in einem Haus von eingedrungenen sowjetischen Soldaten, darunter ein Betrunkener, ermordet wurde.[297]

Der Zentrumsmann, christliche Gewerkschaftssekretär und stellvertretende Bestwiger Arbeitsamtsdirektor *Fritz Busse* (Jg. 1889) musste sich ab 1933 wirtschaftlich förmlich durchs Leben schlagen. Er hatte in antifaschistischen Kreisen, so das Zeugnis eines Kommunisten, einen guten Ruf. „[K]urz vor Einmarsch der Alliierten, als die deutschen Truppen in Ostwig lagen, hat Fritz Busse den Truppen die Aussichtslosigkeit des Weiterkämpfens vor Augen gestellt ... und [man] wollte [ihn] ... wegen Zersetzung der Wehrkraft erschießen"[298]. Eine rechtzeitige Warnung rettete diesen katholischen Regimegegner.

Bei Kriegsende war offenbar auch das Leben von *Rudolf Preising* (1904-1981), dem Pfarrvertreter in Bilme bei Ense, bedroht: „Nach starkem Beschuß durch die Amerikaner hatte man

---

[296] Knepper-Babilon/Kaiser-Löffler 2003, S. 204-205 (eckige Klammern und Auslassungen nach dieser Quelle). Vgl. zu den Warsteiner Kreuzfahrern und Willi Korte auch: Blömeke 1992, S. 101-102 (sowie Namensregister: Clemens Busch); Tigges/Föster 2003, S. 45-49, 463.

[297] Vgl. die Darstellung von P. Möhring in Moll 2010, S. 1074-1076: Im Esszimmer des Hauses hatte sich König vor jüngere Frauen gestellt, auf die sich „die Aufmerksamkeit der Eindringliche richtete" [dies war aber nicht unmittelbarer Anlass seiner Erschießung]. Am 27. Juli 1945 schrieb Erzbischof Lorenz Jaeger der Gemeinde in Steinhausen zum Tod ihres ehemaligen Seelsorgers: „Angesichts eines solchen priesterlichen Heldenlebens [...] trauern wir [...]; wir sind aber christlich-stolz auf ihn, weil er die weltüberwindende Macht der Liebe in einer Zeit vorgelebt hat, die nichts mehr zu ihrem wahren Heil nötig hat als solche Menschen, die das furchtbare Unrecht durch ihr sühnendes Leiden und Sterben in Segen verwandeln." (ebd., S. 1076)

[298] Knepper-Babilon/Kaiser-Löffler 2003, S. 32 (Zitat nach einer Archivalie im HSK-Kreisarchiv).

in Bilme die weiße Fahne gehißt (7.4.1945), am nächsten Tag kam eine zusammengewürfelte SS-Horde in den Ort, um den Bürgermeister und den Pfarrer wegen Landesverrats hinzurichten; Preising gelang die Flucht."[299] Erhellend wäre eine systematische Studie darüber, an welchen sauerländischen Orten couragierte Christen bei Ankunft alliierter Truppen durch beherztes Eingreifen in Erscheinung getreten sind und dadurch viele Leben gerettet haben. Nach Abzug der letzten deutschen Soldaten am 11. April 1945 hisste der aus Werl stammende Pfarrer *Ferdinand Gerwinn* (1870-1958) in Freienohl „die weiße Fahne am Kirchenturm. Die Freienohler taten es ihm gleich, zogen weiße Bettlaken auf Stangen und hängten sie aus ihren Fenstern"[300]. Am 11. April 1945 schickte die US-Army Pater *Linus Kötter*, den Pfarrvikar von Niedereimer, als „Parlamentär" nach Arnsberg, um eine kampflose Übergabe der Stadt zu bewirken.[301] Ein SS-Offizier soll mit sofortiger Erschießung des Priesters gedroht haben. In Sundern-Allendorf hat die *Franziskanerin Meinolfa* einem Bericht zufolge „unerschrocken auf den Kirchturm die weiße Fahne" gesetzt.[302] Erzählt wird auch, „dass die Stadt Rüthen das Glück, ohne Beschuss geblieben zu sein, dem Dechanten [*Norbert*] *Schulte* [1881-1956] zu verdanken hätte"[303].

In den letzten Tagen des 2. Weltkrieges wurde in Langenholthausen bei Balve der Unteroffizier *Peter Jakob Adam* (1905-1945) nach einem absurden Standgerichtsverfahren hingerichtet. Friedhelm Grote, der als Elfjähriger die Inhaftierung des Soldaten in einem benachbarten Schweinestall selbst miterlebt hat, ist den Nachrichten hierzu auf den Grund gegangen[304]: Seine Schulkameraden und Freunde erzählten stets, „der Soldat sei völlig unschuldig nur wegen einer Bemerkung über die Sinnlosigkeit des Krieges" erschossen worden. 1995 veröffentlichte

---

[299] Hehl 1998, S. 1205.
[300] Montag 2011, S. 54-55. Vgl. aber die Darstellung in Schumacher 1969/1982, S. 68, der zufolge die früheste Initiative der „Ortsgruppenleiter K." unternommen hat.
[301] Schumacher 1969/1982, S. 51.
[302] Schumacher 1969/1982, S. 74.
[303] Cramer 2008, S. 107; Eintrag zu Dechant Schulte auch in: Hehl 1998, S. 1220.
[304] Grote 2002.

Gertrud Schäfer aus Langeholthausen ihre Version: „Es waren im Dorf verschiedene Einheiten stationiert. Vor der Schmiede war es [...] zu einem Disput gekommen, und dieser Soldat hatte zu einem SS-Mann aus Österreich gesagt: ‚Du kommst daher, wo alle Verbrecher herkommen.' Der Soldat, ein älterer Mann, wurde sofort im Schweinestall festgesetzt und scharf bewacht. [...] Hohe Offiziere kamen angefahren, und bei Habbels in der großen Fremdenstube wurde Gericht gesessen und der Mann zum Tode verurteilt. Weil die Front sich näherte, wartete man nicht die vorgeschriebenen drei Tage bis zur Vollstreckung ab." Anhand von fünf Augenzeugenaussagen und des Eintrages im Sterbebuch der Kirchengemeinde konnte Grote folgenden Hergang rekonstruieren: Im Raum Balve waren Mitglieder der „Organisation Todt", vornehmlich Techniker und Arbeiter für den Bau von Bunkern, Panzersperren, Schützengräben etc., stationiert. Aus diesem Kreis wurde der am Ort eingesetzte Unteroffizier Adams denunziert: Er habe den englischen Feindsender gehört. Auf dieser Grundlage erfolgte zum Entsetzen der Dorfbewohner am 10.4.1945 das standgerichtliche Urteil: „Tod wegen Landesverrat". Peter Jakob Adams, der aus Krefeld stammte, erbat sich Begleitung durch einen katholischen Geistlichen. Er beichtete und kommunizierte beim Dominikanerpater Hubertus Vogt, einem gebürtigen Amecker. Gegen 20.30 Uhr erfolgte daraufhin am 11. April 1945 in einem Buchenwald bei Langenholthausen seine Hinrichtung durch Erschießen. Die letzten Worte des Unteroffiziers, der sehr gefasst zu seiner Todesstätte gegangen sein soll, waren laut Kirchenbucheintrag: *Es lebe meine Frau, es lebe mein schönes Rheinland!"* Der zunächst am Hinrichtungsort begrabene Leichnam des Rheinländers wurde am 8. Mai, dem Tag der Befreiung vom Faschismus, auf dem Friedhof in Langenholthausen kirchlich bestattet und später in die Heimatstadt überführt. Ein Mahnmal auf dem Krefelder Hauptfriedhof, errichtet zum Gedenken an die Opfer der Gewaltherrschaft 1933-1945, trägt auch den Namen des im Sauerland von der Militärjustiz ermordeten Peter Jakob Adams.

6. Unterbrechung: „Lass ihn leben, er ist mein Freund" (1944/1945)

Während der Kriegsjahre hatten viele Menschen das Elend von Zwangsarbeitern, das bis in den Alltag kleiner Dörfer hineinreichte, leicht übersehen oder unbeteiligt zur Kenntnis genommen. Nach Kriegsende und in der ganzen Nachkriegszeit wusste man hingegen äußerst leidenschaftlich von Gewalttaten zu erzählen, die von befreiten Zwangsarbeitern verübt worden waren. Wo entsprechende Erzählmuster sich in der heimatlichen Überlieferung breit machten, verblieben die Menschen zwangsläufig im Kreislauf von Gewalt und ‚Schuldverrechnungen'. Von einer „Unterbrechung" des Kriegsdenkens erzählt der Freienohler *Carl Richard Montag* (Jg. 1929) in seiner Autobiographie „Was bleibt":

„Damals [im Kriegsjahr 1944] wohnte für einige Monate die Familie eines Milchbauern in meinem Elternhaus. Der Familienvater war zum Bau des sogenannten Westwalls dienstverpflichtet worden. Nach der Rückkehr in sein Heimatdorf machte er in einer Kneipe abfällige Bemerkungen über dieses Bauwerk. Er wurde denunziert, wenige Tage später vom Dorfpolizisten abgeholt und in ein Konzentrationslager eingeliefert. Nach einiger Zeit wurde er, angeblich wegen guter Führung, wieder entlassen. Danach geriet die Familie in wirtschaftliche Not und suchte eine vorübergehende Unterkunft. Obwohl wir zu Hause selbst sehr beengt lebten, stellten meine Eltern dieser Familie Räume zur Verfügung. Dieser Familienvater wurde Aufseher in einem Kriegsgefangenenlager. Das war ganz in unserer Nähe an der Eisenbahnstrecke, die vom Ruhrgebiet nach Kassel führt, unweit eines Tunnels errichtet worden. [...] Eines Abends kam also dieser nunmehr als Aufseher tätige Hausgenosse mit der außergewöhnlichen Frage zu mir, ob ich einem russischen Kriegsgefangenen meine Geige leihen könne. Zu welchem Zweck ich das tun sollte, habe ich gar nicht gefragt, sondern ganz spontan ‚Ja, gerne' geantwortet. Am darauffolgenden Abend brachte der Aufseher den Gefangenen mit zu uns nach Hause. Er war ein sehr schlanker, fast hagerer Mann mit einem seelenvollen Blick [...]. Ich hatte also eigentlich keine Beziehung zu diesem Menschen und dennoch empfand ich es so, als sei ein guter, alter Freund von einer langen Reise nach Hause zurückgekehrt. Der Russe nahm meine Geige zur Hand, stimmte sie und spielte einige Sequenzen aus einem Violinenkonzert von Bach. Anschließend spielte er längere Passagen aus dem Violinenkonzert von Felix Mendelssohn Bartholdy. Diese Szenerie hatte etwas Unwirkliches. Mitten im Krieg. Es war, als wäre jemand aus dem Himmel in unser armseliges Haus hinabgestiegen. Ich war ergriffen und fühlte mich irgendwie auch hilflos. Nur zu gerne hätte ich diesem begnadeten Musiker mitgeteilt, welche Empfindungen er bei mir mit seiner Musik auslöste. Aber da ich kein Russisch konnte und er kein Deutsch, blieb ich stumm. So nahm ich meine Geige und drückte sie ihm fest in den Arm. Mit dieser Geste wollte ich ihm zu verstehen geben, dass das Instrument nun ihm gehöre. Er verstand mich, auch ohne Worte. Später erzählte mir der Aufseher, dass der Mann im Lager zeitweise einen Raum nutzen durfte, wo er im Beisein und zum Trost seiner Mitgefangenen spielen konnte. – Mit dem Einzug der Amerikaner wurden auch diese russischen Kriegsgefangenen befreit. Die meisten zogen daraufhin in kleinen Gruppen durchs Land und feierten ihre neu gewonnene Freiheit. Leider verbreiteten viele von ihnen auch Angst und Schrecken unter den Dorfbewohnern. [...] Es war die Zeit in meinem Leben, in der ich als Künstler und später als Wilddieb ‚Karriere' machte. In der Giesmecke versteckten wir damals nicht nur die Jagdwaffen, sondern auch eine Maschinenpistole mit Munition, die mir ein deutscher Soldat kurz vor seiner Gefangennahme geschenkt hatte. Die Jagdgewehre hatten mein Vater und seine Freunde bereits ins Bremecketal verlagert, ‚meine' Maschinenpistole hingegen liegen gelassen. Die wollte ich nun ebenfalls in das neue Versteck bringen. Ich fuhr also mit meinem Fahrrad und dem obligatorischen Rucksack, Feldstaffelei und Palette in die Giesmecke, packte Maschinengewehr und Munition in den Rucksack und radelte gerade die Straße, die durch das Tal führt, entlang, als ich plötzlich eine Gruppe von Kriegsgefangenen wahrnahm, die schnurstracks auf mich zukam. [...] Ich blickte in finstere Gesichter von Männern, die es ohne Zweifel auf mich, mein Fahrrad und meine Habseligkeiten abgesehen hatten. Ein paar der Männer waren gerade im Begriff, mir mein Gefährt zu entreißen, andere wollten schauen, was ich in meinem Rucksack verstaut hatte, als plötzlich jemand aus der Gruppe heraus etwas schrie. Die Worte konnte ich damals nicht verstehen, aber an ihre Bedeutung erinnere ich mich bis heute mit dem Satz: „Lasst ihn leben, er ist mein Freund." Ausgerufen von einem Russen, den ich Monate zuvor in meinem Elternhaus einmal kurz getroffen hatte. Es war mein Geigenspieler. [...] Eine göttliche Fügung oder einfach nur Glück? Die Männer ließen mich jedenfalls dank der Intervention dieses Mannes unbehelligt weiterfahren."[305]

---

[305] Montag 2011, S. 56-59. – Obwohl im März 1945 noch ein endgültiger Stellungsbefehl ins Haus gekommen war, ist C. R. Montag durch beherztes Vorgehen der Eltern vom Kriegsdienst in den Endgefechten verschont geblieben: „Mein Vater entschied sich für ein ungewöhnliches und eigentlich sehr gefährliches Vorgehen. Er beriet sich mit dem hochrangigsten Nationalsozialisten unseres Dorfes, dem Ortsgruppenleiter, einem Landwirt und Schulfreund des Vaters. Trotz der Parteizugehörigkeit hielt mein Vater diesen Mann für vertrauenswürdig und aufgeschlossen genug, ihn in dieser Situation um Rat zu bitten. ,Soll ich Carl Richard gehen lassen oder soll ich ihn verstecken? Ich könnte ihn bei Ferdinand Bräutigam im Wald unterbringen', erklärte er dem offenkundig nicht mehr ganz so überzeugten Nazi. Seine knappe Antwort: ,Tu das!' Die alte Kameradschaft wog in dieser Situation offenkundig mehr als die politische Überzeugung" (Montag 2011, S. 53-54).

Lorenz Jaeger vor seiner Weihe zum Erzbischof von Paderborn als
Militärgeistlicher in Wehrmachtsuniform; auf der Kappe sind obligat Kreuz
Christi und Hakenkreuz angebracht (Repro: Archiv Wolfgang Stüken).

VIII. Nach Niederwerfung des deutschen Faschismus: „Dem Frieden in der Welt dienen"?

Nach Kriegsende setzte über Nacht das große Vergessen ein. Bis heute suchen Aufklärer in ungezählten Fällen vergeblich nach einem Pfad, der aus dem „Labyrinth des Schweigens"[306] heraus-führt. Wer sich aus allzu berechtigter Angst trotz innerer Ableh-nung still verhalten hatte und sich dennoch des Widerspruchs schmerzlich *bewusst* geblieben war, konnte noch am ehesten of-fen über das Vergangene sprechen. Doch wer wollte sich schon gerne an eigenes Mittun und bereitwilliges Mitläufertum erin-nern? Ungerechtigkeiten einer sogenannten ‚Entnazifizier-ung'[307], bei der manche fanatische Parteigrößen am Ende besser da standen als viele untergeordnete Funktionsträger, erschwer-ten die Aufarbeitung.

Die meisten Nazis in den Ortsschaften des kölnischen Sauer-landes gehörten nun der römisch-katholischen Konfession an. Vielleicht ist folgender Eintrag aus einem ‚Entnazifizierungs'-Beschluss (Altkreis Arnsberg) durchaus typisch für die spätere Wahrnehmung: „N. N. war nur nominelles Mitglied der NSDAP. Er ist seiner christlichen Weltanschauung stets treu geblieben [...]. Hierdurch entstanden ihm als Beamter manche Unannehm-lichkeiten."[308] Unter dem Vorzeichen eines fragwürdigen Ge-meinschaftsgedankens war das katholische Milieu nach 1945 gar nicht so selten bereit, einen ausgesprochenen „(Ex-)Nazi" oder Denunzianten ohne Rückfragen und mit offenen Armen zu-

---

[306] Nachempfunden in der Kinoproduktion: *„Im Labyrinth des Schweigens"* (Deutschland 2014); Regie: Giulio Ricciarelli; Drehbuch: Elisabeth Bartel, Giulio Ricciarelli.
[307] Vgl. Blömeke 1992, S. 114-117; Senger/Bruns 1988, S. 371.
[308] Senger 1995, S. 316.

rück in den Kreis zu holen.[309] Dies war im Einzelfall aber nur möglich, weil man nicht allzu gründlich dem Geschick der nahen Verfolgten und Blutzeugen nachging, die ja in nicht wenigen Fällen von Leuten aus der eigenen Gemeinde denunziert worden waren. Mit wirklicher Versöhnung, die ein Eingeständnis von Schuld und Versagen erleichtert, darf die *ohne ein Mandat der Opfer* des deutschen Faschismus in Gang gesetzte „Weißwaschmaschine" des katholischen Milieus nicht verwechselt werden. Ein Kommunalpolitiker aus dem Kreis Olpe hat Ende der 1980er Jahre berichtet: „Ich war nach dem Krieg in unserer Stadt lange Jahre Bürgermeister. Ich habe viele ehemalige Nazis gekannt. Aber ich habe noch nicht von einem gehört, dass er bedauert hat, mitgemacht zu haben, oder dass er wenigstens zugegeben hat, sich geirrt zu haben."[310]

1. Exkurs: „Vergangenheitsbewältigung" im Bistum Paderborn

Mindestens elf Seelsorger aus der Diözese Paderborn wurden erst bei Kriegsende aus ihrer KZ-Haft – bis auf eine Ausnahme in Dachau – befreit.[311] Einer von ihnen (Heinrich Rupieper) führte die Asche eines Mitbruders, des oben genannten Friedrich Karl Petersen, bei der Heimkehr im Gepäck.[312] In seinem *„Hirtenwort an die Geistlichkeit"* vom 6. Mai 1945 (!) ermahnte Erzbischof

---

[309] Vgl. z.B. für Lennestadt-Elspe: Bürger 2010, S. 309. Prominentes Beispiel ist außerdem der Olper NSDAP-Landrat Evers. – Unter Mitwirkung ausgerechnet von Theodor Pröpper erfolgte eine stillschweigende Rehabilitation der ehedem rechtskatholischen, dann strikt völkischen NS-Propagandistin und Antisemitin Maria Kahle (vgl. daunlots nr. 71*, S. 25-27). Dies bewegte den Linkskatholiken Josef Rüther, sich ein zweites Mal (wie 1928) aus der Heimatbund-Arbeit zurückzuziehen (Blömeke 1992, S. 145-146).
[310] Tigges 1992, S. 145. Vgl. ebd., S. 21 (verschlüsselte Ausführungen) zum „Vergessen ab 1945.
[311] Vgl. Baumjohann 1972; Wagener 1993, S. 234 nennt für die Erzdiözese Paderborn die Zahl von insgesamt 22 ‚KZ-Priestern' sowie von sieben Seelsorgern (zwei Ordensmitglieder) dieser Gruppe, die die mörderische Lagertortur nicht überlebt haben; darüber hinaus 143 Priester, die über kurze oder längere Zeit im Gefängnis saßen. Gründlicher zu untersuchen sind aus meiner Sicht diejenigen mit Freiheitsstrafen belegten Priester, die während oder bald nach ihrer Gefängnishaft gestorben sind (s.o.).
[312] Wagener 1993, S. 144.

Lorenz Jaeger vorbeugend jene Priester, die Verfolgung erlitten hatten, zur Zurückhaltung. Es sei „schärfstens zu verurteilen, wenn irgend jemand [sic!] aus der Tatsache, daß er um des Kreuzes Christi willen Schmach und Verfolgung hat erleiden dürfen, daraus für seine Person und sein irdisches Fortkommen Vorteile zu erwerben trachtet. Am Kreuze Christi teilzunehmen, bedeutet für uns [sic!] höchste Auszeichnung und Ehre. Wir würden allen Segens des Kreuzes verlustig gehen, wenn wir irdischen Gewinn oder menschliche Anerkennung daraus ziehen würden."[313] Man muss sich also nicht wundern, dass manche Opfer nun verstummten. In der Leitung des Bistums kam man jedenfalls nicht auf die Idee, das Zeugnis der Märtyrer und überlebenden Verfolgten könne für einen Neuanfang in der Kirche von höchster Bedeutung sein.[314]

Der Paderborner Erzbischof hatte noch vor Amtsantritt unter Hinweis u.a. auf seine Erfahrungen als Wehrmachtsgeistlicher besonders pathetisch seine Staatstreue versichert und hernach für den Vernichtungskrieg im Osten gepredigt. Für eigene Verblendung und eigenes Versagen findet er zeitlebens kein Wort des öffentlichen Eingeständnisses.[315] Mehr als irritierend fallen die ‚Geschichtsdeutungen' aus, die er direkt nach Kriegsende vorträgt.[316] Im Fastenhirtenbrief vom 2.2.1946 erklärt L. Jaeger

---

[313] Text in der unzuverlässigen, weil manipulierten Edition: Jaeger 1956b, S. 275-280, Zitat S. 277-278 (das Hirtenwort wird ausgerechnet dargeboten unter der Kapitelüberschrift „Vater des Klerus"). – Zum ‚KZ-Priester' Otto Kemper, der sich nach Auskunft eines nahen Bekannten im Bistum Paderborn nicht gut aufgehoben fühlte, vgl. Bürger 2015c*, S. 14. – Um 1970 äußerte sich L. Jaeger in einem Fernsehinterview wie folgt zum später kritisierten Verhalten der Kirchenleitung im 3. Reich: „Der Erfolg war ja jedes mal, bei jeder Aktion der Bischöfe, bei jedem Hirtenwort, was gegen die Regierung [sic!] kam, mussten so und so viele Priester das Leben lassen" (erneut ausgestrahlt: WDR 2015).

[314] Die Gedächtnisverweigerung und ein beschämender Umgang mit den Verfolgten nach Kriegsende werden in der neueren Forschungsliteratur allgemein als Phänomene der Kirchengeschichte ab 1945 beschrieben. Hier sei jedoch nur eine leicht im Internet zugängliche Darstellung vermerkt: Liebmann 2005*.

[315] Sehr zu beachten ist auch der Hinweis in Stüken 1993, S. 212 (dort Anmerkung 974), dass L. Jaeger bezüglich des ihm erteilten Auftrags des westdeutschen Koveniats vom Juni 1944, „ein moraltheologisches Hirtenwort zur Kriegsführung vorzubereiten", allzu schnell kapituliert hat.

[316] Vgl. nur die von L. Jaeger verfasste „Denkschrift der westdeutschen Bischöfe vom 23.7.1945 an Feldmarschall F. L. Montgomery" in: Gruß

137

den Weltkrieg wörtlich zu *„unvergeßlichen Exerzitien, die unser Herr und Gott selber uns hielt"*[317]. 1947 hat sich Lorenz Jaeger laut Mitschrift zu folgender Prophezeiung verstiegen: „Wenn die Namen Belsen, Auschwitz und Dachau längst vergessen sind, wird im deutschen Volke der Name Staumühle [britisches Internierungslager besonders für nationalsozialistische Täter] fortleben." 1956 vergleicht Erzbischof L. Jaeger anlässlich der Verleihung des Ehrenbürgerrechts seinen Verbleib in der Bischofsstadt nach Einrücken der Alliierten rückblickend mit dem mutigen Verhalten des altkirchlichen *Märtyrerbischofs* Cyprian von Karthago († 258). [318] Diesen Vorgang darf man wohl peinlich nennen.

1995, S. 432-439. – Extrem reaktionär nehmen sich allerdings auch einige politische Nachkriegsvoten des engagierten Ökumenikers und Paderborner Dompropstes Paul Simon aus: vgl. Riesenberger 1992.

[317] Stüken 1999, S. 169.

[318] Jaeger 1956a (Wortlaut der Rede zur Verleihung der Ehrenbürgerschaft): „Wenn der erste Paderborner Stadtkommandant in der Besatzungszeit [1945] den Versuch machte, mit Befehlen und mit Versprechungen den Paderborner Bischof zu veranlassen, wegzuziehen auf eines der beiden Schlösser, die er anbot, dann war er schlecht beraten. Dann wußte er nicht, daß ein Bischof nicht von der Kirche zu trennen ist, der er vermählt ist – und wenn er auf Trümmern residieren müßte. Ich hätte in der Stunde ihm am liebsten den Abschiedsbrief des großen Bischofs Cyprian von Karthago in die Hand gegeben, damit er nachlesen könne, wie dieser Bischof, der in seiner Staatstreue und seiner Loyalität gegenüber dem Gesetz sprichwörtlich war in Nordafrika, trotzdem den Befehl des Prokonsuls, zum Gericht sich zu stellen, das ihn zum Tode verurteilen sollte, nicht folgte: denn der Prokonsul hielt sich in einer fremden Stadt auf. – Der Bischof wußte: jetzt gilt es meinen Kopf. Er blieb im Versteck, bis der Prokonsul nach Karthago kam. Dort stellte er sich am ersten Tag. Denn der Bischof stirbt inmitten seiner Gemeinde, der Bischof kann auch im Tode nicht getrennt werden von denen, die der Herrgott ihm anvertraut hat. – Und darin liegt auch der letzte Grund, warum der Paderborner Bischof [d.h.: *ich*] von der Stadt nicht zu trennen ist, warum die Sorgen und die Freuden der Stadt seine Sorgen und seine Freuden sind." – Zur angeblich unverbrüchlichen Staatstreue des nordafrikanischen Bischofs sei hier eine Sentenz des hl. Cyprian zum Thema Krieg angefügt, die L. Jaeger vermutlich nie zitiert hat: „Es trieft der ganze Erdkreis von gegenseitigem Blutvergießen; und begeht der einzelne einen Mord, so ist es ein Verbrechen; Tapferkeit aber nennt man es, wenn das Morden im Namen des Staates geschieht. Nicht Unschuld ist der Grund, der dem Frevel Straflosigkeit sichert, sondern die Größe der Grausamkeit."

Nicht wohlwollend, ja ablehnend positionierte sich Erzbischof Lorenz Jaeger 1946 zu einer Schulleiter-Ernennung des katholischen Pazifisten und NS-Verfolgten Josef Rüther, die der Rat von Brilon auch zur Rehabilitation bzw. „Wiedergutmachung" einstimmig gewünscht hatte.[319] Im gleichen Jahr wirkten übrigens frühe ‚NS-Brückenbauer‘ wie die Theologieprofessoren *Michael Schmaus* und *Joseph Lortz* schon wieder bei einer Bistumsveranstaltung unter seiner Schirmherrschaft mit.[320] Nach dem Krieg trat in Paderborn federführend auch der vormalige Dompfarrer und renommierte Theologieprofessor *Josef Höfer* (1896-1976) in Erscheinung, von dem wir heute u.a. wissen, dass er in seiner römischen Zeit aufgrund einer politisch rechten Gesinnung ausgesprochen gute Kontakte zu Auslandsvertretern der NSDAP gepflegt hat.[321] Der Kirchenrechtler *Joseph Wenner* (1890-1966), einer der drei besonders belasteten Professoren der Paderborner Theologischen Fakultät, wurde 1948 Offizial des Bistums.

Bezogen auf andere priesterliche NS-Kollaborateure wie den Gestapo-Spitzel und Eugenik-Ideologen Prof. *Joseph Mayer* oder sogar den NSDAP-Fanatiker *Lorenz Pieper* fällt der milde Ton in einem Briefzeugnis Jaegers auf.[322] Zu den katholischen Priest-

---

[319] Blömeke 1992, S. 130-134; Stüken 1999, S. 41 und 183.

[320] Stüken 1999, S. 170. – Zu M. Schmaus als Prüfer des Schrifttums der Kirchlichen Kriegshilfe ab dem 20.9.1939: Brandt/Häger 2002, S. 715-716.

[321] Flammer 2012, S. 322-323 und 336-338.

[322] Vgl. Benjamin Dahlke in: Schlochtern 2014, S. 313-332, hier S. 329-330. Am 3.9.1966 schreibt Lorenz Jaeger rückblickend an Joseph Mayer: „Ich möchte vergangene Zeiten nicht wiederaufleben lassen. Ich darf Ihnen aber folgendes aufrichtigen Herzens sagen: ich habe es [1945] gut mit Ihnen gemeint, denn Sie wären damals verhaftet und in ein Lager eingewiesen worden. Deshalb mußte ich Sie möglichst bald aus dem Gesichts- und Einflußbereich gewisser Stellen bringen, die im Besitz von Dokumenten und Aussagen waren, die sich hätten ungut auswirken können. Bei Herrn Anstaltspfarrer Dr. Lorenz Pieper, Warstein, ist mir das nicht mehr gelungen. Sie werden gehört haben, wieviel Mühe ich gehabt habe, ihn aus der Haft der englischen Militärpolizei wieder auszulösen" (Zitat ebd., S. 330). – Bezeichnend ist, dass ein kirchentreuer Autor wie Paul Tigges gar folgendes Gerücht wiedergibt: „Und um das Rätselhafte an diesem Mann [NSDAP-Mitglied Dr. L. Pieper] noch zu steigern, wird erzählt, Pieper sei ein Freund von Dr. Lorenz Jäger [sic] gewesen, der 1941 Erzbischof von Paderborn wurde" (Tigges 1992, S. 55). Vgl. zur ‚Stimmungslage unten‘ auch folgende Aussage des Siegener ND-Gauführers Gerhard Bottländer (1913-1997), der nach Jaegers Bischofsweihe Dezember 1941 in Gestapo-

ern, denen aufgrund ihrer Nähe zum Nationalsozialismus eine sogenannte „rassische Blutsgemeinschaft" wichtig, ja sogar wichtiger gewesen war als die kirchlichen Glaubenssätze von der einen Menschheit auf der Erde und dem besonderen Einigungsband der Taufe, gehörte der Duderstädter Religionslehrer *Richard Kleine* (1891-1974).[323] Der Hildesheimer Ortsbischof Joseph Godehard Machens trug nach Kriegsende Bedenken, durch diesen Häretiker Glaubensunterricht erteilen zu lassen. Doch von Lorenz Jaeger kamen im Rahmen des ‚Entnazifizierungs'-Verfahrens ein Votum zugunsten des ihm persönlich bekannten Richard Kleine und sogar das Angebot, diesem für den Fall einer neuen Schulanstellung in seinem Paderborner Bistumsgebiet die „missio canonica" zu erteilen.[324]

Auf einen Brief des ehedem extrem regimetreuen Militärseelsorgers und Oberhundemer Pfarrers *Karl Rempe* (1890-1970) setzt der Bischof von Paderborn unter Verweis auf eine mündliche Information am 27.9.1948 folgenden handschriftlichen Vermerk für den Generalvikar: „Der Dechant bittet, beschleunigt das Entnazifizierungsverfahren gegen Pfr. Rempe zu Ende zu bringen, damit er dann eine neue Stelle antreten kann, ohne erneut Denunziationen befürchten zu müssen. Lorenz."[325] Am 7. Juli 1950 meint auch der Paderborner Generalvikar Friedrich Rintelen in einem Schreiben an den Hildesheimer Dompfarrer ausdrücklich, „daß wir als Geistliche den ehemaligen Nationalsozialisten keine Schwierigkeiten bereiten sollen"[326].

Erschreckend sind die Belege für eine Verbindung der Paderborner Bischofszentrale zu einem im Dienste des Nationalsozialismus agierenden Militärseelsorger: Ein Wehrmachtsdekan, der *„als bewußter Vertreter nationalsozialistischer Ideen"* selbst in

---

Haft saß: „Zwei Tage vor Weihnachten wurden wir alle entlassen [...]. Der Erzbischof hatte sich wohl eingeschaltet, er hatte ja gute Beziehungen zu den Nazis, sonst wäre er nicht Bischof geworden" (Tigges/Föster 2003, S. 303).

[323] Scherzberg 2012. –Der inzwischen selig gesprochene NS-Gegner und Blutzeuge Alois Andritzki (1914-1943), ein ehemaliger Paderborner Theologiestudent, bezeugte dagegen als junger KZ-Priester am 10. Januar 1942 nachdrücklich: „Das Band der Liebe Gottes hält uns alle umschlungen mehr als Blutbanden."

[324] Spicer 2008, S. 212-214.

[325] Zitiert nach: Rüsche 2014, S. 268.

[326] Stüken 1999, S. 170 und 214.

den Augen der sehr nationalistischen Doppelspitze der Wehrmachtsseelsorge die ‚rote Linie' – weiter als jeder andere deutsche Militärseelsorger – überschritten hatte, wurde „nach dem
Krieg Pfarrer und Dechant [ausgerechnet] im Bistum Paderborn"[327]. Eine Gesamtdurchsicht des Biographischen Lexikons
der Katholischen Militärseelsorge für die Diözese Paderborn
führt zum Eintrag über Korpsdekan *Joseph Bernhard Heinrich
Thomann* (1894-1962), auf den diese 1978 noch ohne Namensnennung mitgeteilten Sachverhalte zutreffen.[328] Vollends eindeutig wird die Identifizierung – bei Abgleich der „Werdegang"-
Daten und Archivangaben – durch Ausführungen in einer jüngst
erschienenen Dissertation von Martin Röw über die katholische
Militärseelsorge, in welcher Korpsdekan Thomann jedoch im
Zuge durchgehender Namensverschlüsselung nun „Thelmann"
heißt.[329] Die genannten Quellen, besonders die zuletzt genannte
Arbeit, ergeben das Bild eines rassistischen Priesters, der vom
römisch-katholischen Bekenntnis sehr weitgehend zum Wahn-
gebilde der Hitlerischen Weltanschauung wechselt und durch
heimliche Schulungen die ihm als Dekan unterstellten Seelsorger nationalsozialistisch zu formen versucht. Nach Entlassung
aus der Kriegsgefangenschaft kann der sein eigenes Fortkommen in den Mittelpunkt stellende J. B. H. Thomann offenbar in
seinem Stammbistum Osnabrück nicht mehr unterkommen und
wirkt ab April 1948 zunächst als Kooperator nahe Brakel. Seine
Vermittlung hinein in die Priesterschaft der Diözese Paderborn
(Inkardination am 1.12.1948) geht zurück auf den ehemaligen
Heeresgruppenpfarrer *Lorenz* Henneke (1897-1974)[330] aus Brakel, der wohl kaum unwissend ist bezogen auf die ‚weltanschauliche Karriere' seines im Kreis der Kriegspfarrer berüchtigten
Schützlings. (Lorenz Henneke wird 1952 von Bischof Lorenz
Jaeger, der selbst ja auch ehemaliger Wehrmachtsseelsorger ist,
zum Domkapitular und Leiter des Priesterreferats ernannt. Im
April 1953 tritt dann J.B.H. Thomann als Dechant des Dekanates
Waldeck in Erscheinung.)

---

[327] Missalla 1978, S. 70 und S. 98 (dort Anmerkung 14).
[328] Brandt/Häger 2002, S. 834.
[329] Röw 2014, S. 303-306 (vgl. auch den Beitrag von Martin Röw in: Bürger
2015d*, S. 85-107).
[330] Brandt/Häger 2002, S. 314 und 834. – Zu Lorenz Henneke (1958: Päpst-
licher Hausprälat, 1959: Offizialatsrat) auch ein vage gehaltener Eintrag in:
Hehl 1998, S. 1170.

Ein weiterer hochrangiger Militärseelsorger, Heeresgruppen-pfarrer und Korpsdekan *Joseph Heinrich* Henneke (1893-1969) aus Wanne, ist nach seiner Entlassung aus dem Heeresdienst bei Kriegsende zunächst ohne Anstellung. Er wird jedoch von Erzbischof Lorenz Jaeger am 13. November 1945 zum Pfarrer von Erwitte und zwei Tage später zum Ehrendomherr in Paderborn ernannt. Johannes Gronowski (CDU), Vorsitzender des Entnazifizierungs-Ausschusses für katholische Geistliche der Erzdiözese Paderborn, schreibt diesem Priester am 2. Juli 1948: „In der letzten Sitzung des Entnazifizierungs-Ausschusses konnte Ihr politisches Entlastungszeugnis nicht genehmigt werden, weil gegen Sie ernste Bedenken erhoben wurden. Es wurde angegeben, daß Sie als katholischer Geistlicher auffallende Neigung zum Militarismus und bedenkliche Sympathie für Hitler und seine Politik bekundet hätten. In Ihren Predigten soll es nicht gemangelt haben an zustimmenden Hinweisen auf den ‚herrlichen' Führer und seine ‚staatsmännische Weisheit'. Es wird Ihnen sogar zur Last gelegt, daß Sie Einspruch gegen die Ernennung des Herrn Pfarrer Hesse [1939] an der St. Georgskirche in Paderborn erhoben hätten, weil Pfarrer Hesse Pazifist sei. – Auffallend ist auch, daß Sie Ihre Briefe nicht nur mit Ihrem Namen, sondern auch mit Ihrer militärischen Rangbezeichnung ‚Dekan' unterschreiben."[331] In seiner Antwort vom 30. Juli 1948 betont Joseph Henneke: „daß ich keiner Entlastung bedarf, weil ich durch keinen einzigen Tatbestand belastet bin".[332] Ein beigelegtes Zeugnis des Arnsberger Prälaten Propst Dr. [Theodor] Legge[333]

---

[331] Eingesehen aus dem Archiv von Wolfgang Stüken, Paderborn: Texterfassung der Durchschrift eines Schreibens des Vorsitzenden des Entnazifizierungs-Ausschusses für katholische Geistliche der Erzdiözese Paderborn, Johannes Gronowski, Driburg, Alleestraße 13, vom 2.7.1948 an Pfarrer Joseph Henneke in Erwitte (Archiv des Erzbistums Paderborn [AEPB]: Bestand XXII [NSDAP], Akte Nr. 15).

[332] Eingesehen aus dem Archiv von Wolfgang Stüken, Paderborn: Texterfassung des *Schreibens von Joseph Henneke an den Ausschussvorsitzenden Johannes Gronowski vom 30. Juli 1948* (Archiv des Erzbistums Paderborn [AEPB]). – Verneint wird von Henneke auch eine Mitgliedschaft in NSDAP-Gliederungen, die Gronowski ihm allerdings auch gar nicht vorgeworfen hatte.

[333] Eintrag zu dem aus Brakel stammenden Dr. Theodor Legge (1889-1969) in Hehl 1998, S. 1189: „Generalsekretär des Akad. Bonifatiusvereins. 1935 wegen Devisenvergehens ein Verfahren vor dem Landgericht. Verurteilung zu fünf Jahren Haft und Ehrverlust sowie zu 70.000 RM Geldstrafe.

entkräfte die Vorwürfe (‚Militarismus und Hitlerismus', politischer Missbrauch der Predigt). Das Erzbischöfliche Generalvikariat bescheinige zudem amtlich, dass er nie gegen die Ernennung des [‚pazifistischen'] Pfarrers Hesse[334] protestiert habe. Die Führung der Amtsbezeichnung „Dekan" erfolge mit Genehmigung des Erzbischofs „zum Zweck der Aufrechterhaltung der Ansprüche auf Ruhegehalt aus 30 Dienstjahren". Zum Grundsätzlichen ergeht die Erklärung Hennekes: „Über den Nationalsozialismus habe ich weder eine frühere noch eine heutige Auffassung gehabt, sondern stets nur eine Auffassung. Diese besteht darin, daß ich den Nationalsozialismus nach wie vor für die gefährlichste religiöse Irrlehre gegen die menschliche Seele und damit gegen das christliche Menschheitsbild überhaupt halte. Politisch hat mich der Nationalsozialismus nie interessiert." Bezeichnend ist hier die Zuspitzung auf eine ‚*religiöse* Dimension' des Nationalsozialismus, dessen ‚*politische* Seite' den ehemaligen Wehrmachtsdekan laut Selbstaussage „nie interessiert" hat. – Das weitere ‚Entnazifizierungs-Verfahren' ist dann offenkundig zugunsten von „Dekan" J. H. Henneke verlaufen. Am 20. Mai 1952 verfasst Erzbischof Lorenz Jaeger eine „Stellungnahme zur Denkschrift von Feldgeneralvikar a.D. Georg Werthmann im

---

Vorzeitige Haftentlassung." Im ersten Weltkrieg war er Divisionspfarrer (Brandt/Häger 2002, S. 472). Als ZdK-Generalsekretär bestimmte Theodor Legge den Rechtskatholiken Emil Ritter 1935 mit der Leitung einer AG zu politischen Fragen, welche sich dann recht günstig zur DNVP-Mitgliedschaft von Katholiken positionierte (Hübner 2014, S. 754 [dort Anmerkung 453]). Vgl. zu seinem Bruder, dem Meißener Bischof Dr. Petrus Legge: Brandt/Häger 2002, S. 471-472 (Standortpfarrer i. N. im 1. Weltkrieg); bes. Hübner 2014, S. 380 und 500 (Petrus Legge war dieser Dissertation zufolge zur Zeit der Weimarer Republik dem rechtsradikalen, DNVP-nahen ‚Stahlhelm' „*nicht feindlich gesonnen*").
[334] Vgl. zu Heinrich Hesse (1892-1951), der von 1916 bis 1922 Vikar im sauerländischen Ramsbeck gewesen ist: Reineke 1987, S. 43-44; Hehl 1998, S. 1171 („Verhöre durch die Gestapo wegen Jugendseelsorge. Hausdurchsuchung und Beschlagnahme der ‚Katechismuswahrheiten'"); Stüken 1999, S. 62 und 188-189. Hesse war im Jahr der ‚Machtergreifung' geistlicher Leiter der dem Friedensbund deutscher Katholiken nahestehenden Kreuzfahrer-Jungenschaft. Im Juni-Heft der Bundeszeitschrift schrieb er 1933 im Namen der Bundesleitung: „*.... gemäß unserer Auffassung von Ehrlichkeit dürfen wir auch nicht unsern Bund sich in sein Gegenteil verkehren lassen. Wir sehen darum keine Möglichkeit, weiter zu bestehen.*" – Hesses weiterer Weg: Pfarrvikar (1937) und dann Pfarrer (ab 1939) von St. Georg Paderborn, 1950 Domkapitular, 1951 Dezernent für Männerseelsorge.

Zusammenhang der Wiedereinführung der Katholischen Militärseelsorge an den Bischof von Münster Michael Keller", die eine
„Empfehlung zur Konsultation des Militärdekans a.D. Joseph
Henneke in Erwitte" enthält.[335]
Die hier relativ knapp referierten Hinweise geben Anlass, das
Netz ehemaliger Persönlichkeiten aus der Militärseelsorge – als
einer „Schnittmenge" von zwei Männerbünden – gründlicher zu
beleuchten. Nicht einzusehen ist in diesem Zusammenhang, dass
hochrangige Wehrmachtsseelsorger – als Personen des öffentlichen Lebens – in der kritischen historischen Forschung noch immer nicht mit Klartextnamen genannt werden (sollen). Vertrau-
enserweckend ist eine entsprechende Maßgabe an Wissen-
schaftler, die kirchliche Archive nutzen wollen, jedenfalls nicht.

Mit meinen Ausführungen zum Erzbistum Paderborn möchte
ich nicht zuletzt auch Sensibilität für die Notwendigkeit wecken,
bei historischen Forschungen zu Theologen und leitenden Geistlichen der ersten Hälfte des 20. Jahrhunderts stets auch einen
möglichen militärseelsorglichen Hintergrund mit zu recherchieren. Die Prägung von Priestern durch eine vereidete Tätigkeit im
System von Deutschem Heer, Reichswehr und Wehrmacht –
sowie entsprechende männerbündische Sozialisationserfah-
rungen – hatte Auswirkungen auf das kirchliche Leben insgesamt. Das Beispiel Lorenz Jaegers ist kein Einzelfall.
Schließen möchte ich diesen Abschnitt mit einem Hinweis
auf subjektive Wahrnehmungen eines älteren Theologen, der
von Erzbischof Lorenz Jaeger zum Priester geweiht worden ist
und mit ihm in Paderborn auch enger zusammengearbeitet hat.
Dieser Theologe schrieb mir im Juli 2015: Ich „hatte mich mit
seinem [Lorenz Jaegers] moraltheologischen Ideologen [Gustav]
Ermecke im ganzen Studium auseinander zu setzen: Todesstrafe, Wiederbewaffnung, Atomkriegsoption – die geistige Welt
Jägers [sic], Wenners (Kirchenrechtler) u. a. ging ungebrochen
weiter. Diese Leute waren christliche Bellizisten mit soldati-

---

[335] Brandt/Häger 2002, S. 360. – Vgl. auch Brandt/Hengst 2014, S. 113: „Zu
Feldbischof Franz Justus Rarkowski und Feldgeneralvikar Georg Werth-
mann stand Jaeger übrigens in einem distanzierten Verhältnis." (Dies
könnte man auch als Hintergrundinformation zur Inkardination des von
Werthmann nicht geschätzten rechtsradikalen Korpsdekan a.D. J. B. H.
Thomann in Jaegers Diözese lesen.)

schen Idealsetzungen [...] Deutschnationale ohne Skrupel an den Massenschlachten schon des Ersten Weltkrieges – das ist es, was ich nie habe verstehen mögen und können. Ich bin froh, es hinter mir zu haben ...".

2. Radau von rechts gegen ein Friedenszeichen katholischer Männer (1947)

Ein Lehrstück sondergleichen über ‚Erinnerungskultur' und ‚Geschichtspolitik' im Sauerland erschließt die Historie des „Mescheder Sühnekreuzes". Eine sehr umfangreiche Darstellung[336] hierzu kann im Internet abgerufen werden. Im Hintergrund stehen grausame Kriegsverbrechen der Endphase: Im Großraum Meschede / Warstein war im Frühjahr 1945 ein Stab der aus Wehrmachtsangehörigen und SS bestehenden „Division zur Vergeltung" stationiert. Die mit dem Einsatz der legendären V1/V2-Raketen betraute Division unterstand dem SS-General Hans Kammler. Dieser und seine engsten Mitarbeiter dachten in den herrschenden Kategorien des „Rassenkrieges" und trachteten danach, die durchziehenden „fremdrassigen" Zwangsarbeiter „präventiv zu dezimieren". So kam es zwischen dem 20. und 22./23. März 1945 zu drei Massakern an 208 unschuldigen, willkürlich ausgewählten Menschen aus Durchgangslagern in der Warsteiner Schützenhalle und einer Suttroper Schule. Im Warsteiner Langenbachtal und bei Suttrop ermordeten die deutschen Soldaten insgesamt 77 Frauen, 49 Männer und zwei Kinder, darunter einen neun Monate alten Säugling. Dem jüngsten Opfer war „auf freiwilliger Basis" der Kopf an einem Baum zerschmettert worden. Außerdem erfolgte auf einer Wiese bei Meschede-Eversberg der Massenmord an 80 überwiegend sowjetischen Zwangsarbeitern (diesmal „zum Ausgleich" nur Männer).

Die Massengräber in Warstein und Suttrop wurden zeitnah entdeckt und am 3./4. Mai 1945 ausgegraben. Die US-Army legte aus gutem Grund Wert darauf, dass örtliche NSDAP-Mitglieder sich an der Exhumierung beteiligten und die gesamte Bevölkerung die Opfer zu Gesicht bekam. Doch auf die am dritten Tatort – unter einer Kuhweide zwischen Eversberg und Meschede –

---

[336] daunlots nr. 76*.

eingegrabenen Mordopfer stieß die dortige britische Besatz-
ungsmacht erst nach einem anonymen Hinweis im März 1947,
also zwei Jahre später. Ein katholischer Männerkreis zeigte sich
so erschüttert, dass er unter Mitwirkung von Geistlichen beider
Konfessionen am 4. Mai 1947 ein vier Meter hohes Eichenkreuz
zur „Sühne" für den Mord an den 80 sowjetischen und polnischen Zwangsarbeitern errichtete. Ein sich anschließender öf-
fentlicher Aufklärungsabend im Benediktinerkloster am Ort
wurde von rechten Kräften zu einer regelrechten Radau-Veran-
staltung umfunktioniert. Der Publizist Georg D. Heidingsfelder
notierte danach in einem frühen Bericht u.a.: „Militaristen ließen
hören, dass ‚an Stelle der achtzig besser achtzigtausend Russen
umgebracht worden wären'." Das Gedenkkreuz war zu diesem
Zeitpunkt schon längst durch Äxte und Feuer traktiert worden.
Es musste aufgrund großer Feindseligkeit in der katholischen
Kleinstadt nur kurz nach seiner kirchlichen Weihe für lange Zeit
in ein geheimes Erdgrab versenkt werden. Der katholische Männerkreis erhoffte sich Rückendeckung von der Bistumsleitung
und erhielt im Folgejahr ein Schreiben von Generalvikar Dr.
Friedrich Maria Rintelen. Der Wortlaut dieses Briefes vom
14.12.1948 zeigt, wie der Generalvikar nahezu jedes Argument
der Gegenseite aufgreift, ohne sich davon zu distanzieren, und
außerdem so etwas wie „Entschuldigungen" (nicht Billigungen)
der Kreuzschänder zusammenstellt. Der Kirchenmann wünscht
sich Ruhe. Das geschändete Kreuz soll in seinem Erdgrab verbleiben: „Die ganze bedauerliche Entwicklung, die sich an die
Errichtung des Sühnekreuzes geknüpft hat, scheint es uns rat-
sam sein zu lassen, die Angelegenheit vorläufig auf sich beruhen
zu lassen."

Es ist nahezu unmöglich, das ganze Ausmaß der nachfolgenden Verdrängung in Meschede und ganz Westfalen wirklich zu
begreifen und zumindest ansatzweise den Kindeskindern von
„Verschweigern" zu vermitteln. Die westfälischen „Stammeside-
ologen", darunter prominente katholische NS-Kollaborateure,
sahen keinen Anlass zur Umkehr. Man bedenke nur, dass noch
im Jahr *1967* in Westfalen ein stattlicher, mit Steuermitteln ge-
förderter Band[337] in der Tradition von Forschungen des berüchtigten „Rassentheoretikers" Egon Freiherr von Eickstedt (1892-
1965) erscheinen konnte! Darin wurden wie zwischen 1933 und

---

[337] Schwidetzky/Walter 1967.

1945 – auf fotografischen Schautafeln und nach *Kreisgebieten* aufgegliedert – ,unterschiedliche Menschentypen' präsentiert. Der Sauerländer Paul Tigges zitiert für die späten 1980er Jahre erschreckende Rückmeldungen auf ein historisches Aufklärungsprojekt, darunter die folgende zu den Gegnern Adolf Hitlers: „Es ist sicher unbekannt, daß der sogenannte Widerstand einen großen Teil Drückeberger, Meinungsmacher, Unverbesserlicher, Hochverräter und z.T. Landesverräter umfaßte, die in allen Staaten der Welt mit dem Tod bestraft werden. Die anderen taten ihre Pflicht gegen den Bolschewismus. Dies zur Ergänzung und Klarstellung Ihrer Ausstellung."[338]

3. Heimatbewegtes Votum wider den Militarismus

Ein denkwürdiges Dokument aus der Nachkriegszeit ist die 1949 veröffentlichte Hoffmeister-Biographie aus der Schreibwerkstatt des Balver Kirchenmusikers *Theodor Pröpper*[339] (1896-1979). Mit viel Pathos – und bisweilen die Grenze zum ,Frömmigkeits-Kitsch' hin überschreitend – zeichnet der Verfasser ein verklärtes Lebensbild des geistlichen Heimatbund-Gründers. Die unglückliche Rolle Franz Hoffmeisters beim Rechtsschwenk des Sauerländer Heimatbundes in den späten 1920er Jahren wird nur in einer abgedruckten Einsendung Josef Rüthers angedeutet.[340] Pröpper selbst bescheinigt allerdings dem pazifistischen Linkskatholiken Rüther, der *„philosophische Kopf des Sauerländer Heimatbundes"* gewesen zu sein und in der Weimarer Republik weitsichtig auf jene Entwicklungen hingewiesen zu haben, die „heute auf den verkohlten Trümmern des Dritten Reiches zu den aktuellen Fragen des Tages gehören"[341]. Anders als in der heimatpatriotischen Meistererzählung von einer insgesamt widerständigen Landschaft wird von Pröpper

---

[338] Tigges 1992, S. 148. – Vgl. weitere anonyme oder anonymisierte Wortmeldungen dieser Art, die Michael Senger unter der Überschrift „Das Hakenkreuz im Sauerland' – ein Ausstellungsprojekt mit Folgen" zusammengestellt hat: Bruns/Senger 1988, S. 384-391 (zweite, erweiterte Auflage!).
[339] Vgl. zu Theodor Pröpper: Bürger 2010, S. 500-504. Er war Vater des römisch-katholischen Dogmatikers und Fundamentaltheologen Thomas Pröpper (1941-2015).
[340] Pröpper 1949, S. 119-122.
[341] Pröpper 1949, S. 78 und 92.

noch nicht geleugnet, dass im Sauerland „die Ideologie des Nationalsozialismus weithin Boden gewinnen konnte"[342]. Nachdrücklich interessiert sich der Verfasser für die verfolgten und ermordeten Priester aus der Landschaft, kann jedoch deren Zahl nicht angeben: „Diesbezügliche Rückfragen beim Erzbischöflichen Generalvikariat mußten leider einstweilen erfolglos bleiben, weil dort alle entsprechenden Akten verbrannt waren."[343]

Beim aufmerksamen Lesen entpuppt sich die Hoffmeister-Biographie von 1949 als ein hochkatholisches Heimatprogramm für die Nachkriegszeit, und für heutige Ohren klingen manche Passagen zur ‚christlichen Neuordnung' der Landschaft fast theokratisch. Theodor Pröpper, über dessen Preußenkritik sich Josefa Berens bereits 1930 empört hat, knüpft an jene Ideale an, die er schon als junger Zentrumsmann und Heimatbundaktivist hochhalten wollte: Statt „Rassefanatismus – das Dogma von der Einheit des Menschengeschlechtes"; statt „Militarismus – einen vernünftigen Pazifismus".[344] Pröpper votiert für eine radikale Abkehr vom Kriegsgeist:

„Ganz besondere Sorgfalt wird in der Zukunft darauf gelegt werden müssen, daß das Sauerland gründlich desinfiziert wird vom Geist des Militarismus, der wie ein Bazillus auch im Volkskörper der Heimat lebte. Diesen Geist gilt es zu bekämpfen, und

---

[342] Textbeispiele: „Alle hingebende Arbeit der sauerländischen Heimatbewegung hat es zum Beispiel doch nicht zu verhindern vermocht, daß weite Kreise, auch von solchen, die sich nicht wegen ‚Brotabhängigkeit' auf mildernde Umstände berufen konnten, der Ideologie des Nationalsozialismus verfielen" (Pröpper 1949, S. 90). „Auch im sauerländischen Volke waren viele Menschen, die [...] nicht die Kraft aufbrachten, dem zerstörenden Sturmwind [nationalsozialistischer Verirrung] zu widerstehen" (ebd., S. 147). Es fehlt zwar ein klarer Blick auf die ‚heimatbewegten' und heimatideologischen Brücken nach rechts, doch stellt Pröpper die „bedrückende Frage, wie es möglich war, daß auch bei Menschen des Sauerlandes, deren Treue zum Erbe der Väter man doch einst so oft rühmte, die Ideologie des Nationalsozialismus weithin Boden gewinnen konnte, wie es möglich war, daß viele dieser freiheitlichen [sic!] Menschen, um deren wetterharte Gesichter der frische Bergwind wehte und an deren Schritten der würzige Duft der Ackerscholle hing, sich im politischen Geschehen des Dritten Reiches auf einmal ‚umzustellen' verstanden und der Vermassung zum Opfer fielen." (ebd., S. 149)
[343] Pröpper 1949, S. 159 (Hinweise darauf, welche Aktenbestände des Bistums denn nun genau 1945 den Flammen zum Opfer gefallen sind und welche nicht, konnte ich bislang im Schrifttum noch nicht entdecken).
[344] Pröpper 1949, S. 164; ebd., S. 165 das nachfolgende Zitat.

wenn man auch tausendmal versuchen sollte, ihn zu glorifizieren mit oftmals unangebrachten Worten und Phrasen von Wehrhaftigkeit, Tapferkeit, Heldentum, vom ‚schönen Soldatentod‘ oder mit verschrobenen Ehrbegriffen, wie sie vielfach in beschränkten oder verwirrten Hirnen herumspukten. Zwei Weltkriege mit all ihrer Not und ihrem vergossenen Blut, die unsere Generation erlebte, sollten wirklich genügen, um selbst auch den unentwegtesten Kriegervereinsveteranen von einst, der das höchste an irdischer Seligkeit in seinen Soldatenträumen suchte, zu bekehren. Wir werden jeden geringsten Versuch, die Pflege eines Militarismus preußisch-friederizianischer Prägung mit dem Hinweis etwa auf die geographische Lage Deutschlands zu rechtfertigen oder ihn sonstwie vielleicht gar als ‚tragische Notwendigkeit‘ zu motivieren, mit allen erlaubten Mitteln bekämpfen. Die notwendige Arbeit der Entmilitarisierung unseres Volkes ist eine Arbeit, die bereits in der Kinderstube und Schule beginnen muß. Die Heimat wie das ganze deutsche Volk muß lernen, für den Frieden Opfer zu bringen, nachdem unsägliche Opfer an Blut und Gut für zwei verlorene Weltkriege gebracht sind.“

Es wäre eine Herausforderung, den Spuren einer kriegskritischen und antirassistischen Heimatarbeit nach 1945 auch abseits des Kreises allseits bekannter ‚Heimatgrößen‘ nachzugehen. Der in Wennemen geborene, später in Schmallenberg lebende Lehrer *Fritz Jürgens* (1903-1969) formulierte 1964 folgendes Heimatprogramm: „Wie eine böse Luft eine Gegend unbewohnbar machen kann, so können auch Selbstsucht, Haß, sittliche Verkommenheit Orte und Dinge unerträglich machen. [...] Darum steht für uns im Mittelpunkt aller Heimatkunde und -pflege der Mensch: der Einheimische, der Flüchtling, der Heimatvertriebene, der Gastarbeiter, der bei uns lebt und schafft.“[345] Die Aufnahme und neue Beheimatung vieler Flüchtlinge im Sauerland nach 1945 konnten nur deshalb gelingen, weil Mentoren der ‚Heimatarbeit‘ eine solche Gesinnung vermittelten. – Der Zentrums-Kommunalpolitiker und Mundartautor *Josef Steinweg* (1910-2000) hielt bereits 1959/60 vor der Kolpingsfamilie kritische Vorträge über die Nazi-Zeit in Werl. Er wandte sich später energisch gegen Ausländerfeindlichkeit: „Wir haben

---

[345] Bürger 2010, S. 301-303, Zitat S. 302.

Arbeiter hierher geholt – aber das sind doch Menschen."[346] – Über den Anröchter „Anwalt der Heimat" *Ernst August Rellecke* (1918-2003) hat mir eine Tochter geschrieben: „Unser Vater war ein gläubiger Christ und bekennender Pazifist, ein kritischer Katholik und inniger Marienverehrer. Er glaubte, die ‚Mutter Gottes', deren Bildchen er im Krieg stets bei sich trug, habe ihm das Leben gerettet, vor allem in den schrecklichen Kämpfen gegen Kriegsende an der Westfront im Hürtgenwald und in der Gefangenschaft."[347] – Antimilitaristische Tendenzen findet man heute noch in Texten von *Jupp Balkenhol* (Jg. 1929) aus Körbecke, einem äußerst regsamen Vertreter des plattdeutschen Humors.[348]

Pazifistische und linkskatholische Impulse kamen in der Nachkriegszeit im Bereich der Jugendarbeit zum Tragen. *Theo Köhren* (1917-2004) aus Warstein, als Jugendlicher geprägt durch die dem Friedensbund deutscher Katholiken nahestehenden „Kreuzfahrer", wirkte als Jugendpfleger im Altkreis Brilon.[349] *Werner Broermann* (1921-2000), den die Gestapo in der Zeit vor seiner Einberufung zum Kriegsdienst als „aktivsten und intelligentesten Vertreter der katholischen Jugend in Oberhausen" betrachtet hatte, wurde im Frühjahr 1947 zum Kreisjugendpfleger im Kreis Olpe ernannt.[350] Broermann gehörte zu den maßgeblichen Initiatoren einer demokratischen Bildungsarbeit auf der von seinen späteren Schwiegereltern Theo und Wilhelmine Evers geleiteten „Jugendburg Bilstein". Die Bilsteiner Treffen waren von der „Deutschen Volkschaft"[351] und deren

---

[346] Vgl. Bürger 2010, S. 660-662.
[347] Bürger 2010, S. 526-529, Zitat S. 529.
[348] Vgl. z.B. Bürger 2013, S. 635-636. Zu J. Balkenhol: Bürger 2010, S. 49-54.
[349] Vgl. Köhren 1998 und Tigges/Föster 2003, S. 45-49; in daunlots nr. 77*, S. 418-424. – Reineke 1987, S. 44 nennt für die Kreuzfahrer, die den Krieg überlebten, stellvertretend „Franz Sanke in Meschede, Karl Schreckenberg in Paderborn, Clemens Busch in Arnsberg". Zum Vergleich: Mirgel 1992.
[350] Wiethoff 2000.
[351] Mir liegt vor ein Flugblatt *„Die Deutsche Volkschaft"* von 1947, hg. von Geschäftsführer Bernhard Berkenfeld in Bad Sassendorf (Kopie aus der „Sammlung Stankowski" im Archiv der Friedrich Ebert-Stiftung, Bonn). Der Name der im Mai 1946 gebildeten – jugendbewegten wie ökumenischen – Gruppierung geht zurück auf eine erstmals 1928 erschienene jungkatholische Monatsschrift. Aufgeführte Tagungen: „Christlicher Realismus" (Marienthal 1946), „Gesamtlebensordnung" (Radevormwald 1946), „Die junge Generation" (Bilstein 1947), „Sozialismus" (geplant für 1948).

Programm „Sozialismus aus christlicher Verantwortung" geprägt. Eine vom Kreisheimatbund Olpe in Auftrag gegebene und
1992 unter dem Titel „Jugendburg Bilstein 1947-1954" publi-
zierte Studie von Christiane Mirgel vermittelt einen gründlichen Überblick über Geschichte, Inhalte und Persönlichkeiten
aus diesem bemerkenswerten Kapitel demokratischer Bildungsarbeit im Sauerland der Nachkriegszeit.[352] Auch Kontroversen
wie der Disput zwischen entschiedenen christlichen Pazifisten
und den antimilitaristischen, aber nicht prinzipiellen Gegnern
der Wiederbewaffnung unter Adenauer kommen zur Sprache.

Das von Willi Hammelrath (Oberhausen) herausgegebene
Organ eines kritischen „Arbeitskreises für Begegnung und Gemeinschaft deutscher Jugend"[353] erschien in Arnsberg und wies
ebenfalls Bezüge zur Begegnungsarbeit auf der Jugendburg Bilstein auf. – Später, im Jahr 1967, hat der Sauerländer Heimatbund übrigens Werner Broermann zu seinem ersten Vorsitzenden gewählt.

Der ehemalige Jungscharführer *Robert Droste* (1915-2015)
aus dem Kreis Olpe, früh geprägt durch den jugend- und litur-
giebewegten Seelsorger Christian Holtgreve[354] (Vikar in Altenhundem 1928-1933), engagierte sich für die KAB, die „Dritte
Welt"-Bewegung und ab 1977 „aktiv in der Menschenrechts-
organisation amnesty international"; dies geschah nach eigener
Aussage als „Konsequenz und Verpflichtung aus seinen Erfahr-

---

[352] Mirgel 1992.
[353] Mir vorliegende Ausgabe: „Jugend begegnet sich. Stimmen zur Gemein-
schaftsarbeit deutscher Jugend. Folge 2-3 (Sommer/Herbst) 1952"; An-
schrift und Bezugsadresse: Gartenstraße 9, Arnsberg (u.a. mit einem Beitrag von Georg Heidingsfelder). Als Kontakte des Arbeitskreises sind im
Heft für das Sauerland aufgeführt: Herbert Gillert (Arnsberg), Maria-Luise
Pehle (Iserlohn), Heinz Schmidt (Neheim), Ilse Geisel (Lüdenscheid), Heinz
Henke (Bruchhausen / Kreis Arnsberg).
[354] Vgl. zu Christian Holtgreve (1902-1988), später Gelsenkirchen-Rotthau-
sen, auch Hehl 1998, S. 1174: „...Verhöre, Verwarnungen, Haussuchungen,
Postkontrolle und Unterrichtsverbot durch die Gestapo bzw. den Staatsan-
walt wegen Jugendarbeit und Wehrmachtsbetreuung, die man als Wehrkraftzersetzung auslegte. 1944 von der Gestapo steckbrieflich gesucht." –
In Altenhundem konnte dann auch Vikar Anton Schwingenheuer (1902-
1985) viele Jugendliche von der HJ fernhalten (telefonisch mitgeteilt am
01.07.2015 von Klaus Droste, Olpe). Vgl. zu ihm Hehl 1998, S. 1220: „Verhör und Unterrichtsverbot durch die Gestapo, weil der Vikar polnischen
Zivilarbeitem die Osterbeichte abgenommen hatte."

ungen während der menschenverachtenden Nazi-Diktatur und in vierjähriger sowjetischer Gefangenschaft".[355] Seinen dritten Sohn hat er – ohne selbst im strengen Sinn Pazifist zu sein – bei der Verweigerung des Kriegsdienstes unterstützt.[356]

Für *Hugo Blessenhol* (Jg. 1914) aus Freienohl, der später seine Teilnahme am Friedenstreffen auf dem Borberg im Jahr 1931 als „Schlüsselerlebnis seiner Jugend"[357] bezeichnet hat und Realschuldirektor in Bochum wurde, bezeugt Dr. M. Demmel ein Engagement im reformkatholischen „Essener Kreis". – Der Quickborner *Karl Föster* (1915-2010) wurde nach dem Krieg einer der aktivsten Vertreter von pax christi in Arnsberg und im Hochsauerland.[358]

Eine unverhoffte Einladung ins Münsterland durch den Kunsthistoriker Dr. Wilhelm Baumöller eröffnet nach Kriegsende dem erst siebzehnjährigen Freienohler Maler *Carl Richard Montag* (geb. 1929) Begegnung und Austausch mit älteren Kulturschaffenden.[359] Jeden Sonntag verwandelt sich Baumöllers Wohnzimmer „in einen Salon, in dem Bildhauer, Maler, Architekten, Filmemacher, Komponisten, Musiker und Literaten über Gott und die Welt" diskutieren. Man spricht „über neue Denkrichtungen" und schätzt die linkskatholischen „Frankfurter Hefte für Kultur und Politik", die C. R. Montag ab 1946 – vom ersten bis zum letzten Jahrgang – bezieht. Die Prägungen durch das katholische Elternhaus und die auf Mitmenschlichkeit bedachte fromme Mutter bleiben für Montag bedeutsam. In seiner Autobiographie begegnet uns jedoch eine ausgeprägte Skepsis gegenüber der verfassten Kirche. Diese ist aus seiner Sicht im Dritten Reich insgesamt nicht dem eigenen Anspruch gerecht geworden: „Jesus hatte sich für seine Ideen ans Kreuz nageln lassen, die Amtskirche hingegen gab nur Lippenbekenntnisse ab und schaute weitgehend weg." Später sperrt sich die Großinstitution gegen notwendige Reformen. Zunehmende Kirchenaustritte zeigen an,

---

[355] Tigges/Föster 2003, S. 35-41 (ein Porträt zu R. Droste enthält auch der „Erste Geschäftsbericht der Volksbank Bigge-Lenne" [Kopie ohne Impressum] auf S. 18).
[356] Telefonisch mitgeteilt am 01.07.2015 von Klaus Droste, Olpe.
[357] Blömeke 1992, S. 78. (Die Auskunft von Meinolf Demmel zu H. Blessenhol erfolgte mündlich am 27.06.2015 in Rastatt.)
[358] Regeniter 2006. Nachzulesen online in: daunlots nr. 77*, S. 412-417.
[359] Montag 2011, S. 70-71, 84.

dass sie die „Menschen im Jetzt" nicht mehr wirklich erreicht. C. R. Montag stellt alldem ein Hören auf die eigene innere Stimme entgegen, doch dies ist für ihn „ohne den Bezug zu Gott" nicht vorstellbar: „Dabei ist Gott in meinen Augen kein Befehlsgeber, kein gebieterischer Patriarch, der mir eine bestimmte Lebensweise auferlegt. Mein Gott ist der Gott, der das Gute im Menschen befördern möchte. Der dem Menschen hilft, sein eigenes Ich zu entwickeln und ihn lehrt, Verantwortung für den Nächsten zu übernehmen."

4. Ein katholischer Nonkonformist verweigert sich dem Korpsgeist der Wiederbewaffnung

Einer der bekanntesten linkskatholischen Nonkonformisten der Adenauer-Ära, der aus Mittelfranken stammende Konvertit und Publizist *Georg D. Heidingsfelder* (1899-1967), lebte seit 1938 im Sauerland.[360] In Meschede hatte er über eine geheime Bildungsarbeit junge Katholiken gegen die nationalsozialistische Ideologie immunisiert. Wegen seiner ablehnenden Einstellung zum Regime wurde der kinderreiche Familienvater von den ‚sozialen Errungenschaften' der sogenannten ‚Volksgemeinschaft' ausgeschlossen und versah schließlich als Soldat Dienst in einem Wehrmachtsgefängnis, das er später als „Vorstufe zum KZ" betrachten wird. Aus der Kriegsgefangenschaft kehrte Heidingsfelder mit einem US-Zertifikat „*Selected Citizen of Germany*" zurück, nahm die religiöse Bildungsarbeit mit jungen Katholiken[361] wieder auf und war im katholischen Männerkreis 1947 der leidenschaftlichste Anwalt des ‚Mescheder Sühnekreuzes'. Seine Erfahrungen mit reaktionären Katholiken am Ort verarbeitete er – anonym und ohne Namensnennung der Stadt – in streckenweise sehr ironischen Skizzen, mit denen er sich bei Bekanntwerden ohne Zweifel noch größeren Zorn des ‚katholischen Selbstlobkollektivs' zugezogen hätte.[362] Als im November 1950 die CDU-Linie einer konsequenten Wiederbewaffnung of-

---

[360] Bürger 2014b*; daunlots nr. 77*, S. 402-406.
[361] Schaefer 2006*, S. 235. Diese Mescheder autobiographischen Erinnerungen an eine katholische „Kindheit im Dritten Reich, im Krieg und in der Nachkriegszeit" können im Internet abgerufen werden.
[362] Heidingsfelder 1954a; Heidingsfelder 1954b. – Beide Beiträge sind bereits im Internet zugänglich: daunlots Nr. 76*, S. 136-141.

fenbar wurde, verließ Heidingsfelder die Partei und ebenfalls seine hauptamtliche Stelle bei der Katholischen Arbeiterbewegung (KAB), die die Remilitarisierung wie nahezu der gesamte Verbandskatholizismus mittrug. Mehrere Jahre lang war er hernach ein enger Weggefährte bzw. Mitarbeiter des wegen seiner Haltung zu erneuter Aufrüstung und Atomwaffen angefeindeten katholischen Schriftstellers *Reinhold Schneider*, den er übrigens vor Aufnahme einer Tätigkeit für ‚ostfinanzierte Blätter' um Rat gefragt hat. (Heidingsfelder war entschiedener Gegner der marxistisch-leninistischen Weltanschauung und alles andere als ein ‚Freund Moskaus'; indessen lehnte er den z.T. bis ins Wahnhafte gesteigerten ‚Antikommunismus' und die verbreitete Blindheit gegenüber Verbrechen des Westens ab.)

Als Publizist mit zumeist leerem Geldbeutel schrieb Heidingsfelder – ‚gesinnungstüchtig', bisweilen auch brillant – über zurückliegende kirchliche Kollaborationen mit Hitlerismus und Kriegsapparat, über christlichen Pazifismus im Widerstreit von Bibel und ‚naturrechtlichen Ideologien', Wiederbewaffnung, Wehrzwang, die Anbetung bzw. ‚theologische Rechtfertigung' der Atombombe sowie die Ausgrenzung all jener, die in der Nachkriegszeit aus der ‚Einheitsfront des politischen Katholizismus' ausscherten. An dieser Stelle soll beispielhaft nur ein ganz kleiner Ausschnitt aus seinen zahllosen Einsprüchen zur Sprache kommen. 1954 fragt Heidingsfelder in der *Anderen Zeitung'* bezogen auf den Parlamentsvertreter für das Sauerland: „Sind es nicht Zeichen, daß ein [...] katholischer Politiker erwog, ob Jesus Christus heute nicht hinterm Maschinengewehr liegen müßte (Bundestagsabgeordneter der CDU, Studienrat [Franz] Lenze [aus dem Kreis Olpe])"?[363] Am 13. September 1956 schrieb er dem heimischen Abgeordneten Franz Lenze auch persönlich einen Protestbrief: „Ihre Partei, Herr Abgeordneter, hat die allgemeine Wehrpflicht (besser Wehrzwang genannt) wieder eingeführt, entgegen dem Willen des Volks, das in dieser Sache nicht befragt worden ist. Als Vater von drei Söhnen habe ich dazu folgendes zu sagen: 1. Ich spreche den hohen Militärs jede moralische Legitimation ab, über Leben und Tod meiner Söhne zu verfügen. [...] 2. Ich protestiere auf das entschiedenste gegen die Absicht, meine Söhne dem Kommando ehema-

---

[363] Heidingsfelder 1954c.

liger SS-Offiziere zu unterstellen."[364] Heidingsfelder beobachtet im gleichen Jahr außerdem die in der Bischofsstadt Paderborn betriebene Moraltheologie: „Der Professor *Ermecke* (Dr. theol., Dr. phil., Dr. jur.) wünscht in einem Artikel der ‚Politisch-Sozialen Korrespondenz' (CDU) vom 1. September [1956], daß grundsätzliche Dienstverweigerer (‚im alleräußersten Notfall', den natürlich der Staat bestimmt!) zum Waffendienst *gezwungen* werden, *ohne Rücksicht auf ihr Gewissen.*"[365] Gustav Ermecke[366] (1907-1987), als Priester dem „Schützenwesen" eng verbunden, war ab 1941 Geheimsekretär unter Erzbischof Lorenz Jaeger und nach Kriegsende Lehrstuhlinhaber an der Pader. Er gehörte zu den römisch-katholischen Apologeten von Adenauers Atomwaffenpolitik (Zitat: „Die Verwendung von Atombomben ist nicht per se unsittlich"), befand, in Kriegsfragen habe sich der Einzelne der vom Heiligen Geist geleiteten Kirche zu unterwerfen, und hat z.b. auch ein Werk „*Zur ethischen Rechtfertigung der Todesstrafe heute*" (1959/1963) veröffentlicht.

Nach Kriegsende hatte sich bei Georg D. Heidingsfelder zunächst noch ein Einfluss von „reichstheologischen" und extrem konservativen Ideenkomplexen gezeigt. Seine entschieden linkskatholische Entwicklung setzte wohl erst mit der Diskussion über die Wiederbewaffnung ein und mündete schließlich in einen Eintritt in die SPD, den er am 6. Juni 1958 öffentlich mit einem Artikel „Katholik und Sozialdemokrat" rechtfertigte (die SPD war damals in der Tradition des demokratischen Sozialismus noch eine strikt antikapitalistische Partei). Die Arbeit an einer digitalen Gesamtausgabe aller zugänglichen publizistischen Beiträge Heidingsfelders, zu der mich auch der jüngst verstorbene Arno Klönne ermutigt hat, ist im Bereich der Texterfassungen schon nahezu abgeschlossen. Ein zu schnell vergessenes Kapitel der jüngeren Zeitgeschichte soll über diese Publikation aufgeschlagen werden: Man kann nur staunen über Auseinandersetzungen und weitsichtige Erkenntnisse der 1950er Jahre und über die leidvollen Erfahrungen eines frommen Au-

---

364 Heidingsfelder 1956c.
365 Heidingsfelder 1956a.
366 Vgl. zu ihm den kurzen Eintrag in Hehl 1998, S. 1155: „Ein Verhör [in der NS-Zeit] wegen einer Predigt. Mitangeklagt in einem Sondergerichtsverfahren, das jedoch bald wegen Amnestie eingestellt wurde."

ßenseiters, der allen Widersprüchen zum Trotz als Intellektueller an einer fast kindlichen Treue zu ‚seiner Kirche' festhielt.

Heidingsfelders unermüdliche Kampagne gegen die ‚gotteslästerliche Atombewaffnung' hätte im Sauerland übrigens durchaus auf eine breitere Resonanz stoßen können. Am 16. Januar 1958 berichtete die ‚Arnsberger Rundschau' im Zusammenhang mit aktuellen Militärplanungen: Zahlreiche Menschen „im militärisch sonst vollkommen uninteressanten Land der 1000 Berge" seien im zweiten Weltkrieg „ein Opfer alliierter Bombenreihenwürfe" geworden, die damals gegen die dort errichteten „Abschußrampen der ‚Vergeltungswaffen' gerichtet waren. Verständlich daher, daß schon die bloße Erwähnung, im Sauerland wieder Abschußbasen für ferngelenkte Waffen einzurichten, die im Ernstfalle mit Atomköpfen ausgerüstet wären, die Bevölkerung außerordentlich beunruhigt."[367]

5. Impulse für ein politisches Profil der pax christi-Bewegung

Der Briloner *Josef Rüther* brachte sich nach 1945 an maßgeblicher Stelle in die Wiederbegründung des Sauerländer Heimatbundes ein, zog sich jedoch Mitte der 1950er Jahre – die in die Heimatarbeit investierten Lebensjahre bedauernd – ein zweites Mal zurück (eine Rolle spielte u.a. die stillschweigende Rehabilitation von vormals extrem nazitreuen „Kulturgrößen" wie Maria Kahle).[368] Direkt nach Kriegsende hatte Rüther vor allem die alten Kontakte zu Mitstreitern aus dem Friedensbund deutscher Katholiken und zu anderen christlichen Sozialisten wieder aufgenommen. Sehr bald galt es, gegen restaurative Tendenzen, Wiederbewaffnung und Hochrüstung Stellung zu beziehen. Bezeugt ist Rüthers Bemühen um eine stärkere Politisierung der jungen pax christi-Bewegung, die neben ihrer äußerst verdienstvollen Versöhnungsarbeit (bes. Frankreich, Polen) kaum die Konfliktthemen der Adenauer-Ära aufgriff.

Wolfgang Regeniter schreibt in einem Überblick zur Geschichte der Paderborner Bistumsgruppe: „Nach dem 2. Weltkrieg, 1947, also noch ein Jahr vor der deutschen Sektion von

---

[367] Raketen-Angst 1958. (Im Zeitungsarchiv recherchiert von Jens Hahnwald.)

[368] Vgl. die „Nachkriegskapitel" in der Rüther-Biographie: Blömeke 1992.

pax christi, war der ‚Friedensbund [deutscher Katholiken]' neu gegründet worden. An dem Friedenskongress von Kevelaer im April 1948, auf dem die deutsche pax christi-Bewegung ins Leben gerufen wurde, nahmen auch ‚Friedensbund'-Leute wie Pater Franziskus Stratmann OP teil. Auch nach der Entstehung der deutschen pax christi-Sektion blieb der ‚Friedensbund' zunächst noch drei Jahre selbstständig neben ihr bestehen. Pater Manfred Hörhammer trat für eine Arbeitsteilung zwischen beiden katholischen Friedensorganisationen ein, zwischen einer ‚betenden' und einer ‚schaffenden Hand': ‚So könnte pax christi zum betenden Friedensbund und der Friedensbund der soziale und politische Arm der pax christi werden.' Aber die friedenspolitischen Aktivitäten des ‚Friedensbundes' missfielen offenbar der Mehrheit der deutschen Katholiken und auch der deutschen Bischöfe. Als sich der ‚Friedensbund' 1951 selbst auflöste und seinen Mitgliedern den Beitritt zu pax christi empfahl, geschah dies unter ungeklärten Umständen – vermutlich nicht ganz freiwillig, sondern unter starkem äußeren Druck. – Damals schlossen sich auch in unserem Bistum etliche Friedensbund-Leute pax christi an. Sie brachten dabei ihre eigenen friedenspolitischen Vorstellungen und Erfahrungen in die junge Schwesterbewegung ein. Dies führte gelegentlich zu Spannungen. Während pax christi auf Bundesebene sich aus der heißen politischen Debatte um die Wiederbewaffnung und die Atomrüstung heraushielt und bewusst schwieg, äußerten etliche altpazifistische pax christi-Mitglieder aus Arnsberg, Meschede und Brilon im Geiste des alten ‚Friedensbundes' ein entschiedenes Nein zur Remilitarisierung und zu atomaren Waffen ...“[369].

Eine Beteiligung von Sauerländern bestätigt Margot Müller auch für einen zweiten Abschnitt der pax christi-Geschichte im Bistum: „Wir wählten 1959 für den Neuanfang der Pax-Christi-Arbeit im Erzbistum Paderborn das Liborifest und den Besuch des Bischofs Théas von Lourdes. [...] Bald stellte sich heraus, daß verstreute Freunde in Dortmund, Paderborn, Brilon, Meschede, Soest, Neheim-Hüsten, Bielefeld, Olpe, Attendorn, Fredeburg und Oerlinghausen wohnten, um einige Orte zu nennen. Von ihrer geistigen Heimat her kamen viele Mitglieder aus dem Quickborn, der Deutschen Volkschaft und auch noch aus dem 1919 gegründeten Friedensbund Deutscher Katholiken. Es gehörte zu

---

[369] Regeniter 2008.

den wichtigsten Erfahrungen meines Lebens, anläßlich der vielen Besuchsreisen zu all den genannten Orten von diesen meist damals schon älteren Menschen zu lernen und mich mit ihnen freundschaftlich zu verbünden für die Sache des Friedens. Das hieß leider in der Regel auch Kampf gegen das Mißtrauen und manchmal sogar gegen die Feindschaft der Ortspfarrer. Wie spärlich ist heute die Erfahrung zu machen, die mir oft widerfuhr: daß tiefe, manchmal kindliche Frömmigkeit mutig macht und geradewegs zum Friedensengagement führt. [...] Der Geistliche Beirat von Pax Christi in den sechziger Jahren war der Dompastor von Paderborn, Prälat Schwingenheuer. Selber engagiert in der Versöhnung mit Frankreich und dem Andenken Franz Stocks verpflichtet, hielt er schützend seine Hand über uns, unterstützt von dem gütigen Prälaten Nüschen im Seelsorgeamt."[370] In diesen Zeitabschnitt fällt übrigens die Bildung einer französischen Vereinigung „Les Amis de Franz Stock" im Jahr 1963 und die Neheimer Gründung eines deutschen Franz-Stock-Komitees 1964.[371]

Zu den frühen pax christi-Pionieren in Meschede gehörte das Ehepaar *Irmgard* und Dr. jur. *Alfons Rode*, zu dem im Rahmen der Forschungen zur „Friedenslandschaft Sauerland" bereits eine umfangreiche Dokumentation erschienen ist.[372] Beide Eheleute stammten aus katholisch-pazifistischen Lehrerfamilien im Münsterland. Über ihren Vater Joseph Beckmann[373] (1886-

---

[370] Müller 1998. – Wolfgang Regeniter bewertet diesen Abschnitt der pax christi-Bistumsgeschichte so: „Margot Müller und ihre Weggefährten [...] erweiterten das Handlungsfeld von pax christi über das rein Spirituelle hinaus, indem sie nicht nur für eine neue Friedenspädagogik warben, sondern sich auch mit strittigen friedensethischen und friedenspolitischen Fragen auseinandersetzten [...]. Mit all dem wagte sich die Paderborner Bistumsstelle in Neuland vor. Sie löste sich vom ‚katholischen Milieu' und stellte sich mutig gegen die regierungsfromme Mehrheitsmeinung des damaligen westdeutschen Katholizismus und der Deutschen Bischofskonferenz – darüber verlor sie zeitweise auch die Rückendeckung der eigenen Bewegung, die politisch neutral bleiben wollte. – Indem die Paderborner Bistumsstelle im Alleingang Schritte zur Politisierung ihrer Friedensarbeit geht, leistet sie für die Gesamtbewegung einen wichtigen Pionierdienst." (Regeniter 2008)
[371] http://www.franz-stock.org
[372] daunlots nr. 75*. Vgl. auch: daunlots nr. 77*, S. 407-411.
[373] daunlots nr. 74*; daunlots nr. 75*, bes. S. 35-64 (sowie mit Suchfunktion: „Beckmann").

1959), einen alten FdK-Anhänger, bekam Irmgard Rode, die sich nach Kriegsende direkt in der Kommunalpolitik und der praktischen „Flüchtlingsarbeit" für Menschen aus Schlesien engagiert hat, früh Kontakt zu Josef Rüther. Wie streitbar Irmgard Rode, die auch der Internationale der Kriegsverweigerer angehörte, auf die Wiederbewaffnung reagiert hat, zeigt z. B. ihr Protestbrief vom 20.9.1956 an eine katholische Publizistin: „Oh welche erhebende Zeit, da unter der Führung und Mitwirkung der bewährten SS unsere Söhne den prächtigen Charakterschliff bekommen und alle Feigheit und Weichheit ablegen. O herrliche ‚Freiheit' sich mustern lassen zu dürfen, in Massen gedrillt zu werden zu dem edlen Handwerk des Tötens unschuldiger Menschen. Oder werden irgendwo Schuldige getötet? Werden die Schuldigen belangt, die den Krieg entfachen?"

Außerdem wurde die pax christi-Arbeit vor Ort in Meschede auch mitgetragen von *Albert* und *Fanny Stankowski*, die durch Erfahrungen im zweiten Weltkrieg zu einem entschiedenen Friedensstandpunkt gefunden hatten. Zum Kreis der linkskatholischen Pazifisten in Meschede gehörte noch der schon genannte Georg D. Heidingsfelder. Kritische Impulse in der konservativen Kreisstadt kamen vornehmlich nicht von „Alteingesessenen", sondern von 1937 und 1938 zugezogenen „Neu-Sauerländern".

Ein für die Friedensarbeit in der Kreisstadt äußerst bedeutsames Ereignis darf an dieser Stelle nicht unerwähnt bleiben. 1968 rufen der Velmeder *Konrad Hengsbach* (1914-2010), ein Bruder des konservativen Ruhr- und Militärbischofs Kardinal Franz Hengsbach, und die Linkskatholikin Irmgard Rode das bis heute bestehende Friedenswerk *„Freunde der Völkerbegegnung"* ins Leben, welches auf der Basis weit zurückreichender Nachkriegsinitiativen Rodes Meschede zu einem Kraftfeld des internationalen Austausches im Hochsauerland werden lässt. Im ersten Gründungsaufruf vom 30. Mai 1968 heißt es: „Durchdrungen von der Überzeugung, daß zur Beseitigung von Vorurteilen und Mißtrauen viel zu wenig getan wird, rufen wir alle Freunde der Völker-Begegnung auf, sich zu sammeln und so besser dem Frieden zu dienen ... Die Weltmächte verfügen über die schrecklichsten Waffen, die es je gab. Nach ihrem Einsatz würden die Lebenden nicht mehr ausreichen, um die Toten zu begraben ... Diese Gefahr erkennen und teilnahmslos zusehen, ist ein Verbrechen! Unsere Kinder werden eines Tages vor uns hintreten und sagen: ‚Was habt ihr getan, um das drohende

Unheil abzuwenden?' Der Weg zur Beseitigung der Vorurteile führt über eine intensive Begegnung der Völker ... Die Begegnung sollte zur Erkenntnis des Gemeinsamen führen, vor allem: der gleichen Würde aller Menschen. Aus dieser Erkenntnis erwächst notwendig das Verlangen nach verstärktem politischem Zusammenschluß der Völker. Die Beseitigung der Grenzen wird ein entscheidender Schritt zum Frieden sein! ... Alles in allem: Wir könnten den mutlosen Völkern eine neue Hoffnung auf wahren Frieden geben! – Oder sollen wir den Politikern allein die Sorge für den Frieden überlassen???"[374]

6. Junge Quickborner gegen „CDU-Einheitskatholizismus"

Söhne der Mescheder „pax christi-Familien" *Stankowski* und *Rode* finden in den 1950er Jahren als Schüler zu einer Quickborn-Gruppe, die von dem Benediktiner Pater Paulus begleitet wird. Eine Nummer des „Gaublatt aus Westfalen" zeigt, wie hoch 1958 im Quickborn die Wellen schlagen konnten, wenn Fragen der Militärpolitik zur Diskussion standen.[375] *Peter Stankowski*[376] hatte in einer früheren Ausgabe zu den Plänen für eine atomare Ausrüstung der Bundeswehr geschrieben, da könne man „nur noch dies denken: ein Christ kann da nicht mitmachen". Einige Leser reagieren darauf mit geharnischten Protestschreiben. Helmut Mülleneisen nimmt z.B. „als führendes Mitglied der *Jungen Union* und als stellv. Pfarrjugendgruppenführer der kath. Pfarrjugend St. Marien, Hiltrup" Stellung: „Mit Ihren Ausführungen unterstützen Sie ja geradezu die *Sozialdemokratische Partei*. Bedenken Sie doch bitte, wie ‚verhängnisvoll' die Organisation ‚Kampf dem Atomtod' ist. [...] Sie wollen uns doch wohl nicht vorwerfen, wir seien keine Christen! Wir heißen nicht umsonst *Christlich-Demokratische Union*." Rita Lehmkühler meint: „Das Problem gehört nicht in ein Gaublatt." Ein Meinulf führt die Voten von Christen an, die eine atomare Ausrüstung mit ihrem

---

[374] Zitiert nach: daunlots 75*, S. 116 (vgl. in dieser digitalen Publikation über Suchfunktion viele Abschnitte zur Geschichte der „Freunde der Völkerbegegnung"). Vgl. auch: Rode 1985.

[375] Gaublatt 1958.

[376] Geboren 1938. Er wurde später ein sozial sehr engagierter Mediziner; mehrere Entwicklungshilfe-Einsätze und Arztvertretungen im Ausland: u.a. Gabun, Ghana und Nicaragua (drei Jahre).

Gewissen vereinbaren können, so „die Stellungnahme der 7 kath. Theologieprofessoren vom 8. Mai 58", einen Aufruf der „7. Bundestagung des evangelischen Arbeitskreises der CDU/CSU" wider die Schwarmgeister sowie einen „Hirtenbrief der kath. Bischöfe Nordrhein-Westfalens zur Landtagswahl" („Kein Katholik ist im Gewissen gehalten, [...] die Verteidigungsmaßnahmen abzulehnen, wie sie die Mehrheit der verantwortlichen Politiker in der derzeitigen Lage für notwendig gehalten hat").

Im November 1964 bergen junge Quickborner, darunter *Reinhard Wegener, Franz Petrasch, Martin Stankowski* und *Ivo Rode* (beide Jg. 1944) und *Tomas Stankowski* (Jg. 1945), das 1947 geschändete und dann vergrabene Mescheder Sühnekreuz aus dem bis dahin strikt geheim gehaltenen Versteck unter der Erde.[377] Damit ist ein entscheidender – aber noch lange nicht der letzte – Schritt getan, das Symbol zum Gedenken an die Ermordung von achtzig russischen und polnischen Zwangsarbeitern nahe der Kreisstadt zu „rehabilitieren".

Im Jahr 1965 ist Ivo Rode Bundesführer des „Quickborn Jüngerenbundes", während Martin Stankowski als Schriftleiter der Bundeszeitung und Pressereferent für den Bund arbeitet. Beide sind federführend beteiligt an einer Pressekonferenz und Diskussion mit dem linkskatholischen Dissidenten Carl Amery in Düsseldorf am 31. Juli 1965 – während des BdKJ-Bundesfest-

---

[377] Vgl. hierzu die Darstellung in: daunlots nr. 76*, S. 62-64. Ergänzend hat mir Reinhard Wegener (Frankfurt a.M.) in einer E-Mail am 21.03.2015 mitgeteilt: „Ich war 1964 in Meschede im Quickborn (Gruppenführer und Gauführer des Quickborn Gaues Westfalen – das Gymnasium der Benediktiner habe ich von 1958-1965 besucht). Quickbornerfamilien waren auch die Familien Rode, Stankowski und Petrasch. Von Frau Irmgard Rode und Herrn Heidingsfelder hatten wir die Informationen über die Aktion mit dem Sühnekreuz erhalten. Meine Eltern hatten damals ausgezeichnete Beziehungen zum Kloster, und so sind wir (1964 wird wohl stimmen, wenn ich mich recht erinnere, waren [es] Ivo Rode, Tomas Stankowski, Franz Petrasch und ich; Herr Heidingsfelder war wohl mit von der Partie, er hat uns ja auch die Stelle gezeigt, an der das Kreuz vergraben war) mit einem Trecker und Anhänger aus dem Kloster (ein Bruder fuhr den Trecker) zum Stimm-Stamm gefahren und haben das Kreuz ausgegraben und zum Trocknen in die Garage von Familie Rode (‚Am Drehberg') gefahren. Die Fotos hat damals Franz Petrasch gemacht. [...] Über Vikar [Carl-Peter] Klusmann ist dann das Kreuz [später] nach Maria Himmelfahrt [Pfarrkirche] gebracht worden."

es.[378] Die jungen Quickborner wollen ein Zeichen setzen „gegen Verbandsvermassung und Einheitspolitik" im Bund der Katholischen Jugend (BdKJ), wobei sie insbesondere eine parteipolitische Tendenz (extreme CDU-Nähe) im Dachverband und die Ausgrenzung Andersdenkender (z.B. Aufrüstungsgegner) zum Gegenstand ihrer kritischen Betrachtung machen.

Joachim Stankowski (Jg. 1940), Martin Stankowski und Ivo Rode traten später noch als engagierte Linkskatholiken in Erscheinung. So gehörten sie zum Herausgeberkreis der ab dem legendären Katholikentag 1968 (bis 1974) erscheinenden Zeitschrift „kritischer Katholizismus"[379]. Nach dem Ende des „1968er Katholizismus" wirkten diese ehemaligen Quickborner aus dem Sauerland jedoch nur noch in sozialen, kulturellen und politischen Zusammenhängen, die nicht mehr kirchengebunden waren.

Martin Stankowski promovierte 1974 mit einer Pionierarbeit über den „Linkskatholizismus nach 1945"[380], hat in den 1970er Jahren die „Stattzeitung ,Kölner VolksBlatt'" als ein Medium für Gegenöffentlichkeit mit ins Leben gerufen und ist u.a. als Schriftsteller und Kabarettist bekannt geworden. Sein infolge einer Krebserkrankung früh verstorbener Bruder Tomas Stankowski (1945-1993), gelernter Werkzeugmacher, Betriebsrat und später Umweltreferent, hat sich u.a. in der „GewerkschafterInnen-Initiative für Frieden und Abrüstung – gegen Sozialabbau" engagiert.[381] In einem Tagebucheintrag von 1986 steht: „Ich bin begeistert von (s)einer Vision, daß Gott mir erfahrbar ist durch den Nächsten ... Daß sich Menschen in Kirchen die Knie durchrutschen, sie aber nichts von Gott erfahren, wenn sie den Nächsten nicht lieben ... Die nächsthöhere Form nach Schiismus und Protestantismus ist die Aufhebung Gottes in der Gesellschaft der Gleichen: im Sozialismus." In den Thesen „Die Ökologie und die Linke" fordert er 1989 die „Aufgabe der Idee vom ewigen Wachstum", einen „Ausbau der demokratischen Strukturen auf allen politischen Ebenen und in allen gesellschaftlichen Bereich-

---

[378] Vgl. dazu die Dokumentation: Quickborn Jüngerenbund 1965.

[379] kritischer Katholizismus 1968-1974; vgl. auch den Sammelband: Onna/ Stankowski 1969 (darin u.a. die Beiträge „Militärseelsorge" von Martin Stankowski und „Kirchensteuer – ein Staatskirchenmodell" von Ivo Rode).

[380] Stankowski 1976.

[381] Kölner Volksblatt 1993 (Nachruf).

en" und ein der allgemeinen Kontrolle unterliegendes Wirtschaften, das „ein menschliches Leben im Einklang mit der übrigen Natur" ermöglicht. Am 8. Juli 1991 hat Tomas Stankowski an Kölner Freundinnen folgende Briefzeilen geschickt: „Ich bleibe dabei, daß es notwendig ist, sich selbst Pflichten aufzuerlegen; wenn sie aber nicht gespeist werden aus einem Untergrund positiver Emotionen, wenn das Leben mehr auf die abstrakte Zukunft statt auf die konkrete Gegenwart ausgerichtet ist, dann – und das merkte ich an mir selbst – beginnt man auszutrocknen. Und in dem Zustand wird die Ausstrahlung, die für eine positiv verstandene Beeinflussung zur humanen Gesellschaft notwendig ist, immer blasser, bis sie erlischt und keine Veränderung mehr bewirkt. Also zurück zu den Quellen, die die positiven Emotionen fließen lassen, zurück zum Leben, in dessen Namen wir ja behaupteten und behaupten unsere Politik zu machen: Für ein Leben, einzeln und frei wie ein Baum und gemeinsam wie ein Wald."

7. Exkurs: Ein neuer Blick auf die Vergangenheit ist möglich

In weiten Teilen der Bevölkerung und auch bei vielen Heimatforschern hat erst die 1978 ausgestrahlte vierteilige Fernsehserie „Holocaust – Die Geschichte der Familie Weiss" – also ein populäres Unterhaltungsprodukt – die Entwicklung einer neuen Einstellung zum Umgang mit der Geschichte in Gang gesetzt. (Heute liegt eine stattliche Zahl lokaler Forschungsbeiträge zur Geschichte der Juden im Sauerland vor, deren Zusammenschau wohl nur im Rahmen eines mehrjährigen Projektes erarbeitet werden könnte.) Als ein wichtiger Impuls wirkte hernach die Rede von Bundespräsident Richard Weizsäcker am 8. Mai 1985 über die „Befreiung vom menschenverachtenden System der nationalsozialistischen Gewaltherrschaft", die allerdings noch nicht den Blick auf die breite Kollaboration der deutschen Gesellschaft schärfen konnte. Besonders folgende Veröffentlichungen sind als ‚Geburtshelfer' und Meilensteine einer kritische Forschung im kölnischen Sauerland zu nennen: Das Buch „Jugendjahre unter Hitler" (1984) des CDU-Kommunalpolitikers Paul Tigges, die vom Museum Holthausen vorgelegte Ausstellungsdokumentation „Das Hakenkreuz im Sauerland" (1988), die postum erschienene Arbeit „Das Sauerland unterm Hakenkreuz"

(1989) von Ulrich Hillebrand und eine wissenschaftliche Studie *„Katholisches Milieu und Nationalsozialismus"* (1994) über den Kreis Olpe von Arnold Klein. Bezogen auf Linkskatholizismus und Pazifismus in der Region hat die Rüther-Biographie *„Nur Feiglinge weichen zurück"* (1992) von Sigrid Blömeke das Tor für ein neues Geschichtsgedächtnis weit geöffnet. Sicher belegt ist, dass heimatliche Aufklärer vor einem Vierteljahrhundert noch viel häufiger mit wütenden oder geradezu hasserfüllten Reaktionen rechnen mussten als heute.[382] (Gleichwohl: die neuen Rechten stoßen mit ihren braungefärbten Geschichtsbildern und Politikkonzepten wieder verstärkt auf Gehör – auch im Sauerland).

In erster Linie den NS-Gegnern der Region gewidmet sind ein Jahrzehnt später der Sammelband *„Katholische Jugend in den Händen der Gestapo"* (2003) sowie der unverzichtbare Buchtitel *„Widerstand im Sauerland"* (2003) von Ottilie Knepper-Babilon und Hanneli Kaiser-Löffler. Noch immer ist unser heimatgeschichtliches Wissen über die Zeit des Nationalsozialismus auf vielen Feldern äußerst lückenhaft. Die in diesem Abschnitt genannten Arbeiten haben jedoch wirklich neue Erkenntnisse zutage gefördert. Vor allem in der letzten Generation von ‚Milieukatholiken' gab (und gibt) es ein großes Interesse an der Geschichte der nahen Menschenlandschaft. Zahlreiche örtliche Darstellungen und autobiographische Niederschriften von Zeitzeugen sind für die breiter angelegte Regionalforschung noch gar nicht erschlossen.

In der jüngsten Straßennamendebatte kam es zu – teilweise stramm organisierten – rechtspopulistischen Verdunkelungsmanövern, in denen erneut unhaltbare ‚Heimatmythen' als Geschichtsfakten ausgegeben wurden. Es überwiegen hier jedoch bislang weitaus die erfreulichen Erfahrungen.[383] Namentlich auch die Christdemokraten sehr vieler Orte haben ein geschärftes Bewusstsein für historische Sachverhalte unter Beweis gestellt. In Arnsberg meinte CDU-Bürgermeister Hans-Josef Vogel,

---

[382] Vgl. hierzu die schon oben vermerkte Zusammenstellung „Das Hakenkreuz im Sauerland' – ein Ausstellungsprojekt mit Folgen?" mit z.T. schier unglaublichen Rückmeldungen an das Museum Schmallenberg-Holthausen in: Bruns/Senger 1988, S. 384-391 (2. Auflage!).

[383] Vgl. daunlots nr. 60*; daunlots nr. 61*; daunlots nr. 69*; daunlots nr. 70*; daunlots nr. 71*.

die Stadt trage wegen ihres großen Sohnes Franz Stock eine besondere Verantwortung, Persönlichkeiten aus dem Strahlfeld des Nationalsozialismus nicht durch Schilder im öffentlichen Raum als „Vorbilder" zu präsentieren. In Sundern regten Mitglieder der Jungen Union die Gründung einer überparteilichen Initiative „Gemeinsam für Toleranz und Respekt – gegen Nellius" an. In Eslohe votierte die CDU für eine Umbenennung des Josefa-Berens-Weges, der dann auf Vorschlag der SPD den Namen der jüdischen Esloher und Fußballpioniere Goldschmidt erhielt. Der Auftakt zu insgesamt dreizehn sauerländischen Straßenumbenennungen 2013/2014 erfolgte in Olsberg. Dort wurde nach einer Initiative von Bürgermeister Wolfgang Fischer (CDU) eine Straßenbenennung nach der völkischen Schriftstellerin, Antisemitin und NSDAP-Propagandistin Maria Kahle[384] als nicht mehr tragbar angesehen. Heute steht auf dem vormals umstrittenen Straßenschild der Name des linkskatholischen Pazifisten Josef Rüther, der schon 1923 als bedeutsamer Widerpart der rechtskatholischen Republikfeinde im Sauerland und anderswo in Erscheinung getreten ist.[385]

In Rüthen fasste der Stadtrat nach Veröffentlichungen und Vorträgen von Dr. Hans-Günther Bracht am 22. Juni 2015 den Beschluss, den vormaligen Zentrumspolitiker Franz Pöggeler, Bürgermeister der Jahre 1934-1942, u.a. aufgrund seiner Unterschrift unter vielen Denunziationen und Deportationsbefehlen nicht mehr durch eine Straßenbenennung öffentlich auszuzeichnen.[386] Dieser Beschluss entspricht einem Wunsch der Anwohnerschaft.

---

[384] daunlots nr. 71*, S. 6. – Nur noch in den Orten Beckum (Kreis Warendorf), Menden-Lendringsen (Märkischer Kreis) und Wickede/Ruhr sind trotz der eindeutigen Forschungsbefunde im Fall von Maria Kahle bislang noch keine Umwidmungen der sie postum ehrenden Straßenschilder erfolgt.

[385] Josef Rüther bescheinigte schon Ende 1923 Maria Kahle, Lorenz Pieper und anderen Katholiken in der völkischen Bewegung einen „Abfall vom Christentum" (Blömeke 1992, S. 39-43). In seiner Schrift *„Der Jungdeutsche Orden"* stellte 1924 auch der Franziskanerpater Dr. Erhard Schlund „das Werk der katholischen Dichterin Maria Kahle als objektiv heidnisch hin" (Lauerwald 2013, S. 296).

[386] Bracht 2015; Der Patriot 2015.

Wegmarken eines neuen Umgangs mit der Vergangenheit erschließen sich auch durch die weitere Geschichte des Mescheder Sühnekreuzes von 1947, welches im November 1964 von jungen Quickborner ja wieder ausgegraben worden war.[387] Im Rahmen der Mescheder Friedenswochen 1981 wird dieses Zeichen aus einem verborgenen Bereich „hinter dem Altar" hervorgeholt und gut sichtbar im Kirchenraum der Gemeinde Mariä Himmelfahrt aufgestellt. Die örtliche pax christi-Basisgruppe hat im Ringen um Würdigung und Deutung des Kreuzes noch einige Jahre lang z.T. scharfe Auseinandersetzungen zu bestehen, bevor sie am 27. März 1987 nach Vorlage einer Dokumentation *„40 Jahre Sühnekreuz"* zu einem denkwürdigen Gottesdienst an dem Mahnzeichen in der Kirche einladen kann. (1988 feiert der russisch-orthodoxe Erzbischof Kyrill von Smolensk gemeinsam mit der pax christi-Bewegung des Bistums Paderborn Gedenkgottesdienste an den Zwangsarbeiter-Massengräbern in Meschede und Hemer.) – Bedeutsam für diesen neuen Weg war, dass besonders Irmgard Rode als Linke schon 1981 jenseits aller ‚Lagergrenzen' Menschen für eine neue Sensibilität in der historischen Wahrnehmung zu gewinnen versucht, wobei sie z.B. auch bei Mitgliedern der Jungen Union Gehör findet. 1993 legen die Schülerinnen Sabine Schäfer und Alexandra Rickert einen Beitrag *„Das Mescheder Sühnekreuz"* für den Geschichtswettbewerb des Bundespräsidenten vor. Diese preisgekrönte Arbeit ist von Dr. Erika Richter, der damaligen Direktorin des Städtischen Gymnasiums Meschede, begleitet worden.

Im kirchlichen Bonifatius-Verlag an der Pader erscheint 1983 mit Imprimatur von Generalvikar Bruno Kresing das Buch *„Krieg – ohne uns!"* des aus Luxemburg stammenden, theologisch sehr konservativ eingestellten Dogmatik-Professors François Reckinger (geb. 1934).[388] Zur Entwicklung der katholischen Friedensbewegung im Erzbistum Paderborn von 1974 bis 1986 schreibt Anne-Marie Dudek: „Pax Christi [Bistumsgruppe Paderborn] hatte Anfang der siebziger Jahre ungefähr 100 Mitglieder. Gruppen bestanden in Dortmund, Oerlinghausen und Meschede, und zwischenzeitlich existierte eine sehr aktive Ju-

---

[387] daunlots nr. 76*.
[388] Reckinger 1983.

gendgruppe in Brilon. [...] Es war und ist in Pax Christi zu beobachten, daß es gewisse Zentralthemen gibt, die plötzlich auf die Bewegung aufmerksam werden lassen [...]. Der NATO-Doppelbeschluß war nun solch ein zentraler Punkt. [...] Bis Mitte der 80er Jahre stieg die Mitgliederzahl auf ca. 400 und es entstanden 8 neue Gruppen. [...] Eine Ermutigung für uns bedeutete [...] immer wieder das jahrelange Engagement vieler älterer Pax-Christi-Freunde, so z.B. in Arnsberg, Meschede, Oerlinghausen."[389]

Die sauerländische Kreisstadt Meschede wurde von Anfang an erfasst von der neuen Bewegung für Frieden und Abrüstung. Die örtliche pax christi-Basisgruppe arbeitete im Rahmen eines größeren Bündnisspektrums sehr aktiv mit.[390] *Irmgard Rode*, die in jener Zeit ihren Traum von einem „Internationalen Kinderhaus" verwirklicht sah, war für junge Menschen – nicht nur aus dem kirchlichen Bereich – eine wichtige Leitgestalt. Seit meiner Mescheder Zivildienstzeit (1980/81) konnte ich selbst sie als entschiedene katholische Pazifistin kennenlernen, was sich prägend für meinen weiteren Weg ausgewirkt hat. Den besten Artikel über Irmgard Rode während der heißen Auseinandersetzungen der 1980er Jahre hat übrigens 1983 ein Redakteur der Kirchenzeitung *„Der Dom"* geschrieben.

Irmgard Rode meldete sich engagiert in der öffentlichen Diskussion um die Bergpredigt zu Wort, die damals besonders durch das Buch *„Frieden ist möglich"* (1983) des Journalisten, Kernkraftgegners und CDU-Mitglieds Franz Alt Aufwind erfuhr. In Tuchfühlung mit Franz Alt bildete sich im Frühjahr 1994 im Hochsauerland eine zeitweilig sehr regsame Regionalgruppe der *„Christlichen Demokraten für Schritte zur Abrüstung (CDSA)"*[391]. Der Mescheder *Andreas Evers*, einer der beiden federführenden CDSA-Initiatioren, leitete ab Mitte der 1980er Jahre auch in Nachfolge von Irmgard Rode die pax christi-Basisgruppe.

Christen aus der Region sind immer wieder auch überregional in der pax christi-Bewegung in Erscheinung getreten. Der ehemalige Sanitätsfeldwebel *Christoph Allroggen* (1907-1999), ein

---

[389] Dudek 1988.
[390] Eine Übersicht zu allen beteiligten Gruppen am Beispiel der vierten „Mescheder Friedenswochen" enthält: Schürmann 1984.
[391] CDSA Hochsauerland 1984.

ganz nahe am Sauerland in Altenbecken geborener Priester und Bekannter von Franz Stock, engagierte sich als Seelsorger des Bistums Essen für pax christi.[392] – Der in sozialen Zusammenhängen durch vielseitige Kompetenz ausgewiesene Priester Dr. *Meinolf Demmel*, geboren 1934 in Hüsten und aufgewachsen in Freienohl, gehört seit 1974 zu pax christi und ist nun schon etwa ein Vierteljahrhundert lang Geistlicher Beirat der Bistumsgruppe Essen.[393] Auf bislang sechs internationalen und 37 regionalen Routen hat er anderen die Geschichte der christlichen Friedensbewegung vermittelt.

Der Priester *Günther Keine*, geboren 1934 in Menden (kurkölnisches Sauerland), studierte Theologie in Paderborn, München und Paris.[394] Seine Stationen: 1960-1968 erste Stelle als Vikar und später Pfarrvikar in einer reinen Bergleute-Siedlung in Herne-Pantringshof; 1968 bis 1974 Vikar in Gütersloh und zugleich Religionslehrer am Evangelisch-Stiftischen Gymnasium. 1974 Diözesankaplan der Katholischen Studierenden Jugend in Dortmund und bis 1977 Religionslehrer am Goethe-Gymnasium. 1978-1999 Pfarrer von „Christus Unsere Hoffnung" an der Arndtstraße. „20 Jahre war Günther Keine Geistlicher Beirat der Pax-Christi-Bewegung in der Diözese Paderborn. Über 40 Jahre hat er Kriegsdienstverweigerer beraten und begleitet. Mit besonderem Engagement hat er in Peru die Partnergemeinde von Christus Unsere Hoffnung und bis heute in Bambamarca die Partnergemeinde von St. Martin besucht und begleitet. Seine guten Spanisch-Kenntnisse nutzte er von 1988 bis 1993 sechs Mal in den Sommerferien jeweils vier Wochen lang, die Priesterkandidaten in Cajamarca in biblischer Theologie zu unterrichten. Ab 2005 hat er diese Aufgabe im Seminar in Huancayo

---

[392] Katholisches Militärbischofsamt 1994, S. 32-38 (dort Altenbeken als Geburtsort); Hehl 1998, S. 1135; pax christi Essen 2015* (hier Warburg als Heimatort).

[393] Zu eigenen Kriegserinnerungen hat Meinolf Demmel mir am 26.06.2015 erzählt: Der Freienohler Pfarrer Gerwinn habe im Gottesdienst immer wieder die Namen der ihm z.T. gut bekannten „Gefallenen" vorgelesen, und dies sei ihm „unheimlich" geworden. Als Zehnjährige sei er natürlich auch „national gesonnen" gewesen und habe unbedingt gewollt, dass „wir den Krieg gewinnen". Etwa 1944 seien rund 30 junge Freienohler vom Kriegerdenkmal aus zum Einsatz losgezogen; am Ort gab es ein Schild: „Wir ziehen in den Krieg – dem Führer helfen wir zum Sieg."

[394] Alle Angaben zu ihm nach: Pastoralverbund Dortmund Mitte-Ost 2005*.

wieder aufgenommen." Ein Vortrag Keines zum Neheimer pax christi-Adventstreffen 1988 enthält die denkwürdige Bitte, die *friedenspolitische* Dimension des Wirkens von Franz Stock anlässlich des 40. Todestages dieses sauerländischen Friedensboten nicht auszublenden.[395]

Der Quickborner Dr. *Wolfgang Regeniter* (geb. 1936 in Dortmund), dessen Vater aus Arnsberg stammte und der als Kind sechs Jahre in Affeln (Altkreis Arnsberg) aufgewachsen ist, war 1986-2006 pax christi-Sprecher der Bistumsgruppe Paderborn.[396] (Gegenwärtig ist der im Kreis Olpe geborene und in Brilon lebende Martin Guntermann-Bald Geistlicher Beirat von pax christi in der Diözese; Maria Gierse aus Meschede-Remblinghausen gehört als Vorsitzende zum Leitungsteam.)

Dr. *Reinhard J. Voß*[397] (geb. 1949) aus einer Bauernfamilie im Kreis Olpe war von 2001 bis 2008 Generalsekretär der deutschen Sektion der internationalen katholischen Friedensbewegung pax christi. Von 2010 bis 2014 hat er als Berater der Katholischen Kirche im Kongo zusammen mit seiner Frau Margret in Zentralafrika gelebt. Dieser Sauerländer, aus dessen Schreibwerkstatt auch eine Chronik seiner Heimatgemeinde Lenne (1971) stammt, ist ein weltkirchlich und ökumenisch ausschauender Anwalt des Friedens.

Johannes (Hennes) Schnettler, geboren 1953 im Krankenhaus Eslohe und aufgewachsen in Fretter, wurde geprägt durch die Erfahrungen seines Vaters, der 1949 aus russischer Kriegsgefangenschaft zurückgekommen war, sowie durch die lokalen Er-

---

[395] Keine 1998. Online nachzulesen in: daunlots nr. 77, S. 358-360.

[396] Vgl. zu ihm auch das ‚Verzeichnis der Autorinnen und Autoren' in: daunlots nr. 77*, S. 523-524.

[397] Kurzvita Dr. Reinhard Voß: „Studium der Geschichte, Romanistik und Erwachsenenbildung in Gießen, Paris und Berlin, ab 1969 parallel dazu Obdachlosen- und Gemeinwesenarbeit in Gießen, später im Bereich der Neuen Sozialen Bewegungen. Referent an einer Katholischen Akademie, Erwachsenenbildner für ökumenische Basisbewegungen, Lehraufträge zu Fragen der Ökumene und Konfliktbearbeitung in Bochum, Kassel und Osnabrück, Trainer für den Zivilen Friedensdienst, Generalsekretär der Pax Christi. Ab Juli 2008 Freier Autor, Moderator und Referent. Von 2010 bis 2014 Berater der Katholischen Kirche in der DR Kongo mit Sitz in Kinshasa." Seit Abschluss seines Buches zur Katholischen Kirche im Kongo (2015) „im (Un-)Ruhestand und ehrenamtlich tätig für den Friedensdienst EIRENE und die Zukunftswerkstatt Ökumene in Wethen/Germete (jeweils im Vorstand)." http://reinhard-voss-wethen.de/ Vgl. auch: Föster 2001.

innerungen an den „kleinen katholischen Widerstand gegen die Zugriffe der Nazis auf kirchliche Traditionen"[398]. Über „die Verweigerung des Kriegsdienstes und die Friedensbotschaft des zweiten Vatikanischen Konzils" fand er zur katholischen Friedensbewegung pax christi, für deren deutsche Sektion er bis Oktober 2012 achtzehn Jahre lang als Vizepräsident tätig gewesen ist. (Freilich sticht die Präsenz kölnischer Sauerländer nicht nur in der katholischen Friedensbewegung ins Auge. Im Konklave 2013 stellten die kurkölnischen Südwestfalen fast 1,8 Prozent der *weltweiten* Papstwähler.[399] Im November 2015 wurde der in Lennestadt-Elspe geborene Dr. theol. Thomas Sternberg zum neuen Präsidenten des Zentralkomitees der deutschen Katholiken gewählt.)

9. Was kommt nach dem Ende der „katholischen Landschaft"?

Bischof Franziskus von Rom, der der katholischen Weltkirche in unseren Tagen als Brückenbauer und Ermutiger dient, äußert sich in seiner Analyse des Kriegsapparates unmissverständlich. Im Juni 2014 sprach Franziskus so von einem Kapitalismus, der über Leichen geht: *„Damit das System fortbestehen kann, müssen Kriege geführt werden, wie es die großen Imperien immer getan haben. Einen Dritten Weltkrieg kann man jedoch nicht führen, und so greift man eben zu regionalen Kriegen."* Gegenwärtig steht die Frage im Raum, ob sich die großen Kirchen hierzulande mit einem unbequemen Standort der Ökumene für den Frieden einreihen oder ob sie – in der langen und unseligen Tradition eines „staatskirchlich-nationalen" Wohlverhaltens – angesichts der rasanten Remilitarisierung der deutschen und internationalen Politik weiterhin eine Zuschauerrolle einnehmen werden. Zumindest der Skandal, dass Deutschland inzwischen weltweit als drittgrößter Produzent und Exporteur von Kriegsgütern bzw. Mordwaffen die Gewalt auf dem Globus befördert und so die Präambel des Grundgesetzes besudelt, wird auch in einigen Bischofsvoten thematisiert. Ansonsten scheint pax christi-Präsident Heinz Josef Algermissen bei seinen Einsprüchen gegen den

---

[398] Angaben nach einer E-Mail von Hennes Schnettler vom 28.06.2015. – Publikation zur Erinnerungskultur: Schnettler 2008.
[399] http://www.heise.de/tp/artikel/38/38740/1.html

neuen militärischen Heilsglauben in der Bischofskonferenz noch nicht sehr viele Weggefährten zu haben.

Schon 2006 haben über 2.000 Christinnen und Christen in einer Ökumenischen Erklärung[400] klargestellt, dass geostrategische und ökonomische Zielvorgaben zur „Sicherung des nationalen Wohlstandes" in Militärdoktrinen nicht nur verfassungs- und völkerrechtswidrig sind, sondern sich auch im Bereich der gesamten Ökumene mit *keiner* christlichen Friedensethik vereinbaren lassen. Die evangelische Aktionsgemeinschaft Dienst für den Frieden und die katholische pax christi-Bewegung bitten in einem Offenen Brief vom 1. September 2015 erneut alle Kirchenleitungen im Land, gegen entsprechende Militärplanungen auch hierzulande ein klares christliches Votum zu setzen.[401] Denn es haben die Leitungen der großen Kirchen in dieser Grundsatzfrage, in der z.B. zwischen christlichen Soldaten und Pazifisten völlige Übereinstimmung besteht, trotz drängender Bitten von unten noch immer nicht die rote Linie kenntlich gemacht, die selbstredend gerade auch für die Getauften in den politischen Parteien gilt. Nach dem abgründigen Versagen der deutschen Kirchenleitungen in zwei Weltkriegen muss erwartet werden, dass gerade auch staatlich dotierte Bischöfe den *„Prüfstein Weltkirchlichkeit"*[402] in ihrer Amtsführung mit größtem Ernst bedenken.

Inflationär kursiert in Politikerreden und Medienbeiträgen das nebulöse Votum für „eine neue deutsche Verantwortung in der Welt". Hierbei denkt jedoch niemand an eine Einlösung der nach wie vor nur auf dem Papier stehenden Selbstverpflichtung im Bereich der Entwicklungshilfe oder an die Übernahme einer *„Responsibility To Feed"*, d.h. einer völkerrechtlich bindenden Verpflichtung zur Sicherung der lebensnotwendigen Ernährung überall auf dem Globus. Es sterben Jahr für Jahr etwa 30 Millionen Menschen an Hunger und anderen Formen der Unterversorgung; dies ist der größte „Kriegsschauplatz" der Erde. Derweil entzieht ein monströser Weltrüstungshaushalt von jährlich fast 1,8 Billionen US-Dollar (2014: tausendfünfhunderteinundneunzig Milliarden Euro!) der Weltgesellschaft jene Mittel, die sie braucht, um moderne Wissenschaften und Logistiken des

---

[400] Ökumenische Erklärung 2006*; Bürger 2009, S. 187-202.
[401] Dokumentiert z.B. in: Bürger 2015d*, S. 282-284.
[402] Vgl. Bürger 2009, S. 161-268.

Friedens zu entwickeln, die großen Probleme der Gegenwart anzugehen und die Lebensgrundlagen auf dem Planeten[403] für zukünftige Generationen wieder aus den Fängen eines wahnhaften Geldvermehrungskomplexes „zurückzuerobern". Fassungslos müssen wir zur Kenntnis nehmen, dass in Europa 70 Jahre nach Ende des deutschen Eroberungs- und Vernichtungskrieges von Teilen der Politik wieder die Agenda eines neuen ‚Kalten Krieges' verfolgt wird (in krassem Widerspruch zum Mehrheitsvotum in der Bevölkerung). Luftkriege sind – trotz aller Propaganda zu sogenannten „Präzisionsschlägen" – nichts anderes als die Anwendung von Methoden der Insektenvernichtung auf die Spezies Mensch. Nach wie vor produzieren Bomben im assymetrischen Kriegskomplex Terror ... und wieder neuen Terror. Gleichwohl können noch 2015 in Europa Politiker predigen, man müsse Terroranschläge mit noch mehr Bomben beantworten. Hier wird – abseits aller ethischen Diskurse – vorgeführt, wie weit wir von einer auf Vernunft basierenden Politik entfernt sind: Alte Militärdogmen, aber nichts Neues unter der Sonne.

Angesichts all dieser Abgründe und des allgegenwärtigen – irrationalen – Kriegsdenkens fordert die ökumenische Dortmunder Friedensgruppe ‚Christinnen und Christen für den Frieden' „in einem offenen Brief *an die Politikerinnen und Politiker in unserem Land, zu einer ‚Sicherheitspolitik' zurückzukehren, die wirklich dem Frieden dient*"[404]. Soviel kann man sagen: Die Zeit der Ruhekissen ist unwideruflich vorbei. Wir sind gerade erst dabei, erneut zu lernen, dass auch ein „geeintes Europa" und demokratische Verfassungen keine Naturprodukte sind, sondern – zum Teil bitter erkämpfte – Errungenschaften, die bedroht sind, sobald ihre Gestalt nicht mehr überzeugt und unter dem Vorzeichen einer aggressiven Wirtschaftsreligion niemand mehr für die ursprüngliche Idee einsteht.[405]

Wie nun könnte die Herausforderung des Friedens von *unten* – in der Region und im Raum der Ortskirchen – ins Blickfeld kommen? Unsere Erkundungen zur Geschichte der „Friedenslandschaft Sauerland" haben an mehreren Stellen zu Tage treten lassen, dass die Forderung nach einem globalen Denken im Verein

---

[403] Laudato si 2015*.
[404] Ökumenische Dortmunder Friedensgruppe 2014*.
[405] Bürger 2015f*.

mit lokalem Handeln eine zutiefst „katholische" Angelegenheit ist. Die Geschäftigkeit von „Kirchenmanagern" wird freilich nicht mehr lange darüber hinwegtäuschen, dass es die „katholische Landschaft" im herkömmlichen Sinn nicht mehr gibt. Während des – in der gegenwärtigen Generation bereits vollzogenen – Traditionsabbruchs[406] ist die Chance vertan worden, den nicht nur bedrückend engen, sondern auch mit ungeheuren menschlichen Reichtümern einhergehenden Milieukatholizismus in eine Leutekirche zu transformieren, durch die sich der Gemeinde Jesu am Ort Wege ins dritte Jahrtausend eröffnen. Ehedem abgeschlossene, konfessionell geprägte Landschaften wie das kölnische Sauerland werden – gottlob – stetig bunter und müssen ihre „Katholizität" heute unter völlig gewandelten Verhältnissen unter Beweis stellen. Zu wehren gilt es den falschen Propheten, die erneut einen aggressiven Regionalismus predigen, der viele Menschen ausschließt. Widerspruch tut Not gegen jene, die von „Überfremdung" faseln und dort, wo der rasante soziokulturelle Wandel Angst macht, auf offene Ohren stoßen.

Heute lässt der Kölner Bischofsstuhl, dem das ‚kölnische Sauerland' bis zur Säkularisation unterstanden hat, für tausende, an den Grenzen des reichen Europas ertrunkene Flüchtlinge die Kirchenglocken läuten und teilt am Kölner Dom in großen Buchstaben die Botschaft des II. Vatikanischen Konzils über die unantastbaren Rechte jedes Menschen mit. Im Zentrum steht das „Dogma von der Einheit des Menschengeschlechtes", welches auch die sauerländischen Friedensbundkatholiken während der Weimarer Republik beflügelt hat und 1949 in Theodor Pröppers Votum für eine neue Heimatarbeit im Sauerland ausdrücklich genannt wird. Ohne Zuwanderung werden die Dörfer übrigens über kurz oder lang „sterben".

Bezogen auf die Aufnahme von Flüchtlingen hat mir schon Anfang 2015 die Kulturredakteurin einer großen Zeitung erzählt, sie könne im südlichen Westfalen viel Erfreuliches beobachten. Meine eigenen Erkundigungen in der Heimat ergeben ein gemischtes Bild. Einerseits beteiligen sich südwestfälische Politiker an der Stimmungsmache gegen die Vernunftlinie der Bundeskanzlerin, obwohl diese ihrer eigenen Partei angehört und bei der Ermutigung zur Bewegung einer bereiten Solidarität in unserer Gesellschaft auf den Rückhalt der Kirchen zählen

---

[406] Halbfas 2011; Bürger 2009, S. 63-88.

kann. Besonders erschreckend war für mich das Gespräch mit einem CDU-Mitglied aus dem Kreis Olpe im November 2015. Dieser Sauerländer gab sich nachdrücklich als treuer Katholik zu erkennen, wetterte jedoch gegen Angela Merkel und seinen eigenen CDU-Ortsverein. Auf seinem Handy-Display konnte ich dann einen jener rassistischen „Gags" sehen, die per Knopfdruck millionenfach weitergeleitet werden. Dass heute auch christdemokratische Politikerinnen und Politiker der Hetze oder gar Morddrohungen von rechtsextremistischen Demokratiefeinden ausgesetzt sind, schien ihn nicht zu berühren.

Ein Flügelkampf in den Unionsparteien zwischen entschiedenen Christen und jenen sogenannten „Konservativen", die mit ihren Signalen den neuen Deutschnationalen (und eben nicht der eigenen Partei) unentwegt weitere Wählerstimmen zuführen, lässt sich nicht mehr leugnen.[407] Auf der christlich-humanistischen oder verfassungspatriotischen Seite stehen im Sauerland jene CDU-Kommunalpolitiker, die ähnlich wie der Oberbürgermeister von Rottenburg die Devise ausgeben: „Wer, wenn nicht wir, sollte die mit dem Flüchtlingselend einhergehenden Herausforderungen denn meistern können?" – Hier wird nicht zuletzt die „katholische", also auf das Ganze schauende Position vertreten: eine Politik, die das Bekenntnis zum ersten Artikel unseres Grundgesetzes glaubwürdig werden lässt und mit den besten Traditionen des kölnischen Sauerlandes in Einklang steht. Nicht nur aus christlicher Sicht ist zu hoffen, dass *diese* Linie sich in der Region lagerübergreifend durchsetzt und die Überschrift „Heimat für Menschen" als Einladung zu einem spannenden Aufbruch gehört wird, der alle beschenkt. In diesem Fall wäre es wirklich angesagt, ein besonderes Gütesiegel „Friedenslandschaft Sauerland" zu erwägen – als eine *Wahl* auf Zukunft hin.

---

[407] Vgl. hierzu jetzt auch bemerkenswerte Ausführungen des ZDF-Intendanten in der Zeitung „Christ & Welt": Frey 2015*. – Im November 2015 haben sich fast 50 bayerische Ordensobere in einem Offenen Brief gegen die Flüchtlingspolitik der CSU und die populistische Stimmungsmache einiger bayerischer Spitzenpolitiker ausgesprochen. Zu bedenken bleibt überdies, dass die hierbei kritisierte Polit-Rhetorik nicht zuletzt auch das enorme Flüchtlingshilfe-Engagement vieler Anhänger der CSU „entwertet".

Literaturverzeichnis (mit Kurztiteln)

Die in der Bibliographie vorangestellten Kurztitel ermöglichen ein schnelles Auffinden der im Text angeführten Literatur. Beiträge, die auch im Internet abgerufen werden können, sind mit einem Sternchen* gekennzeichnet.

Arens 2014/2015 = *Arens*, Andrea: Ehrenmale für die Opfer des Ersten Weltkrieges im Kreis Olpe. Eine Auswahl mit Schwerpunkten auf Werken des Bildhauers Franz Belke. Teil 1, 2 und 3. In: Südsauerland – Heimatstimmen aus dem Kreis Olpe Folge 257 (Nr. 4/2014), S. 349-358; Folge 258 (Nr. 1/2015), S. 5-16; Folge 259 (Nr. 2/2015), S. 113-124; Folge 260 (Nr. 3/2015), S. 221-234.

Basse 1996 = *Basse*, Hans-Joachim: Josef Bauer – engagierter Pädagoge und Theologe. Rektor in Medebach 1914-1938. In: Jahrbuch HochSauerlandKreis 1996, S. 27-31.

Baumjohann 1972 = *Baumjohann*, Gerhard: Weltpriester des Erzbistums Paderborn in der Auseinandersetzung mit dem Nationalsozialismus. In: Scheele, Paul-Werner (Hg.): Paderbornensis Ecclesia. Beiträge zur Geschichte des Erzbistums Paderborn. Festschrift für Lorenz Kardinal Jaeger zum 80. Geburtstag am 23. September 1972. München, Paderborn, Wien: Schöningh 1972, S. 711-746.

Becker/Vormberg 1994 = *Becker*, Günther / *Vormberg*, Martin: Kirchhundem – Geschichte des Amtes und der Gemeinde. Kirchhundem: Gemeinde Kirchhundem 1994.

Blömeke 1992 = *Blömeke*, Sigrid: Nur Feiglinge weichen zurück. Josef Rüther (1881-1972). Eine biographische Studie zur Geschichte des Linkskatholizismus. Brilon: Demokratische Initiative 1992.

Blömeke 1995 = *Blömeke*, Sigrid: Der FDK im Sauerland. Regionale katholische Friedensarbeit. In: Pax Christi Deutsches Sekretariat (Hg.): 75 Jahre katholische Friedensbewegung in Deutschland. Idstein 1995, S. 95-115.

Böckenförde 1988 = *Böckenförde*, Ernst-Wolfgang: Der deutsche Katholizismus im Jahre 1933. Kirche und demokratisches Ethos. – Mit einem historiographischen Rückblick von Karl-Egon Lönne. (=

Schriften zu Staat – Gesellschaft – Kirche Band 1). Freiburg, Basel, Wien: Herder 1988.

Bödger 1999 = *Bödger*, Johannes: Beringhausen. 150 Jahre Schützengeschichte und Vereinsleben in einem Sauerländer Dorf. Marsberg: [St.-Markus-Schützenbruderschaft Beringhausen] 1999.

Bösken 2014* = *Bösken*, Ursula: Wittener wurde nach Verrat Opfer der Nazi-Justiz. In: WAZ-Online, 08.12.2014. www.derwesten.de/staedte/witten/wittener-wurde-nach-verrat-opfer-der-nazi-justiz-id10123070.html [Über den Küster und Organisten Friedrich Wilhelm Espenhahn]

Bracht 2004 = *Bracht*, Hans-Günther: Widerstand im Kreis Lippstadt gegen Rechtstrend des Zentrums. In: Heimatblätter – Beilage zum „Patriot" und zur Geseker Zeitung 84. Jg. (Lippstadt 2004), S. 148-152.

Bracht 2015 = *Bracht*, Hans-Günther: Zur Problematik von Straßenbenennungen. Dargestellt am Beispiel der Pöggelerstraße in Rüthen. In: Heimatblätter – Beilage zum „Patriot" und zur Geseker Zeitung 95. Jg. (Lippstadt 2015), Folge 4, S. 25-32.

Brandt/Häger 2002 = *Brandt*, Hans Jürgen / *Häger*, Peter (Hg.): Biographisches Lexikon der Katholischen Militärseelsorge Deutschlands 1848-1945. Paderborn: Bonifatius 2002.

Breitenborn 1981 = *Breitenborn*, Konrad: Der Friedensbund Deutscher Katholiken 1918/19-1951. Berlin[-Ost]: Union Verlag 1981.

Broschüren-Cyclus 1870* = *Sind die Katholiken schlechte Patrioten?* 6. Auflage. (= Broschüren-Cyclus für das katholische Deutschland. Erster Jahrgang, Elftes Heft). Soest: Nasse 1870. [20 Seiten] Internet-Ressource: http://sammlungen.ulb.uni-muenster.de/hd/content/titleinfo/2547265

Bruns 1987 = *Bruns*, Alfred (Red.): Volksfrömmigkeit und Vaterlandsliebe. Bilder aus sauerländischen Stuben 1850-1930. Hg. Schieferbergbau- und Heimatmuseum Schmallenberg-Holthausen. Schmallenberg: [Grobbel] 1987.

Bruns 1992 = *Bruns*, Alfred (Bearb.): Geschichtsforschung im Herzogtum Westfalen. Der historische Verein zu Arnsberg. Eine Dokumentation. (= Landeskundliche Schriftenreihe für das kurkölnische Sauerland Band 9). Brilon: Podszun 1992.

Bruns/Senger 1988 = *Bruns*, Alfred / *Senger*, Michael (Red.): Das Hakenkreuz im Sauerland. Hrsg. Schieferbergbau-Museum Schmallenberg Holthausen. 2. Auflage. Fredeburg: [Grobbel] 1988.

Bürger 1993 = *Bürger*, Peter (Bearb.): Christine Koch. Liäwensbauk. Erkundungen zu Leben und Werk. (= Christine Koch-Werke.

Ergänzungsband). Eslohe, Fredeburg: Grobbel 1993. [Bezugsadresse www.museum-eslohe.de]

Bürger 1995 = *Bürger*, Peter: „Da hat keiner gehungert und gefroren ...". – Fremdarbeiter im Niederesloher Werk Koenig während des II. Weltkrieges. In: Esloher Museumsnachrichten 1995, S. 21-25.

Bürger 2006 = *Bürger*, Peter: Aanewenge. Plattdeutsches Leutegut und Leuteleben im Sauerland. Eslohe: Museum 2006.

Bürger 2007a = *Bürger*, Peter: Strunzerdal. Die sauerländische Mundartliteratur des 19. Jahrhunderts und ihre Klassiker Friedrich Wilhelm Grimme und Joseph Pape. Eslohe: Museum Eslohe 2007.

Bürger 2007b* = *Bürger*, Peter: Morden und Sterben in aller Welt. Zum Antikriegstag 2007 ein etwas anderer Zugang: Einblicke aus Heimatgeschichte und Familienalben. In: Telepolis, 01.09.2007. http://www.heise.de/tp/r4/artikel/26/26068/1.html

Bürger 2009 = *Bürger*, Peter: Die fromme Revolte. Katholiken brechen auf. Oberursel: Verlag Publik-Forum 2009.

Bürger 2010 = *Bürger*, Peter: Im reypen Koren. Ein Nachschlagewerk zu Mundartautoren, Sprachzeugnissen und plattdeutschen Unternehmungen im Sauerland und in angrenzenden Gebieten. Eslohe: Museum 2010.

Bürger 2012 = *Bürger*, Peter: Liäwensläup. Fortschreibung der sauerländischen Mundartliteraturgeschichte bis zum Ende des ersten Weltkrieges. Eslohe: Museum 2012.

Bürger 2013 = *Bürger*, Peter: Fang dir ein Lied an! Selbsterfinder, Lebenskünstler und Minderheiten im Sauerland. Eslohe: Museum 2013.

Bürger 2014a* = *Bürger*, Peter: Das Schweigen der Bischöfe. Ein aktueller Wikipedia-Eintrag zu Kilian Kirchhoff (1892-1944) ist schlecht belegt und begünstigt noch 70 Jahre nach Hinrichtung des Franziskaners die kirchenpolitische Mythenbildung. In: Telepolis, 24.04.2014. http://www.heise.de/tp/artikel/41/41563/1.html

Bürger 2014b* = *Bürger*, Peter: „Kein Deutscher darf jemals wieder ein Gewehr tragen." Der Publizist Georg D. Heidingsfelder (1899-1967) hielt hartnäckig an seinen Erkenntnissen aus der US-amerikanischen „reeducation" fest und wurde deshalb in der Adenauer-Republik zum brotlosen Nonkonformisten. Eine Erinnerung anlässlich des Antikriegstages 2014. In: Telepolis, 01.09.2014. http://www.heise.de/tp/artikel/42/42660/1.html

Bürger 2015a* = *Bürger*, Peter: Die andere Chronologie zu Pacellis Konkordatspolitik. Ein Forschungsbeitrag von Christoph Hübner beleuchtet den rechtskatholischen Anteil am Scheitern der Weimarer Republik. In: Website Lebenshaus Alb, 20.01.2015. http://www.lebenshaus-alb.de/magazin/008972.html

Bürger 2015b* = *Bürger*, Peter: Päpstliche „Laudatio" auf Hitler. – Der Anteil des Rechtskatholizismus am Scheitern der Weimarer Demokratie ist nicht gering. Ein Mammutwerk des Historikers Christoph Hübner sorgt für mehr Klarheit. In: Telepolis, 28.01.2015. http://www.heise.de/tp/artikel/43/43951/1.html

Bürger 2015c* = *Bürger*, Peter: Lorenz Jaeger und die „Stufen der Kollaboration". – Stellungnahme und Dokumentation zum Antrag der Demokratischen Initiative Paderborn, die Ehrenbürgerschaft des 1941 ernannten Erzbischofs rückgängig zu machen. Fassung: Düsseldorf, 8. Mai 2015. Internetressource: http://www.ikvu.de/fileadmin/user_upload/PDF/pb_LORENZ_JAEGER_08_Mai_2015.pdf

Bürger 2015d* = „Es droht eine schwarze Wolke". Katholische Kirche und Zweiter Weltkrieg. Erster Band: Lesesaal – Diskussion – Impulse. Herausgegeben von Peter Bürger im Auftrag von pax christi, Bundesvorstand und Kommission Friedenspolitik. Berlin: pax christi – Deutsche Sektion e.V. 2015. www.paxchristi.de [Download auch möglich unter: http://www.bv-opfer-ns-militaerjustiz.de/uploads/Dateien/Buchtipps/pcKIRCHEuWELTKRIEG2015 0921.pdf]

Bürger 2015e = *Bürger*, Peter (Hg.): Sauerländische Mundart-Anthologie. Erster Band: Niederdeutsche Gedichte 1300-1918. Schmallenberg-Kückelheim: WOLL-Selbstverlag 2015.

Bürger 2015f* = *Bürger*, Peter: Freude schöner Götterfunken? Euro-Europa hat die Vision der Schönheit verraten und wird vielleicht erst zu spät begreifen, dass die kapitalistische Ideologie samt Militärreligion in eine Götterdämmerung mündet. In: telepolis, 01.11.2015. http://www.heise.de/tp/artikel/46/46438/1.html

Bürger/Raffenberg 2014 = *Bürger*, Peter / *Raffenberg*, Manfred [Autoren]: Joseph Anton Henke (1892-1917). Heimat-, Kriegs- und Antikriegsdichter. (= Kleine Reihe Band 21. Christine-Koch-Gesellschaft e.V. Literarische Gesellschaft Sauerland). Brilon: Podszun 2014.

Burtscheidt 2014* = *Burtscheidt*, Andreas: Karl Joseph Kardinal Schulte (1871-1941), Erzbischof von Köln (1920-1941). In: LVR-Portal Rheinische Geschichte, 14.03.2014. www.rheinische-geschichte.lvr.de/persoenlichkeiten/S/Seiten/KarlJosephSchulte.aspx

CDSA Hochsauerland 1984 = *Christliche Demokraten für Schritte zur Abrüstung* – CDSA Hochsauerland – Meschede (Hg.): Friedensarbeit in der Region. Ausgabe Dezember 1984.

Conrad 2014 = *Conrad*, Horst: Der Kölnische Krieg und die Landstände im Herzogtum Westfalen. In: SüdWestfalenArchiv 14. Jg. (2014), S. 51-93. [Erschienen: 2015]

Cordes 2000 = *Cordes*, Werner F.: Die Erstausgabe des „Sursum corda!" 1874 und das „Gesangbuch für altkatholische Gemeinden". In: Sauerland Nr. 1/2000, S. 9-11.

Cramer 2008 = *Cramer*, Adolf: Erinnerung an meine Jugendzeit in Rüthen 1934-1948. Norderstedt: Books on Demand GmbH 2008.

Cronau 2002 = *Cronau*, Günter (Bearb.): Franz Kessler. Kreuz statt Hakenkreuz. Arnsberg: Arnsberger Heimatbund e.V. 2002. [Nicht eingesehen]

Cronau 2010 = *Cronau*, Günter (Bearb.): Franz Kessler – Kreuz statt Hakenkreuz. Ergänzungsband. Arnsberg: Arnsberger Heimatbund / Becker-Druck 2010. [Nicht eingesehen]

Dahme/Keilig/Michel 2012* = *Dahme*, Josef / *Keilig*, Josef / *Michel*, Hubert: Lehrer Mohr – seine Familie in Müschede und Hachen. In: Müscheder Blätter – Beiträge zur Heimatgeschichte 42. Folge (Januar 2012), S. 327-338. [Auch als Internet-Ressource: http://www.adh-mueschede.de/bilder/mb12_42.pdf]

daunlots nr. 2* = *Christine Koch (1869-1951). Biographie im Überblick, Werkbeispiele, aktualisierte Bibliographie.* Bearbeitet von Peter Bürger. (= daunlots. internetbeiträge des christine-koch-mundartarchivs am maschinen- und heimatmuseum eslohe. nr. 2). Eslohe 2010. www.sauerlandmundart.de

daunlots nr. 26* = *Vorgestellt: Peter Sömer (1832-1902).* Lennestadt-Elspe, Werl-Büderich. (= daunlots. internetbeiträge des christine-koch-mundartarchivs am maschinen- und heimatmuseum eslohe. nr. 26). Eslohe 2010. www.sauerlandmundart.de

daunlots nr. 42* = *Joseph Anton Henke (1892-1917), Finnentrop-Frettermühle.* Dokumentation zu Leben & Werk. Redaktion: Peter Bürger. (= daunlots. internetbeiträge des christine-koch-mundartarchivs am maschinen- und heimatmuseum eslohe. nr. 42). Eslohe 2011. www.sauerlandmundart.de

daunlots nr. 45* = *„Den luden mote vreden syn".* Ein Soester Weihnachtsgedicht von 1449. Hintergrund, Edition des mittelniederdeutschen Textes und Übersetzung. (= daunlots. internetbeiträge des christine-koch-mundartarchivs am maschinen- und heimatmuseum eslohe. nr. 45). Eslohe 2011. www.sauerlandmundart.de

daunlots nr. 49* = *Schäfer*, Nikolaus (Bearb.): Plattdeutsche Beiträge der Heimatgrüße aus dem oberen Sauerland 1915-1918. Mundartdokumentation zu einem Feldpostperiodikum der Geistlichkeit des Dekanates Medebach. (= daunlots. internetbeiträge des christine-koch-mundartarchivs am maschinen- und heimatmuseum eslohe. nr. 49). Eslohe 2012. www.sauerlandmundart.de

daunlots nr. 50* = *Bürger,* Peter: Plattdeutsche Kriegsdichtung aus Westfalen 1914-1918. Karl Prümer – Hermann Wette – Karl Wagenfeld – Augustin Wibbelt. (= daunlots. internetbeiträge des christine-koch-mundartarchivs am maschinen- und heimatmuseum eslohe. nr. 50). Eslohe 2012. www.sauerlandmundart.de

daunlots nr. 51* = *Vorgestellt: Anna Feldmann aus Eslohe-Bremscheid.* (= daunlots. internetbeiträge des christine-koch-mundartarchivs am maschinen- und heimatmuseum eslohe. nr. 51). Eslohe 2012. www.sauerlandmundart.de

daunlots nr. 55* = *Bürger,* Peter: Joseph Pape (1831-1907) als Theologe. Ein Kapitel der „katholischen Laientheologie" in der zweiten Häfte des neunzehnten Jahrhunderts. (= daunlots. internetbeiträge des christine-koch-mundartarchivs am maschinen- und heimatmuseum eslohe. nr. 55). Eslohe 2012. www.sauerlandmundart.de [Zuerst 1998, Druckausgabe]

daunlots nr. 59* = *Bürger,* Peter (Bearb.): Nationalkonservative, militaristische und NS-freundliche Dichtungen Christine Kochs 1920-1944. (= daunlots. internetbeiträge des christine-koch-mundartarchivs am maschinen- und heimatmuseum eslohe. nr. 59). Eslohe 2012. www.sauerlandmundart.de

daunlots nr. 60* = *Bürger,* Peter: Der völkische Flügel der sauerländischen Heimatbewegung. Über Josefa Berens-Totenohl, Georg Nellius, Lorenz Pieper und Maria Kahle – zugleich ein Beitrag zur Straßennamen-Debatte. (= daunlots. internetbeiträge des christine-koch-mundartarchivs am museum eslohe. nr. 60). Eslohe 2013. www.sauerlandmundart.de

daunlots nr. 61* = *Bürger,* Peter (Bearb.): Josef Rüther (1881-1972) aus Olsberg-Assinghausen. Linkskatholik, Heimatbund-Aktivist, Mundartautor und NS-Verfolgter. (= daunlots. internetbeiträge des christine-koch-mundartarchivs am museum eslohe. nr. 61). Eslohe 2013. www.sauerlandmundart.de

daunlots nr. 69* = Georg Nellius (1891-1952). Völkisches und nationalsozialistisches Kulturschaffen, antisemitische Musikpolitik, Entnazifizierung. – Darstellung und Dokumentation im Rahmen der aktuellen Straßennamendebatte. Vorgelegt von Peter Bürger und Werner Neuhaus in Zusammenarbeit mit Michael Gosmann / Stadtarchiv Arnsberg. (= daunlots. internetbeiträge des christine-koch-mundartarchivs am museum eslohe. nr. 69). Eslohe 2014. www.sauerlandmundart.de

daunlots nr. 70* = *Josefa Berens-Totenohl (1891-1969), nationalsozialistische Erfolgsautorin aus dem Sauerland*. – Forschungsbeiträge von Peter Bürger, Reinhard Kiefer, Monika Löcken, Ortrun Niethammer, Ulrich Friedrich Opfermann und Friedrich Schroeder. Herausgegeben vom Christine Koch-Mundartarchiv in Zusammenarbeit mit dem Kreisheimatbund Olpe. (= daunlots. internetbeiträge des christine-koch-mundartarchivs am museum eslohe. nr. 70). Eslohe 2014. www.sauerlandmundart.de

daunlots nr. 71* = *Bürger*, Peter (Red.): Maria Kahle (1891-1975), Propagandistin im Dienst der Nationalsozialisten. – Beiträge von Hans-Günther Bracht, Peter Bürger, Karl Ditt, Walter Gödden, Wolf-Dieter Grün, Roswitha Kirsch-Stracke, Werner Neuhaus, Iris Nölle-Hornkamp und Friedrich Schroeder. (= daunlots. internetbeiträge des christine-koch-mundartarchivs am museum eslohe. nr. 71). Eslohe 2014. www.sauerlandmundart.de

daunlots nr. 72* = *Bürger*, Peter (Bearb.): Dai van der Stroten – Menschen des Straßenlebens in der Mundartlyrik Christine Kochs und in der Geschichte des Sauerlandes. (= daunlots. internetbeiträge des christine-koch-mundartarchivs am museum eslohe. nr. 72). Eslohe 2014. www.sauerlandmundart.de

daunlots nr. 74* = *Joseph Beckmann*: „Laot us singen!" – Liederbuch eines ‚plattdeutschen Pazifisten' im Münsterland. (= daunlots. internetbeiträge des christine-koch-mundartarchivs am museum eslohe. nr. 74). Eslohe 2014. www.sauerlandmundart.de

daunlots nr. 75* = *Bürger*, Peter (Bearb.): „Das Leben zum Guten wenden." – Über die Meschederin Irmgard Rode (1911-1989), zugleich ein Beitrag zur Geschichte der katholischen Friedensbewegung im Sauerland. (= daunlots. internetbeiträge des christine-koch-mundartarchivs am museum eslohe. nr. 75). Eslohe 2015. www.sauerlandmundart.de

daunlots nr. 76* = *Bürger*, Peter / *Hahnwald*, Jens / *Heidingsfelder*, Georg D. (†): „Zwischen Jerusalem und Meschede". Die Massenmorde an sowjetischen und polnischen Zwangsarbeitern im Sauerland während der Endphase des 2. Weltkrieges und die Geschichte des „Mescheder Sühnekreuzes". (= daunlots. internetbeiträge des christine-koch-mundartarchivs am museum eslohe. nr. 76). Eslohe 2015. www.sauerlandmundart.de

daunlots nr. 77* = *Bürger*, Peter (Hg.): Friedenslandschaft Sauerland – Beiträge zur Geschichte von Pazifismus und Antimilitarismus in einer katholischen Region. (= daunlots. internetbeiträge des christine-koch-mundartarchivs am museum eslohe. nr. 77). Eslohe 2015. www.sauerlandmundart.de

Degenhardt/Degenhardt 2013 = *Degenhardt*, Mathias / *Degenhardt*, Andreas: „Mit Gott für König und Vaterland!" Das Eichsfelder Kriegervereinswesen am Beispiel des Kreises Heiligenstadt. In: Eichsfeld-Jahrbuch 21. Jg. (2013), S. 303-343.

Der deutsche Katholizismus 1915 = *Der deutsche Katholizismus im Weltkriege.* Gesammelte Kriegsaufsätze. Aus der Zeitschrift „Theologie und Glaube", herausgegeben von den Professoren der Bischöflichen philosophisch-theologischen Fakultät zu Paderborn. Mit einem Vorwort von Dr. Karl Joseph Schulte, Bischof von Paderborn. Paderborn: Schöningh 1915.

Der Patriot 2015 = *Straße verliert Namensgeber Pöggeler. Rat stimmt für Umbenennung.* In: Der Patriot (Rüthen), 24.06.2015.

Dudek 1988 = *Dudek*, Anne-Marie: Pax-Christi-Arbeit im Erzbistum Paderborn 1974-1986 [aus: Rundbrief 3/1988]. In: Rundbrief der pax christi-Bistumsstelle Paderborn Nr. 1/1998, S. 28-30.

Dust 2007 = *Dust*, Martin: „Unser Ja zum neuen Deutschland". Katholische Erwachsenenbildung von der Weimarer Republik zur Nazi-Diktatur. Frankfurt: Peter Lang 2007.

Ernesti 2005* = *Ernesti*, Jörg: Priestermangel. In: Brixner Theologisches Forum – Beiheft 4 (2005), S. 32-42. [Als Internet-Ressource: http://www.joerg-ernesti.de/inhalt/pdf/priestermangel.pdf]

Flammer 2012 = *Flammer*, Thomas: Die Katholisch-Theologische Fakultät der Westfälischen Wilhelms-Universität im „Dritten Reich". In: Thamer, Hans-Ulrich / Droste, Daniel / Happ, Sabine (Hg.): Die Universität Münster in der Zeit des Nationalsozialismus. Kontinuitäten und Brüche zwischen 1920 und 1960. Band 1. Münster: Aschendorff 2012, S. 309-346.

Föster 2001 = *Föster*, Karl: Neuer Generalsekretär der deutschen Sektion der internationalen katholischen Friedesbewegung [...] Dr. Reinhard Voß. In: Sauerland Nr. 2/2001, S. 101.

Föster 2002 = *Föster*, Karl: Dr. Rudolf Gunst. In: Saure, Werner (Hg.): Hüsten – 1200 Jahre. Beiträge zu Vergangenheit und Gegenwart. (= An Möhne, Röhr und Ruhr Band 23). Arnsberg: Heimatbund Neheim-Hüsten 2002, S. 73-78.

Frankemölle 1990 = *Frankemölle*, Hubert / Gesellschaft für Christlich-Jüdische Zusammenarbeit Paderborn (Hg.): Opfer und Täter. Zum nationalsozialistischen und antijüdischen Alltag in Ostwestfalen Lippe. Bielefeld: Verlag für Regionalgeschichte 1990.

Franzen 2002 = *Franzen*, Rudolf (Hg.): Politik und Verwaltung im Esloher Raum. (= Esloher Forschungen Band III). Eslohe: Selbstverlag der Gemeinde 2002.

Franzen 2005 = *Franzen*, Rudolf (Hg.): Esloher Forschungen Band IV. Kunst und Kultur im Esloher Raum. Eslohe: Selbstverlag 2005.

Frauengeschichtswerkstatt Meschede 2000 = *Frauengeschichtswerkstatt Meschede* (Hg.): Gewandelte Lebenswelt. Stimmen sauerländischer Frauen aus dem 20. Jahrhundert. Ein Erinnerungsmosaik. Redaktion: Dr. Erika Richter. Meschede: Selbstverlag 2000.

Frey 2015 = *Frey*, Peter: Ermutigung zum C. In: Christ & Welt Nr. 48/2015. http://www.christundwelt.de/detail/artikel/ermutigung-zum-c/

Friedensgruppe Lüdenscheid 2007* = *Bündnis für Toleranz und Zivilcourage – gegen Gewalt und Fremdenfeindlichkeit, Friedensgruppe Lüdenscheid* (Hg.): Lüdenscheider Gedenkbuch für die Opfer von Verfolgung und Krieg der Nationalsozialisten 1933-1945. Autoren: Heiner Bruns, Hans-Werner Hoppe, Dieter Saal, Matthias Wagner (Erstauflage, 8. Mai 2005); 2. Auflage vom 01.09.2007 zusätzlich: Gerhard Großberndt, Dieter Hohaus. Mit freundlicher Unterstützung des Stadtarchivs Lüdenscheids und Heinrich Wilhelm Thoma für Fotoarbeiten. 2. überarbeitete und ergänzte Auflage. Lüdenscheid 2007. [Kostenlos im Internet, zuletzt abgerufen am 03.03.2015: http://www.friedensgruppe-luedenscheid.de/files/gedenkbuch_2_aufl.pdf]

Friedrich-Spee-Gymnasium Rüthen o.J.* = Das Gymnasium in der Zeit des Nationalsozialismus. In: Internetseite des Friedrich-Spee-Gymnasiums Rüthen, abgerufen am 23.06.2015. http://www.fsg-ruethen.de/fsg/index.php/unsere-schule/schulgeschichte-1?id=708

Frieling 1992 = *Frieling*, Christian: Priester aus dem Bistum Münster im KZ. 38 Biographien. Münster: Aschendorff 1992.

Fries 2003 = *Fries*, Traute: Die Deutsche Friedensgesellschaft im Bezirk Sieg-Lahn-Dill in der Weimarer Republik. Eine historische Rekonstruktion. Siegen: G.-Heinemann-Friedensgesellschaft 2003.

Fuchs 2004 = *Fuchs*, Stephan: „Vom Segen des Krieges". Katholische Gebildete im Ersten Weltkrieg. Eine Studie zur Kriegsdeutung im akademischen Katholizismus. Wiesbaden: Franz Steiner 2004.

Fux 1992 = *Fux*, Ildefons (Bearb./Hg.): Schwester Angela Maria vom Heiligsten Herzen Jesu. – Schriften der Dienerin Gottes Sr. Angela Maria vom Heiligsten Herzen Jesu (Maria Cäcilia Autsch). (=

Cor ad Cor. Schriften im Dienst der Herz-Jesu-Verehrung 3). Maria Roggendorf: Salterrae 1992.

Gamberoni 1989 = *Gamberoni*, Johannes: Norbert Peters (1863-1938). Sein Eintreten für die Freiheit der katholischen Exegese. In: Theologie und Glaube 79. Jg. (1989), S. 498-516.

Gaublatt 1958 = *Gaublatt aus Westfalen.* [Quickborn Jüngerenbund]. 1958. [32 Seiten; ohne Impressum und Ortsangabe: Kopie eingesandt von Angelika Rode.]

Geuecke 1928* = *Geuecke*, Fr[anz]: Gedanken über Kriegerehrung im Sauerlande. In: Heimwacht Nr. 6/1928, S. 161-165. [Auch als Internet-Ressource: http://www.sauerlaender-heimatbund.de/ht ml/zeitschrift_archiv.html]

Gödden/Maxwill 2012 = *Westfälische Literatur im „Dritten Reich".* Die Zeitschrift Heimat und Reich. Eine Dokumentation. 2 Bände: Teil I: 1934-1937; Teil II: 1938-1943. Herausgegeben und bearbeitet von Walter Gödden unter Mitarbeit von Arnold Maxwill. (= Literaturkommission für Westfalen – Reihe Texte Band 22). Bielefeld: Aisthesis 2012.

Griesbauer o.J. = *Griesbauer*, Josef (Pfarrer in Großfalterbach): „Christentum und Militarismus. Was sagt Domkapitular Dr. Albert Stöckl zu diesem Thema?" – Als Manuskript gedruckt für den Friedensbund deutscher Katholiken. Vertrieb: Pfarramt Großalfalterbach (Landkreis Neumarkt / Oberpfalz), Post Batzhausen. Ohne Jahresangabe [ca. 1948-1950?]. [Faltblatt, 4 Seiten; benutzt: Exemplar aus dem Nachlass des Publizisten Georg D. Heidingsfelder in der „Sammlung Stankowski" – Archiv der Friedrich Ebert-Stiftung, Bonn] [Online-Zugang: daunlots nr. 77*, S. 430-434.]

Gröber 1937 = *Gröber*, Conrad (Hg.): Handbuch der religiösen Gegenwartsfragen. [„Mit Empfehlung des deutschen Gesamtepiskopates." „Neudruck mit unwesentlichen Änderungen 1937"]. Freiburg i.Br.: Herder 1937.

Groß 2000 = *Groß*, Alexander: Gehorsame Kirche – ungehorsame Christen im Nationalsozialismus. Mit einem Vorwort von Heinrich Missalla. 2. Auflage. Mainz: Grünewald-Verlag 2000.

Grote 2002* = *Grote*, Friedhelm: Eine tragische Geschichte aus den letzten Kriegstagen. In: Sauerland Nr. 1/2002, S. 44-46. [Auch als Internet-Ressource: http://www.sauerlaender-heimatbund.de/ht ml/zeitschrift_archiv.html]

Grün 1996 = *Grün*, Wolf-Dieter: Dein und aller Könige Feind... Das aufregende Leben des Friedrich Georg Pape aus Fehrenbracht. In:

An Bigge, Lenne und Fretter. Heimatkundliche Beiträge aus der Gemeinde Finnentrop Nr. 3 (Juni) 1996, S. 7-15.

Gruner 1803* = *Gruner*, Justus: Meine Wallfahrt zur Ruhe und Hoffnung oder Schilderung des sittlichen und bürgerlichen Zustande Westphalens am Ende des achtzehnten Jahrhunderts. Zweiter Theil. Frankfurt a.M.: Guilhauman 1803. [books.google.com]

Gruß 1995 = *Gruß*, Heribert: Erzbischof Lorenz Jaeger als Kirchenführer im Dritten Reich. Paderborn: Bonifatius 1995.

Hahnwald 2001 = *Hahnwald*, Jens: „Schwarze Brüder in rotem Unterzeug ...". Arbeiter und Arbeiterbewegung in den Kreisen Arnsberg, Brilon und Meschede 1889-1914. In: Ellerbrock, Karl-Peter / Bessler-Worbs, Tanja (Hg.): Wirtschaft und Gesellschaft im südöstlichen Westfalen. Dortmund: Gesellschaft für Westfälische Wirtschaftsgeschichte 2001, S. 224-275.

Hahnwald 2011 = *Hahnwald*, Jens: Revolte in der Sauerländer Zentrumspartei. Der Streit um die Besetzung des Reichstagsmandates im Wahlkreis Arnsberg – Meschede – Olpe zwischen 1893 und 1907. In: SüdWestfalenArchiv 11. Jg. (2011), S. 231-261.

Hahnwald 2012 = *Hahnwald*, Jens: Tagelöhner, Arbeiter und Arbeiterbewegung im kölnischen Sauerland des 19. und 20. Jahrhunderts. In: Klueting, Harm / Foken, Jens (Hg.): Das Herzogtum Westfalen. Band 2. Teilband 1. Münster: Aschendorff 2012, S. 539-589.

Hahnwald 2015 = *Hahnwald*, Jens: Die „Heimatfront" während des Ersten Weltkrieges im Sauerland. Erscheint in: SüdWestfalen Archiv 14. Jg. (2014), S. 275-335. [Erschienen 2015]

Halbfas 2011 = *Halbfas*, Hubertus: Traditionsabbruch. – Was tausend Jahre galt, gilt nicht weitere tausend Jahre. In: Wermert, Josef (Hg.): Olpe. Geschichte von Stadt und Land. Band 2. Teilband 2: Von der Weimarer Republik bis zur Gegenwart. Olpe 2011, S. 949-958.

Hammer 1974 = *Hammer*, Karl: Deutsche Kriegstheologie 1870-1918. München: dtv 1974.

Hannappel 1992 = *Menschen im Widerstand. 19. Juni 1941. Die Besetzung des Pallottinerklosters in Olpe durch die Gestapo.* Zeitzeugen erinnern sich – und Dokumente. Zusammengestellt von P. Norbert Hannappel SAC. Teil I [S. 1-141] und II [S. 142-246]. Olpe: Selbstverlag Pallottihaus Olpe 1992. [Exemplar Museum Eslohe]

Hehl 1998 = *Hehl*, Ulrich von (Hg.): Priester unter Hitlers Terror. Eine biographische und statistische Erhebung. 4., durchgesehene und ergänzte Auflage. Unter Mitwirkung der Diözesanarchive bearbeitet von Ulrich von Hehl, Christoph Kösters, Petra Stenz-Maur und Elisabeth Zimmermann. Paderborn, München, Wien, Zürich: Schöningh 1998.

Heidingsfelder 1954a = Arnold Prant [*Heidingsfelder*, Georg D.]: Deutsche Kleinstadt in der Restauration. In: Christ in der Welt. Heft 2 (März/April) 1954, S. 47-50. [Kopie aus der Heidingsfelder-Sammlung von Irmgard und Alfons Rode Meschede; Verfasserzuordnung zum Pseudonym: P.B.]

Heidingsfelder 1954b = [*Heidingsfelder*, Georg D.]: Notierungen aus dem katholischen Hinterland. In: Glaube und Vernunft. Heft 11 (1954), S. 36-37. [Kopie aus der Heidingsfelder-Sammlung von Irmgard und Alfons Rode Meschede; Verfasserzuordnung zum ungezeichneten Artikel: P.B.]

Heidingsfelder 1954c = [*Heidingsfelder*, Georg D.] Friedrich Dinkelsbühler [Pseudonym]: Von Konstantin bis Adenauer. Zur Entwicklung des politischen Katholizismus I und II. In: Gesamtdeutsche Rundschau [Gesamtdeutsche Volkspartei], 2. Jg., Nr. 20 vom 14.05.1954, S. 6-7 (Dinkelsbühler) und Nr. 21 vom 21.05.1954, S. 4 (Dünkelbühler).

Heidingsfelder 1956a = *Heidingsfelder*, Georg D.: Die Wehrpflicht und die christlichen Lehrer. In: Die Andere Zeitung [Wochenzeitung Hamburg], 2. Jg., Nr. 39 vom 27.09.1956, S. 2.

Heidingsfelder 1956b = *Heidingsfelder*, Georg D.: „Christliche" Botschaft im Hitlerkrieg. In: Die Andere Zeitung [Wochenzeitung Hamburg], 2. Jg., Nr. 45 vom 08.11.1956, S. 2.

Heidingsfelder 1956c = *Heidingsfelder*, Georg D.: Ein Brief ohne Antwort. In: Die Andere Zeitung [Wochenzeitung Hamburg], 2. Jg., Nr. 47 vom 22.11.1956, S. 2.

Heinemann 1981 = *Heinemann*, Claus: Ein kleines Dorf und die große Geschichte. Herrntrop im Sauerland. Werl-Hilbeck: Selbstverlag 1981.

Heinemann 1999 = *Heinemann*, Claus: Endzeit. Teil VII. Die Flut der Kriege. Werl-Hilbeck: Selbstverlag C.H. 1999.

Heitmeyer 1999/2008* = *Heitmeyer*, Erika: Sursum Corda – Vom Wesen und Wirken eines geistlichen Bestsellers. [Beitrag zur Ausstellung „Sursum Corda Zur Geschichte des Paderborner Diözesangesangbuches" 1999.] Internetseite des Erzbistums Paderborn, [neu] veröffentlicht am 13.05.2008. http://www.eab-paderborn. de/index.php/ausstellungen/1999-sursum-corda/134-heitmeyer-sursum-corda-1999

Henkelmann/Priesching 2010* = *Henkelmann*, Andreas / *Priesching*, Nicole (Hg.): Widerstand? Forschungsperspektiven auf das

Verhältnis von Katholizismus und Nationalsozialismus. (= theologie.geschichte Beihefte 2). Saarbrücken 2010. Internet-Ressource: http://universaar.uni-saarland.de/journals/public/journals/3/Ko mplettausgabe_tgBeiheft2.pdf

Henze 2013 = *Henze*, Barbara: Friedensbemühungen. In: Blümlein, Klaus / Feix, Marc / Henze, Barbara / Lienhard, Marc / ACK (Hg.): Kirchengeschichte am Oberrhein – ökumenisch und grenzüberschreitend. Ubstadt-Weiher / Heidelberg / Basel: verlag regionalkultur 2013, S. 391-443. [Seitenangabe nach einem Ausdruck, der noch nicht das endgültige Layout wiedergibt.]

Herbert 1995 = *Herbert*, Ulrich: Arbeit, Volkstum, Weltanschauung. Über Fremde und Deutsche im 20. Jahrhundert. Frankfurt a.M.: Fischer 1995.

Herr 1983 = *Herr*, Theodor: Pfarrer Wilhelm Hohoff (1848-1923) und der Konflikt mit der kirchlichen Behörde. Die Aktenlage des Diözesanarchivs. In: Theologie und Glaube 73. Jg. (1983), S. 295-312.

Herr 1989 = *Herr*, Theodor: Der „rote Pastor" Wilhelm Hohoff (1848-1923) bewirbt sich um eine Berufung an die Paderborner Universität. In: Theologie und Glaube 79. Jg. (1989), S. 446-459.

Hillebrand 1989 = *Hillebrand*, Ulrich: Das Sauerland unterm Hakenkreuz am Beispiel des Kreises Meschede. Band 1. Partei – Verwaltung – Propaganda – Krieg. Meschede 1989. [postum]

Hintz 2011* = *Hintz*, Alfred: Schwerte – Kontakte zum Widerstandskern. In: WAZ-online, 19.07.2011. http://www.derwesten.de /staedte/schwerte/kontakte-zum-widerstands-kern-id4890295.ht ml [Über Friedrich Kayser, DFG]

Hitze 1877* = *Hitze*, Franz: Die sociale Frage und die Bestrebungen zu ihrer Lösung – mit besonderer Berücksichtigung der verschiedenen socialen Parteien in Deutschland. Drei Vorträge. Paderborn: Bonifacius 1877. Internet-Ressource: http://sammlungen.ulb.uni-muenster.de/urn/urn:nbn:de:hbz:6:1-74423

Hoberg 1915* = *Hoberg*, Gottfried: Der Krieg Deutschlands gegen Frankreich und die katholische Religion. Ein Vortrag zur Beleuchtung des Buches „La Guerre Allemande et le Catholicisme". Freiburg: Herder 1915. Internet-Ressource: http://digital.staats bibliothek-berlin.de/werkansicht/ ?PPN=PPN715936611&PHYSID =PHYS_0003

Hoffmann 1979 = *Hoffmann*, Josefa: Dat Liärwen ies kunterbunt. Plattduitske Reime un Anekdoten. Tuiknungen van Wilhelm Rengshausen. Warstein: C. Hennecke 1979.

Höfling 1977 = *Höfling*, Beate: Katholische Friedensbewegung zwischen zwei Kriegen. Friedensbund Deutscher Katholiken 1917-1933. (= Tübinger Beiträge zur Friedensforschung und Friedenserziehung Band 5). Waldkirch: Waldkircher Verlagsgesellschaft 1977.

Hübner 2014 = *Hübner*, Christoph: Die Rechtskatholiken, die Zentrumspartei und die katholische Kirche in Deutschland bis zum Reichskonkordat von 1933. Ein Beitrag zur Geschichte des Scheiterns der Weimarer Republik. Berlin: Lit Verlag 2014.

Hürten 1992 = *Hürten*, Heinz: Deutsche Katholiken 1918 bis 1945. Paderborn, München, Wien, Zürich: Schöningh 1992.

Jaeger 1956a = *Jaeger*, Lorenz: „Gott schütze und segne unser liebes Paderborn und seine Bürger". Die Dankansprache des H.H. Erzbischofs Dr. Lorenz Jaeger nach der Verleihung des Ehrenbürgerrechts. In: Westfalenblatt (Paderborn – Stadt und Land), 3. Januar 1956.

Jaeger 1956b = *Leben und Frieden.* Hirtenbriefe, Predigten und Ansprachen des Erzbischofs von Paderborn Dr. theol. [h.c.] Lorenz Jaeger, Thronassistent Sr. Heiligkeit des Papstes. Zum 15. Jahrestag seiner Bischofsweihe am 19. Oktober 1941 gesammelt und herausgegeben vom Erzbischöflichen Seelsorgeamt Paderborn. Paderborn: Bonifacius-Druckerei 1956. [An einigen Stellen mit manipulierter Textedition; Nachwort von Weihbischof Dr. Franz Hengsbach]

Juchhoff 1969 = *Juchhoff*, Rudolf: Ein soestisches Weihnachtsgedicht von 1449. In: Soester Zeitschrift 91. Jg. (1969), S. 28-35.

Kabus 2014 = *Kabus*, Ronny: Lenin Luther Lonbass – Erbarmung! Norderstedt: BoD 2014.

Katholische Kirchengemeinde Altenhundem 1994 = *Katholische Kirchengemeinde St. Agatha* (Hg.): Eine sauerländische Pfarrgemeinde im Wandel der Zeit. 100 Jahre St. Agatha Altenhundem 1893-1993. Lennestadt-Altenhundem: Katholisches Pfarramt 1994.

Katholisches Militärbischofsamt 1991 = *Katholisches Militärbischofsamt* (Hg.): Mensch, was wollt ihr denen sagen? Katholische Feldsorger im Zweiten Weltkrieg. Augsburg: Pattloch 1991.

Katholisches Militärbischofsamt 1994 = *Katholisches Militärbischofsamt / Brandt*, Hans Jürgen (Hg.): Priester in Uniform. Seelsorger, Ordensleute und Theologen als Soldaten im Zweiten Weltkrieg. Augsburg: Pattloch 1994.

Kayser 1991 = *Kayser*, Josef: Wir brauchen zum Himmel den Hitler nicht. In: Katholisches Militärbischofsamt (Hg.): Mensch, was wollt ihr denen sagen? Katholische Feldsorger im Zweiten Weltkrieg. Augsburg: Pattloch 1991, S. 167-171.

Keine 1998 = *Keine*, Günther: Die friedenspolitische und kirchenpolitische Dimension des Wirkens von Franz Stock. In: Rundbrief der pax christi-Bistumsstelle Paderborn Nr. 1/1998, S. 6-9.

Kemper 1987 = *Kemper*, Gretel: Olpe – ein Heimatbuch. (= 5. Beitrag zur Geschichte der Stadt Olpe). Herausgegeben vom Heimatverein für Olpe und Umgebung e.V. Olpe 1987.

Klein 1994 = *Klein*, Arnold: Katholisches Milieu und Nationalsozialismus. Der Kreis Olpe 1933 – 1939. (= Schriftenreihe des Kreises Olpe Nr. 24). Siegen: Höpner + Göttert 1994.

Klueting/Foken 2009 = *Klueting*, Harm / *Foken*, Jens (Hg.): Das Herzogtum Westfalen. Band 1. Das kurkölnische Herzogtum Westfalen von den Anfängen der kölnischen Herrschaft im südlichen Westfalen bis zur Säkularisation 1803. Münster: Aschendorff 2009.

Klueting/Foken 2012 = *Klueting*, Harm / *Foken*, Jens (Hg.): Das Herzogtum Westfalen. Doppel-Band 2.1./2.2: Das ehemalige kurkölnische Herzogtum Westfalen im Bereich der heutigen Kreise Hochsauerland, Olpe, Soest und Märkischer Kreis (19. und 20. Jahrhundert). Münster: Aschendorff 2012.

Knepper-Babilon/Kaiser-Löffler 2003 = *Knepper-Babilon*, Ottilie / *Kaiser-Löffler*, Hanneli: Widerstand gegen die Nationalsozialisten im Sauerland. (= Hochsauerland Schriftenreihe Band IV). Brilon: Podszun 2003.

Köhren 1998 = *Köhren*, Theo: Der Tag des Friedens. Der Weltkongress der katholischen Pax-Christi-Bewegung vom 1. bis 4. April 1948 in Kevelaer. – Gedanken und Erinnerungen [Erstveröffentlichung: Geldrischer Heimatkalender 1998]. In: Rundbrief der pax christi-Bistumsstelle Paderborn Nr. 1/1998, S. 21-22.

Kölner Volksblatt 1993 = [Nachruf] * *Tomas Stankowski 30.10. 1945 † 10.10.1993. Er war stark im Leben und stark im Sterben. Was Bleibt?* In: Kölner Volksblatt [Oktober?] 1993, S. 7. [Kopie eingesandt von Angelika Rode; das genaue Datum der Ausgabe ist auf dem Zeitungsausschnitt nicht erkennbar]

Kopshoff 1989 = *Kopshoff*, Karl Gerd: Die Katholische Kirche in Arnsberg. In: Arnsberger Heimatbund e.V. (Hg.): 750 Jahre Arnsberg. Zur Geschichte der Stadt und ihrer Bürger. Arnsberg 1989, S. 335-336.

Kortenkamp 2013 = *Kortenkamp*, Ludwig: Remblinghausen. Beiträge zur Geschichte der Gemeinde. Meschede-Remblinghausen: Selbstverlag 2013.

Kotthaus 2001 = *Kotthaus,* Eckhard (Red.): Die höheren Schulen Arnsbergs im Dritten Reich. Schulalltag am Staatlichen Gymnasium Laurentianum, am Evangelischen Lyzeum und an der Städtischen Oberschule für Mädchen (1933 bis 1945). Arnsberg 2001.

Krause 1980 = *Krause* (Red.): Dafür bekamen sie keinen Orden. = Zeitungsausschnitt (‚Anzeigenblatt') des Jahres 1980 aus dem Adventsrundbrief 2014 des ökumenischen Laurentiuskonventes. [Eingesandt von Dr. Reinhard Voß; genaue Quelle des Artikels nicht ermittelt.]

Krause 1987a = *Krause,* Jochen: Menschen der Heimat. Teil I. Olpe: AY-Verlag 1987.

Krause 1987b = *Krause,* Jochen: Menschen der Heimat. Teil II. Olpe: AY-Verlag 1987.

Krause 1989 = *Krause,* Jochen: Menschen der Heimat. Teil III. Kirchhundem: AK-Verlag 1989.

Kreppel 1973 = *Kreppel,* Klaus: Entscheidung für den Sozialismus. Die politische Biographie Pastor Wilhelm Hohoffs 1848-1913. Mit einem Vorwort Walter Dirks. (= Schriftenreihe des Forschungsinstituts der Friedrich Ebert Stiftung Band 114). Bonn-Bad Godesberg: Verlag Neue Gesellschaft GmbH 1974.

kritischer Katholizismus 1968-1974 = *kritischer Katholizismus.* Zeitung für Theorie und Praxis in Gesellschaft und Kirche. Bochum-Stuttgart-Köln 1968-1974. Hg. Hermann Böckenförde, Richard Faber, Hans Friemond, Heribert Kohl, Klaus Kreppel, Lothar Kupp, Henrich von Nussbaum, Ben van Onna, Hermann Precht, Ivo Rode, Joachim Stankowski, Martin Stankowski.

Kurfürst und Bauer 1957 = *Kurfürst – Erzbischof und Bauer.* Aus der Zeit der kurkölnischen Herrschaft im Herzogtum Westfalen. In: Sauerländer – Arnsberger Hinkende Bote 1957, S. 55.

Kuropka 2013 = *Kuropka,* Joachim (Hg.): Grenzen des katholischen Milieus. Stabilität und Gefährdung katholischer Milieus in der Endphase der Weimarer Republik und in der NS-Zeit. Münster: Aschendorff 2013.

Laudato si 2015* = *Enzyklika „Laudato si'" von Papst Franziskus. – Über die Sorge für das gemeinsame Haus.* Libreria Editrice Vaticana 2015. http://www.dbk.de/fileadmin/redaktion/ diverse_downloads/presse_2015/2015-06-18-Enzyklika-Laudato-si-DE.pdf

Lauerwald 2013 = *Lauerwald,* Paul: Heinrich Thöne, ein katholischer Geistlicher im Kampf um Frieden, Völkerverständigung und gegen antikatholische Kräfte im Eichsfeld während der Weimarer Republik. In: Eichsfeld-Jahrbuch 21. Jg. (2013), S. 279-301.

Leugers 1996 = *Leugers*, Antonia: Gegen eine Mauer bischöflichen Schweigens. Der Ausschuß für Ordensangelegenheiten und seine Widerstandskonzeption 1941 bis 1945. Frankfurt: J. Knecht 1996.

Leugers 2005* = *Leugers*, Antonia: Die deutschen Bischöfe und der Nationalsozialismus. In: Scherzberg, Lucia (Hg.): Theologie und Vergangenheitsbewältigung. Eine kritische Bestandsaufnahme im interdisziplinären Vergleich. Paderborn 2005, S. 30-55. [Im Internet abrufbar unter: https://download.digitale-sammlungen.de/pdf/1425069737bsb00044372.pdf]

Leugers 2013* = *Leugers*, Antonia (Hg.): Zwischen Revolutionsschock und Schulddebatte. Münchner Katholizismus und Protestantismus im 20. Jahrhundert. = theologie.geschichte Beihefte Zeitschrift für Theologie und Kulturgeschichte Nr. 7 (2013). [Als Online-Ressource: http://universaar.uni-saarland.de/journals/public/journals/3/Komplettausgabe_tgBeiheft7.pdf]

Liebmann 2005* = *Liebmann*, Maximilian: Katholischer Widerstand – Der Umgang mit Priestern, die aus den KZs zurück kamen. Vortrag, Gehalten am 19. Januar 2005 im Plenarsaal des österreichischen Parlaments [ausgearbeitete Fassung], S. 12-18. http://www.professor-liebmann.at/pdf/KatholischerWiderstand.pdf

Lienkamp 2000* = *Lienkamp*, Andreas: Theodor Steinbüchels Sozialismusrezeption. Eine christlich-sozialethische Relecture. Paderborn [u.a.]: Schöningh 2000. [Online-Zugang http://digi20.digitale-sammlungen.de/de/fs1/object/display/bsb00044932_00001.html]

Lipp 2010 = *Lipp*, Karlheinz / *Lütgemeier-Davin*, Reinhold / *Nehring*, Holger (Hg.): Frieden und Friedensbewegungen in Deutschland 1892-1992. Ein Lesebuch. (= Frieden und Krieg. Beiträge zur Historischen Friedensforschung Bd. 16). Essen: Klartext-Verlag 2010.

Lönne 1986 = *Lönne*, Karl-Egon: Politischer Katholizismus im 19. und 20. Jahrhundert. Frankfurt: edition suhrkamp 1986.

Lossin 2011 = *Lossin*, Eike: Katholische Geistliche in nationalsozialistischen Konzentrationslagern. Frömmigkeit zwischen Anpassung, Befehl und Widerstand. Würzburg: Königshausen & Neumann 2011.

Ludwig/Schroeder 1990 = *Ludwig*, Heiner / *Schroeder*, Wolfgang (Hg.): Sozial- und Linkskatholizismus. Erinnerung – Orientierung – Befreiung. Frankfurt: Josef Knecht 1990.

Mallmann 2004* = *Mallmann*, Luitwin: „In welche Hände auch die Regierung fällt". Franz von Papen 1879-1969. In: Sauerland Nr. 1/2004, S. 26-33. [Auch als Internet-Ressource: http://www.sauerlaender-heimatbund.de/html/zeitschrift_archiv.html]

Meyer 2015 = *Meyer*, Sina: Fenster in eine dunkle Zeit. Pastoralreferent Alfons Zimmer erinnerte mit Gefängnisgang an Opfer der Nationalsozialisten. In: Neues Ruhr-Wort 2. Jg, Nr. 20 vom 16. Mai 2015.

Mirgel 1992 = *Mirgel*, Christiane: Jugendburg Bilstein 1947-1954 – Der Weg in die Demokratie. (=Schriftenreihe des Kreises Olpe Nr. 20.) Olpe: Selbstverlag Kreisheimatbund 1992.

Missalla 1968/2014* = *Missalla*, Heinrich: „Gott mit uns". Die deutsche katholische Kriegspredigt 1914-1918. [Erstauflage München: Kösel 1968]. Digitale Neuauflage. Hg. pax christi – Deutsche Sektion e.V. Berlin 2014. http://www.paxchristi.de/s/downloads [Mit weiteren Texten]

Missalla 1978 = *Missalla*, Heinrich: Für Volk und Vaterland. Die Kirchliche Kriegshilfe im Zweiten Weltkrieg. Königstein: Athenäum Verlag 1978.

Missalla 2015 = *Missalla*, Heinrich: Erinnern um der Zukunft willen. – Wie die katholischen Bischöfe Hitlers Krieg unterstützt haben. Oberursel: Publik-Forum 2015.

Möhring 2014* = *Möhring*, Peter: Vikar Anton Spieker (1880-1941). Ein Opfer der NS-Justiz aus Espeln. In: damals & heute. Informationen zu Geschichte, Natur und Heimatpflege aus Delbrück Nr. 27 vom 29. April 2014, S. 1-4. [http://www.stadt-delbrue ck.de/wir_ueber_uns/historie/downloads_geschichtsforum/damal s_heute_27.pdf]

Moll 2010 = *Zeugen für Christus*. Das deutsche Martyrologium des 20. Jahrhunderts. Hg. von Helmut Moll im Auftrag der Deutschen Bischofskonferenz. [2 Bände, zuerst 1999]. Fünfte, erweiterte und aktualisierte Auflage. Paderborn, München, Wien, Zürich: Schöningh 2010.

Möllers 1988 = *Möllers*, Georg: Die Entlassung Albin Ortmanns 1933. Dokumentation der Anwendung des „Gesetzes zur Wiederherstellung des Berufsbeamtentums" am Beispiel eines Recklinghäuser Studienrates. In: Vestische Zeitschrift – Zeitschrift der Vereine für Orts- und Heimatskunde im Vest Recklinghausen Band 86/87 (1987/1988), S. 307-327. [Nicht eingesehen]

Montag 2011 = *Montag*, Carl Richard: Was bleibt. Autobiografie. Wuppertal: Müller + Busmann KG 2011.

Müller 1998 = *Müller*, Margot: Pax Christi Paderborn in den 60er Jahren [aus: Rundbrief 2/1988]. In: Rundbrief der pax christi-Bistumsstelle Paderborn Nr. 1/1998, S. 26-27.

Müller 2011* = *„Das haben wir nicht gewusst!"* Was aufmerksame Leser im Dritten Reich aus ihrer Tageszeitung erfahren konnten. Eine katholische Kleinstadt im Spiegel des Sauerländischen Volksblattes 1930-1941. Zusammengestellt von Rolf Müller. = Dreiteiliger Beitrag mit Quellendokumentation aus dem Jahrbuch „Olpe in Geschichte und Gegenwart" Band 16 (2008), 17 (2009) und 18/19 (2011). Als Internet-Ressource [188 Seiten]: https://www.olpe.de/ PDF/Sauerl%C3%A4ndisches_Volksblatt.PDF?ObjSvrID=1851&Ob jID=2798&ObjLa=1&Ext=PDF&WTR=1&_ts=1358501413

Müller 2013 = *Müller*, Torsten W.: „Es wird Laiengottesdienst daselbst gehalten." Priesterlose Gottesdienste während des Kulturkampfes in den eichsfeldischen Gemeinden der Bistümer Paderborn und Hildesheim. In: Eichsfeld-Jahrbuch 21. Jg. (2013), S. 229-248.

Mund/Machalke 1996 = *Mund*, Ottokar / *Machalke*, Joseph (Hg.): Pater Kilian Kirchhoff. Priester und Blutzeuge. Osnabrück: Selbstverlag Franziskanerkloster Ohrberg 1996.

Mussinghoff 2010 = *Mussinghoff*, Heinrich: „Krieg ist kein Schicksal." Ein Schuldbekenntnis der katholischen Kirche. In: Freiburger Rundbrief – Zeitschrift für christlich-jüdische Begegnung NF, Heft 2/2010, S. 123-125.

Neuhaus 2008* = *Neuhaus*, Werner: Lokalgeschichte als Mentalitätsgeschichte. – Die Herausbildung eines katholisch-nationalistischen Milieus in Sundern im Kaiserreich 1871-1914. In: Sauerland Nr. 2/2008, S. 183-189. [www.sauerlaender-heimatbund.de/ html/zeitschrift_archiv]

Neuhaus 2009* = *Neuhaus*, Werner: Heimat, Volk, Glaube. Zum Selbstverständnis des Sauerländer Heimatbundes in der Weimarer Republik. In: Sauerland Nr. 2/2009, S. 90-95. [www.sauerlaender-heimatbund.de/html/zeitschrift_archiv]

Neuhaus 2010* = *Neuhaus*, Werner: Der Jungdeutsche Orden als Kern der völkischen Bewegung im Raum Arnsberg in den Anfangsjahren der Weimarer Republik. In: Sauerland Nr. 1/2010, S. 15-20. [www.sauerlaender-heimatbund.de/html/zeitschrift_archiv]

Ökumenische Dortmunder Friedensgruppe 2014* = Die ökumenische Dortmunder Friedensgruppe „Christinnen und Christen für den Frieden" fordert in einem offenen Brief an die Politikerinnen und Politiker in unserem Land, zu einer Sicherheitspolitik zurückzukehren, die wirklich dem Frieden dient. [Textdokumentation des Briefes] 08.03.2014. http://www.paderborn.paxchristi.de/nachrich ten/one.news/index.html?entry=page.news.316.29&Partition=2

Ökumenische Erklärung 2006* = „*Treue zum Evangelium und Bekenntnis zum Gott des Friedens"*. Ökumenische Erklärung von Christinnen und Christen aller Konfessionen zu Militärdoktrinen im Dienste nationaler Wirtschaftsinteressen. November 2006. http://www.lebenshaus-alb.de/magazin/aktionen/004080.html

Onna/Stankowski 1969 = *Onna*, Ben van / *Stankowski*, Martin (Hg.): Kritischer Katholizismus. Argumente gegen die Kirchen-Gesellschaft. Frankfurt a.M. / Hamburg: Fischer Bücherei 1969.

Overbeck 2014* = *Interview mit dem Katholischen Militärbischof Overbeck zum Überfall auf Polen.* „Auch Christen haben mitgemacht und geschwiegen". Domradio (Köln), 01.09.2014. http://www.dom radio.de/themen/soldaten-und-kirche/2014-09-01/interview-mit-dem-katholischen-militaerbischof-overbeck-zum

Padberg 1984 = *Padberg*, Rudolf: Kirche und Nationalsozialismus am Beispiel Westfalen. Ein Beitrag zur Seelsorgekunde der jüngsten Zeitgeschichte. Paderborn: Bonifatius 1994.

Padberg 1987 = *Padberg*, Ursula: Erinnerungs-Blätter an Pfarrer Philipp Hille, Doktor der Theologie, gestorben am 28. Mai 1915 zu Eslohe. Eslohe: Pfarrgemeinde St. Peter und Paul 1987.

Pape 1999 = *Pape*, Matthias: Erzbischof Lorenz Jaeger von Paderborn im Kampf gegen den antichristlichen Bolschewismus. In: Altgeld, Wolfgang / Kißener, Michael / Scholtyseck, Joachim: Menschen, Ideen, Ereignisse in der Mitte Europas. Festschrift für Rudolf Lill zum 65. Geburtstag. Konstanz: Universitätsverlag 1999, S. 145-169.

Pastoralverbund Dortmund Mitte-Ost 2005* = *Pastoralverbund Dortmund Mitte-Ost*: Kirchenchronik. [Eintrag zu] Günther Keine. [Dortmund 2005]. http://www.kirchenchronik.net/vita/guenther-keine/ (zuletzt abgerufen am 02.07.2015).

Paul 1995 = *Paul*, Gerhard: „Gut deutsch, aber auch gut katholisch". Das katholische Milieu zwischen Selbstaufgabe und Selbstbehauptung 1933-1945. In: Paul, G./Mallmann, K.M.: Milieus und Widerstand. Eine Verhaltensgeschichte der Gesellschaft im Nationalsozialismus. (= Widerstand und Verweigerung im Saarland 1935-1945, Band 3). Bonn: J.H.W. Dietz Nachfolger 1995, S. 25-152.

Pauly 1984 = *Pauly*, Bernhard: Vor 40 Jahren vom Volksgerichtshof zum Tode verurteilt. Pfarrer Peter Grebe – ein Opfer des Unrechts im NS-Staat. In: Heimatstimmen aus dem Kreis Olpe. Folge 137 (4/1984), S. 174-187.

pax christi Essen 2015* = *pax christi Bistum Essen*: Frieden(s) gestalten zwischen Niederrhein, Ruhr und Sauerland. Essen, 24.

Januar 2015. http://essen.paxchristi.de/file/download/ [PDF mit allen Ausstellungstafeln]

Peters 1914 = *Peters*, Norbert: Heldentod – Trostgedanken für schwere Tage in großer Zeit. Paderborn: Bonifacius-Verlag 1914. [Weitere Auflagen, 6. und 7. Tausend 1916.]

Peters 1926 = *Peters*, Norbert: Norbert Peters [autobiographischer Text]. In: Stange, Erich (Hg.): Die Religionswissenschaft der Gegenwart in Selbstdarstellungen. Leipzig: Felix Meiner 1927, S. 91-126.

Peters 2009 = *Peters*, Michael: Franz Hitze und die Sozialpolitik des politischen Katholizismus im Deutschen Kaiserreich. Münster 2009.

Pieper-Clever 2015 = *Pieper-Clever*, Monika: „Totengesang der Glocken". Im ersten Weltkrieg verherrlicht, im zweiten Weltkrieg vom Turm gestürzt: die Glocken der St.-Bartholomäus-Pfarrkirche in Meggen. In: Südsauerland – Heimatstimmen aus dem Kreis Olpe Folge 257 (Nr. 4/2014), S. 133-142.

Pröpper 1925 = [*Pröpper*, Theodor]: Aus Th. Pröppers Rede bei der Arnsberger Tagung [des Sauerländer Heimatbundes]. In: Trutznachtigall Heft 7 (Oktober)/1925, S. 207-208.

Pröpper 1949 = *Pröpper*, Theodor: Franz Hoffmeister, der Wächter sauerländischen Volkstums. Leben und Werk. Paderborn: Bonifacius-Druckerei 1949.

Quickborn Jüngerenbund 1965 = *Nachrichten, Berichte, Kommentare aus dem Quickborn Jüngerenbund für die Führer.* Sondernummer 4, September 1965. „Dokumente zu der Veranstaltung mit Carl Amery am 31. Juli 1965 in Düsseldorf". [32 Seiten; Exemplar in der „Sammlung Stankowski": Archiv der Friedrich Ebert-Stiftung Bonn]

Rademacher 2011 = *Rademacher*, Theo: „Tue recht und scheue niemand." Der Brügger Pfarrer Josef Witthaut (1898-1979). In: Der Reidemeister – Geschichtsblätter für Lüdenscheid Stadt und Land Nr. 187 vom 13.08.2011, S. 1569-1577.

Raketen-Angst 1958 = *Was plant die Nato? Raketen-Angst im Sauerland.* Meldung aus den Haag verursachte Aufregung und Bestürzung – Böse Erinnerungen an V-2-Waffen. In: Westfälische Rundschau – Arnsberger Rundschau, 16.01.1958.

Reckinger 1983 = *Reckinger*, François: Krieg ohne uns! Paderborn: Bonifatius-Druckerei 1983.

Regeniter 2006 = *Regeniter*, Wolfgang: Ansprache zur Verleihung des Bundesverdienstkreuzes an Karl Föster am 6. November 2006. In: Rundbrief der pax christi-Bistumsstelle Paderborn Nr. 2/2006, S. 33-37.

Regeniter 2008 = *Regeniter*, Wolfgang: 60 Jahre pax christi Deutschland (1948-2008). In: Rundbrief der pax christi-Bistumsstelle Paderborn Nr. 1/2008, S. 11-20.

Reineke 1987 = *Reineke*, Augustinus: Jugend zwischen Kreuz und Hakenkreuz. Ereignisse, Erlebnisse, Erinnerungen, Dokumente. 2. Auflage. Paderborn: Bonifatius-Druckerei 1987.

Remmert 2001* = *Remmert*, Volker R.: Gustav Doetsch (1892-1977). In: Internetseite Universität Halle – Fachbereich Mathematik, 25.06.2001. http://did.mathematik.uni-halle.de/history/doet sch/index.html

Richter 1994 = *Richter*, Erika: Prälat Josef Kayser 1895-1993. Deutsche Geschichte im Spiegel eines bewegten Lebens. In: Westfälische Zeitschrift 144. Jg. (1994), S. 387-403.

Richter 2000 = *Richter*, Reinhard: Nationales Denken im Katholizismus der Weimarer Republik. (= Theologie Band 29). Münster – Hamburg – London: Lit 2000.

Riesenberger 1976 = *Riesenberger*, Dieter: Die katholische Friedensbewegung in der Weimarer Republik. Düsseldorf: Droste 1976.

Riesenberger 1983 = *Riesenberger*, Dieter: Der Friedensbund Deutscher Katholiken in Paderborn – Versuch einer Spurensicherung. (= Paderborner Beiträge zur Geschichte Nr. 1). Paderborn: Verlag des „Vereins für Geschichte an der Universität – GH-Paderborn" 1983.

Riesenberger 1992 = *Riesenberger*, Dieter: Der Paderborner Dompropst Paul Simon (1882-1946). Ein Beitrag zur Geschichte des Nationalsozialismus, der Ökumene und der Nachkriegsjahre in Paderborn. (= Zeitgeschichte im Erzbistum Paderborn, Band 1). Paderborn 1992.

Riesenberger 1995 = *Riesenberger*, Dieter: Der „Friedensbund Deutscher Katholiken" und der politische Katholizismus in der Weimarer Republik. In: Pax Christi Deutsches Sekretariat (Hg.): 75 Jahre katholische Friedensbewegung in Deutschland. Idstein 1995, S. 17-48.

Riesenberger 2005 = *Riesenberger*, Dieter: Franz Stock (1904-1948). Seine Berufung war Frankreich. In: Bald, Detlef (Hg.): Schwellen überschreiten. Friedensarbeit und Friedensforschung. Festschrift für Dirk Heinrichs. Essen 2005, S. 175-200. [Erneut veröffentlicht in: Paderborner Historische Mitteilungen 18. Jg. (2005), Heft 2.]

Rode 1985 = *Rode*, Irmgard: Es war vor 35 Jahren. In: Stadtbote – Beiträge zu Politik und Kultur in Meschede Nr. 12 / Februar 1985,

S. 6. [Gedicht über die Geschichte der Völkerbegegnungsarbeit in Meschede]

Rösch 2014 = *Rösch*, Michael: „Wenn du den Frieden willst, rüste den Frieden!" (Michael Kardinal von Faulhaber). Der Friedensbund Deutscher Katholiken im Spannungsfeld von kirchlicher Hierarchie und mündiger Weltverantwortung der Laien (1917-1933). Abschlussarbeit (Magister Theologiae): Westfälische Wilhelms-Universität Münster Katholisch-Theologische Fakultät Seminar für Mittlere und Neuere Kirchengeschichte. Münster: Sommersemester 2014. [Der Verfasser hat mir am 04.03.2015 auf Anfrage hin eine digitale Fassung zur Verfügung gestellt.]

Röw 2014 = *Röw*, Martin: Militärseelsorge unter dem Hakenkreuz. Die katholische Feldpastoral 1939-1945. Paderborn: Schöningh 2014.

Rüsche 2014 = *Rüsche*, Friedhelm: Pfarrer Karl Rempe (1890-1970) – zeitgemäß zur Unzeit. Teil 1 und 2. In: Südsauerland – Heimatstimmen aus dem Kreis Olpe Folge 256 (Nr. 3/2014), S. 245-268 und Folge 257 (Nr. 4/2014), S. 363-376.

Saure 2010 = *Saure*, Werner: „Also lebt wohl, und in der Ewigkeit sehen wir uns wieder." Josef Hufnagel – Opfer der NS-Justiz. In: Südsauerland. Heimatstimmen aus dem Kreis Olpe. Folge 240 (Nr. 3/2010), S. 255-264.

Schaefer 2006* = *Schaefer*, Karl: Die Holzschale der Kahns. Erinnerungen aus meiner Kindheit im Dritten Reich, im Krieg und in der Nachkriegszeit. 1. Auflage. Münster: Monsenstein und Vannerdat 2006. [Kostenlose Digitalausgabe im „Archiv der Zeitzeugen": http://www.archiv-der-zeitzeugen.com/Files/files/PDFSchaefer_Holzschale_22.pdf]

Schäfer 2005 = Heimatgrüße aus dem oberen Sauerland. [Nachdruck aller Ausgaben von 1915-1919] [Band I.: Nr. 1 bis Nr. 38; Band II.: Nr. 39 bis Nr. 82]. Bearb. Nikolaus Schäfer. Hg. Heimat- und Geschichtsverein Medebach e.V. Medebach: Selbstverlag 2005. [Alle plattdeutschen Anteile daraus auch im Internet nachlesbar: daunlots nr. 49*]

Schatz 2008 = *Schatz*, Klaus: Kirchengeschichte der Neuzeit. Zweiter Teil. 3. Auflage. Düsseldorf: Patmos 2008.

Scherer 1998 = *Scherer*, Wingolf: Peter Joseph Hesse, „Weltpriester und Rektor an der Lateinschule zu Olpe", und die Märzrevolution 1848. In: Heimatstimmen aus dem Kreisen Olpe Folge 191 (Nr. 2/1998), S. 109-116.

Scherzberg 2005* = *Scherzberg*, Lucia (Hg.): Theologie und Vergangenheitsbewältigung. Eine kritische Bestandsaufnahme im interdisziplinären Vergleich. Paderborn: Schöningh 2005. https://download.digitale-sammlungen.de/pdf/1425069737bsb00044372.pdf

Scherzberg 2012 = *Scherzberg*, Lucia: Katholizismus und völkische Religion 1933-1945. In: Puschner, Uwe / Vollnhals, Clemens: Die völkisch-religiöse Bewegung im Nationalsozialismus. Eine Beziehungs- und Konfliktgeschichte. Göttingen: Vandenhoeck & Ruprecht 2012, S. 299-334.

Schieferbergbau- und Heimatmuseum 1993 = *Schieferbergbau- und Heimatmuseum e.V. Holthausen* (Hg.): Der Fickel-Tünnes. Dorfnachrichten aus Holthausen. 71. Ausgabe (Dezember 1993).

Schlochtern 2014 = *Schlochtern*, Josef Meyer zu (Hg.): Die Academia Theodoriana. Von der Jesuitenuniversität zur Theologischen Fakultät Paderborn 1614-2014. Paderborn: Ferdinand Schöningh 2014.

Schmalor/Häger 1999 = *Schmalor*, Hermann-Josef / *Häger*, Peter (Hg.): In Wahrheit und Gerechtigkeit. Bischof Wilhelm Schneider von Paderborn 1900 – 1909. (= Festgabe für Karl Hengst). Paderborn: Bonifatius-Verlag 1999.

Schnettler 2008 = *Pax Christi. Orte des Gedenkens, Betens und Handelns.* Hg. deutsche Sektion von pax christi. Zusammenstellung: Johannes Schnettler. Kevelaer: Butzon & Bercker 2008.

Schöne 1966 = *Schöne*, Manfred: Das Herzogtum Westfalen unter hessen-darmstädtischer Herrschaft 1802 – 1816. (= Landeskundliche Schriftenreihe für das kölnische Sauerland Band 1). Olpe 1966.

Schulte 1875* = [*Schulte*, J. (?)]: Gemeinden ohne Seelsorger. Der Tod ohne Priester. Die vollkommene Reue. – Mit kirchlicher Approbation [1874]. Vierte Auflage. Paderborn: Bonifacius-Druckerei 1875. [Internetauszug: http://www.einsicht-aktuell.de/index.php?svar=2&ausgabe_id=311&artikel_id=3689]

Schulte 2005 = *Schulte*, Walter: Rektor Todt – Priester in schwieriger Zeit. Philipp Todt vor 100 Jahren in Siddessen geboren. In: Esloher Museumsnachrichten 2005, S. 10-13.

Schulte-Hobein 2000 = *Schulte gen. Hobein*, Jürgen: „Und eines Tages war das Hakenkreuz auf dem Glockenturm ..." – Der Aufstieg des Nationalsozialismus in der Stadt Arnsberg (1918-1934). Zweite Auflage. Siegen: Böschen Verlag 2000.

Schulte-Hobein 2009 = *Schulte-Hobein*, Jürgen: Propstdechant Joseph Bömer (1881-1942). In: Funder, Achim (Hg.): „... eine hochansehnliche Pfarrei ...". 150 Jahre Propstei St. Laurentius Arnsberg

1859-2009 in Lebensbildern ihrer Pfarrer und Pröpste. Arnsberg: Stadt Arnsberg 2009, S. 71-90.

Schulte-Hobein 2012 = *Schulte-Hobein*, Jürgen: Staat und Politik im kölnischen Sauerland in der ersten Hälfte des 20. Jahrhunderts. In: Klueting, Harm / Jens Foken (Hg.): Das Herzogtum Westfalen. Doppel-Band 2.1./2.2: Das ehemalige kurkölnische Herzogtum Westfalen im Bereich der heutigen Kreise Hochsauerland, Olpe, Soest und Märkischer Kreis (19. und 20. Jahrhundert). Münster: Aschendorff 2012, S. 83-140.

Schulte-Hobein 2014 = *Schulte-Hobein*, Jürgen: Probst Bömer und seine Auseinandersetzung mit den Nationalsozialisten. In: Heimatblätter – Zeitschrift des Arnsberger Heimatbundes, 35. Jg. (2014). [Nicht eingesehen]

Schumacher 1967 = *Schumacher*, Elisabeth: Das kölnische Westfalen im Zeitalter der Aufklärung – unter besonderer Berücksichtigung der Reformen des letzten Kurfürsten von Köln, Max Franz von Österreich. (= Landeskundliche Schriftenreihe für das kölnische Sauerland Band 2). Olpe 1967.

Schumacher 1969/1982 = *Schumacher*, Fritz: Heimat unter Bomben. Der Kreis Arnsberg im Zweiten Weltkrieg. Balve: Gebrüder Zimmermann 1982, S. 102-105. [Unveränderter Nachdruck der Erstauflage von 1969]

Schürmann 1984 = *Schürmann*, Dieter (verantwortlich): Fünfte Mescheder Friedenswochen 20.10. – 24.11.1984. Meschede 1984. [Heft: Archiv P.B.]

Schwidetzky/Walter 1967 = *Schwidetzky*, Ilse / *Walter*, Hubert: Untersuchungen zur anthropologischen Gliederung Westfalens. (= Der Raum Westfalen. Band V Mensch und Landschaft. Erster Teil). Hg. im Auftrag des Landschaftsverbandes Westfalen-Lippe. Münster: Aschendorff 1967.

Seeger 2004 = *Seeger*, Hans-Karl (Hg.): Karl Leisner. Priesterweihe und Primiz im KZ Dachau. Münster: Lit 2004.

Senger 1995 = *Senger*, Michael (Hg.): 1945 Stunde Null 1949. Jahre des Wiederaufbaus und Neubeginn im Sauerland. Schmallenberg-Holthausen: Schieferbergbau- und Heimatmuseum / Balve: Zimmermann 1995.

Siebert 1998 = *Siebert*, Anni: Lehrerin Anna Klünker (1881-1963) – Zivilcourage gegen Nationalsozialisten. In: Oberkreisdirektor des Kreises Olpe - Kreisarchiv / Kreisheimatbund Olpe e.V. (Hg.): Lebensbilder von Frauen im Kreis Olpe. (= Schriftenreihe des Kreises Olpe Nr. 28). Olpe 1998, S. 148-155.

Sömer 1892* = *Sömer*, Peter: Hageröschen aus dem Herzogtum Westfalen. Erste Auflage. Paderborn: Bonifacius-Druckerei 1892. [Digitale Sammlungen der Universitäts- und Landesbibliothek Münster: http://sammlungen.ulb.uni-muenster.de]

SPD-Unterbezirk 2013 = *SPD-Unterbezirk Hochsauerlandkreis* (Hg.): Sauerländer heben die Sozialdemokratie mit aus der Taufe. Die Geschichte der SPD im Hochsauerlandkreis und in seinen Städten und Gemeinden. 150 Jahre SPD 1863 bis 2013. Meschede: SPD-Unterbezirk HSK 2013.

Spicer 2008 = *Spicer*, Kevin: Hitlers's Priests. Catholic Clergy and National Socialism. Dekalb, Illinois: Northern Illinois University Press 2008.

Stambolis 2003* = *Stambolis*, Barbara: Jugendbewegt-christliche Völkerverständigung der Zwischenkriegszeit und ihr Nachwirken: „Wir, die Jugend aller Völker, wir glauben an den Frieden ..., allen zum Trotz." = Vortrag im Jugendhaus des Erzbistums Paderborn in Hardehausen, 10.10.2003. http://www.barbara-stambolis.de/ PDFs/Biervill_Vortrag.pdf

Stankowski 1976 = *Stankowski*, Martin: Linkskatholizismus nach 1945. Die Presse oppositioneller Katholiken in der Auseinandersetzung für eine demokratische und sozialistische Gesellschaft. Köln: Pahl Rugenstein 1976. [= Dissertation Berlin 1974]

Stoetzel 2003 = *Stoetzel*, Dierk W.: „... sich gegenseitig zerfleischen wie blutgierige Wölfe" [Auszüge aus dem Kriegstagebuch 1914-1918 des Eslohers Albert Quinkert (1896-1973)]. In: Esloher Museumsnachrichten 2003, S. 12-25.

Stüken 1999 = *Stüken*, Wolfgang: Hirten unter Hitler. Die Rolle der Paderborner Erzbischöfe Caspar Klein und Lorenz Jaeger in der NS-Zeit. Essen: Klartext Verlag 1999, S. 155-158.

Thieme 2001 = *Thieme*, Hans-Bodo: Herbert Evers – Landrat des Kreises Olpe von 1933 bis 1945. (= Schriftenreihe des Kreises Olpe Nr. 29). Olpe 2001.

Tigges 1984 = *Tigges*, Paul: Jugendjahre unter Hitler. Auf der Suche nach einer verlorenen Zeit. Erinnerungen – Berichte – Dokumente. Iserlohn: Sauerland-Verlag 1984.

Tigges 1992 = *Tigges*, Paul: Die Nonne von Auschwitz. Geschichte der Maria Autsch. Erinnerung an zwölf dunkle Jahre. Iserlohn: Hans-Herbert Mönnig Verlag 1992.

Tigges 2001 = *Tigges*, Reinhold: Reisen ist Leben. – Dr. Hubert Tigges und seine Welt. Wuppertal: Peter Hammer Verlag 2001.

Tigges/Föster 2003 = *Tigges*, Paul / *Föster*, Karl: Katholische Jugend in den Händen der Gestapo. Widerstand im westfälischen Raum gegen das totalitäre NS-System. Es gab nicht nur die Weiße Rose. Olsberg: Berufsbildungsheim Bigge 2003.

Tochtrop 1975 = *Tochtrop*, Theodor: Chronik des Sauerländer Heimatbundes e.V. 1921-35 und 1950-75. Brilon: Selbstverlag SHb 1975.

Versöhnungsbund 2015 = *Bürger*, Eberhard: Befreit zum Widerstehen. Friedens-Bewegungen in der Ökumene um die Zeit des Ersten Weltkrieges. [Minden: Selbstverlag Internationaler Versöhnungsbund / deutsche Sektion] 2015.

Wagener 1993 = *Wagener*, Ulrich (Hg.): Das Erzbistum Paderborn in der Zeit des Nationalsozialismus. Beiträge zur regionalen Kirchengeschichte 1933-1945. Paderborn: Bonifatius Verlag 1993.

WDR 2015 = *Lokalzeit OWL* (Ostwestfalen-Lippe), WDR-Sendung vom 20.05.2015. = Beitrag über Lorenz Jaeger im Regionalfernsehen mit Ausstrahlung von historischem Filmmaterial. [Belegkopie im Archiv P.B.]

Weber 1972 = *Weber*, Wilhelm: Wilhelm Hohoff (1848-1923). Leben und nationalökonomische Ideen eines sozialengagierten Paderborner Priester[s]. In: Scheele, Paul-Werner (Hg.): Paderbornensis Ecclesia. Beiträge zur Geschichte des Erzbistums Paderborn. München/Paderborn/Wien: Schöningh 1972, S. 569-589.

Weiler 1971 = *Weiler*, Eugen (Hg.): Die Geistlichen in Dachau sowie in anderen Konzentrationslagern und Gefängnissen. Nachlaß von Pfarrer Emil Thoma. Erweitert und herausgegeben von Pfarrer E. Weiler. Mödling [Austria]: Missionsdruckerei St. Gabriel 1971.

Weiß 2006* = *Weiß*, Thomas: Hier lebte Kaplan Hubertus Mol Jg. 1914, ermordet 13.4.1943 Hattingen. Hattingen: Stadtarchiv 2006. Als Internet-Ressource: https://www.hattingen.de/stadt_hattingen/Bildung%20und%20Kultur/ Stadtarchiv/Stadtgeschichte/Stolpersteine/stolperst_mol.pdf

Wermert 2011 = *Wermert*, Josef (Hg.): Olpe. Geschichte von Stadt und Land. Band 2. Teilband 1: Von der Weimarer Republik bis zur Gegenwart. Olpe 2011.

Westphalus Eremita 1819* = [*Sommer*, Johann Friedrich Joseph]: Von der Kirche in dieser Zeit. Betrachtungen von Westphalus Eremita. Münster: Aschendorff 1819. [Als Internet-Ressource: http://sammlungen.ulb.uni-muenster.de/hd/content/titleinfo/2192190]

Wiese 1932* = *Wiese*, Peter: Aus Meschedes Vergangenheit. Hg. F. Wagener. Meschede 1932. [http://sammlungen.ulb.uni-muenster.de]

Wiest 2015 = *Wiest*, Karl-Heinz: Vergessene Anfänge – Alfred Vanderpol [1854-1915] und die katholische Friedensbewegung vor dem Ersten Weltkrieg. In: pax christi Rundbrief Rottenburg-Stuttgart Nr. 56 (Juni 2015), S. 6-9.

Wiethoff 2000 = *Wiethoff*, Dieter: Werner Broermann † [Nachruf]. In: Sauerland Nr. 2/2000, S. 103-105.

Wolf 1979 = *Wolf*, Manfred: Dr. Joseph Sommer, der erste Abgeordnete des Kreises Olpe für den Westfälischen Provinziallandtag. In: Heimatstimmen aus dem Kreise Olpe 115. Folge (Nr. 2/1979), S. 57-70.

Zimmer 2015a* = *Zimmer*, Alfons: Mordversuch an Pfarrer Josef Reuland in Altenbochum an Gründonnerstag 1945. [Text vom Verfasser eingesandt am 27.02.2015 an die pax christi-Bistumsgruppe Essen]

Zimmer 2015b* = *Zimmer*, Alfons: 33 Kurzbiographien von politischen Gefangenen, die im Dritten Reich im Strafgefängnis Bochum inhaftiert waren. Bochum, Mai 2015. http://vvn-bda-bochum.de/wp-content/uploads/2015/05/Politisch-Inhaftierte-im-Gef%C3%A4ngnis-Kr%C3%BCmmede.33_Kurzbiographien1.pdf

Peter Bürger

Fang dir ein Lied an!
Selbsterfinder, Lebenskünstler
und Minderheiten im Sauerland.

ISBN 978-3-00-043398-6
(688 Seiten; fester Einband; 170 Abbildungen, 25,- Euro)
Selbstverlag: Dampf Land Leute-Museum Eslohe
www.museum-eslohe.de

*Mit einer Untersuchung zu den sauerländischen „Kötten", zwei Studien
zum Thema „Wilddiebe", zahlreichen dokumentarischen Zeugnissen sowie
Originalbeiträgen von Hans-Dieter Hibbeln, Werner Neuhaus,
Dr. Friedrich Opes und Albert Stahl.*

Selbsterfinder sind beliebte Gestalten der heimatlichen Überlieferung des
Sauerlandes. In diesem Buch treten sie auf die Bühne: gewitzte Tagelöhner,
Kleinbauern und Handwerker, lustige Leutepriester, schlagfertige Sonderlinge,
Nachfahren von Eulenspiegel, Flugpioniere, Wunderheiler, berühmte
Hausierer, Bettelmusikanten, ein heiliger Landstreicher, eine legendäre
Wanderhändlerin, der populäre „Wildschütz Klostermann" – flankiert von vielen
sauerländischen Wilddieben – und sogar ein ganzes „Dorf der Unweisen",
dessen Klugheit nur Eingeweihte zu schätzen wissen.

Fast alle diese Lebenskünstler gehörten zu den kleinen Leuten und
„Behelpers". In ihnen spiegeln sich Bedürftigkeit, Sehnsucht und Reichtum
jedes Menschen. Wir begegnen Gesichtern einer Landschaft, in der einstmals
der „Geck", ein Hofnarr besonderer Art, heimlich die Schützenfeste regierte.
Unangepasste Alltagshelden verführen uns zu neuen Wahrnehmungen und
zu einem anderen Leben: „Fang dir selbst ein Lied an!"

Bei den literarischen Erfindungen, Legenden und Räuberpistolen können
wir natürlich nicht stehenbleiben. Der folkloristische Kult um sogenannte
„Originale" verschleiert oft die Lebenswirklichkeiten von Armen und
Außenseitern. Geschichtenerzähler und Historiker sollten sich deshalb
gemeinsam auf eine sozialgeschichtliche Spurensuche begeben. Tabus und
Diskriminierungen müssen zur Sprache kommen. Wer von „Heimat" spricht,
darf die Geschichte der „Kötten" und anderer Minderheiten nicht verschweigen.

Über den Autor

Peter Bürger, geboren 1961 in Eslohe als viertes von sechs Kindern in einer Handwerkerfamilie. Seit dem 18. Lebensjahr Mitglied der internationalen katholischen Friedensbewegung pax christi (später auch: DFG-VK, Internationaler Versöhnungsbund). Abgeschlossenes Studium der katholischen Theologie (Bonn, Paderborn, Tübingen), Krankenpflegeexamen, Anstellungen in Krankenhäusern und im psychosozialen Bereich: ambulante Betreuung Aids-Erkrankter, Begleitung Drogen-Substituierter, HIV-Prävention (Düsseldorf). Seit 2003 freiberuflicher Publizist.

Buchveröffentlichungen (Auswahl): Das Lied der Liebe kennt viele Melodien – Eine befreite Sicht der homosexuellen Liebe (2001/2005); Napalm am Morgen (2004); Hiroshima, der Krieg und die Christen (2005); Kino der Angst – Terror, Krieg und Staatskunst aus Hollywood (2005/2007); Bildermaschine für den Krieg (2007); Die fromme Revolte – Katholiken brechen auf (2009). – Die Studien zur massenkulturellen Kriegspropaganda wurden 2006 mit dem Bertha-von-Suttner-Preis (Kunst und Medien) ausgezeichnet.

Begründer des Christine Koch-Mundartarchivs am Museum Eslohe (www.sauerlandmundart.de). Zahlreiche Publikationen zur südwestfälischen Regionalkultur, darunter eine in bislang vier Bänden vorliegende Mundartliteraturgeschichte des Sauerlandes und das Buch „Fang dir ein Lied an! Selbsterfinder, Lebenskünstler und Minderheiten im Sauerland" (2013). LWL-Förderpreis für westfälische Landeskunde (2010) und Johannes-Saß-Preis der Bevensen-Tagung (2014) für die Arbeiten zum Niederdeutschen.